KB253624

문예신서
275

우리말 釋迦如來行蹟頌

高麗 無寄 原著

金月雲 譯

東 文 選

우리말 釋迦如來行蹟頌

우리말 釋迦如來行蹟頌

우리말 釋迦如來行蹟頌을 내면서

한 가정이나 한 국가가 그 미래를 위한 준비로서 제2세 교육에 힘 쓰고 있는 것은 상식적인 일로 되어 있다.

그런 측면에서 본다면 우리 승단도 예외가 아니었다고 하겠으니, 도제(徒弟) 교육에 관한 일화가 도처에 남아 있기 때문이다.

그 중에도 현저한 것이 송(宋)의 종색이 선원청규에 훈동항장(訓童 行章)을 두고 있는 것과, 우리나라의 선종에서 초발심자경문을 필수 과목으로 가르치는 것이나, 표제의 석가여래행적송을 천태종에서 초 입문자에게 가르쳤다는 사실 등이 그것이다.

이에 예로 든 세 종류의 교재 중 선원청규와 초발심자경문은 공히 입지(立志) · 배중(陪衆) · 복무(服務)를 그 교육 지침으로 삼고 있는 점에서 같다고 하겠으나, 마지막 석가여래행적송의 경우 좀 궤를 달 리하여 행해(行解) · 복무(服務) · 보은(報恩)을 주로 강조하였다는 점 에서 교육의 방향도 적의하게 설정하였음을 알 수 있다.

선원청규의 저자 송의 장로 자각종색이나, 초발심자경문의 저자 고려의 지눌이나, 석가여래행적송의 저자 고려의 무기(無寄)는 거의 같은 시대에 태어난 당대의 사상가로서 종단의 장래를 생각할 때, 제 2세 교육이 무엇보다 시급하다고 느낀 나머지 착수한 것이 이들 교 육 지침서인 것이다.

그동안 우리나라에서 초심자를 위한 교재로 이 석가여래행적송이 읽혀지지 않은 이유로는, 초발심자경문의 내용이 활달하고, 학인들의 한문 실력이 우수하였고, 또 이 석가여래행적송이 알려지지 않았기 때문이 아닌가 한다.

그러나 요즘같이 짧은 한문 실력, 짧은 시간에 강원을 마쳐야 하는 학인들의 처지에는 석가여래행적송이 가장 적절한 교재라고 생각한다. 그 이유로는 이 한 권 안에 교리 · 역사 · 의식, 즉 교육의 3대 요소가 다 들어 있기 때문이다.

다시 말해 이 한 권의 교재 안에 초심자가 알아야 할 기초 지식이 거의 다 들어 있으므로 한문 공부까지 곁들여 한꺼번에 다 할 수가 있어 좋다는 것이다.

이런 생각 때문에 지난 95년도에 현토본을 낸 바 있으나, 경험 부족으로 오자와 착간이 많아 제방에 내놓지 못하다가, 이제 다시 현토본을 준비하면서 번역문을 곁들여 일반 불자들의 입문교양서로 써도 좋겠다는 생각에 이렇게 출간하게 되었다.

보는 이에 따라서는 "월운, 저 사람이 어찌하여 저토록 석가여래행적송에 매달리는가?" 하겠지만, 내 생각에는 "이렇게라도 해서 새로 입문하는 젊은이들이 무엇인가를 알고, 안 것은 실천에 옮길 수 있는 계기가 마련된다면 약간의 귀에 거슬리는 험담쯤이야 내 어찌 못 참으랴?" 하는 것이 나의 배짱 아닌 푸념이다.

우리말 석가여래행적송을 내는 과정에 여러모로 힘써 주신 분들께 이 기회에 감사드린다.

불기 2548(2004)년 5월 26일
봉선사 다경실에서
고부학인 월운 삼가 기록함.

석가여래행적송서(釋迦如來行蹟頌序)

정순대부 밀직사 좌부대언 판선공시사 진현제학 지제교 이숙기(李叔璲) 짓다.

유학으로 업을 삼는 이는 비록 오상(五常)의 근원을 궁구해서 끝까지 행하지는 못하더라도 선성(先聖)이신 문선왕(文宣王)께서 교학을 세워 세상에 내리신 시초〔權輿〕와 깊이〔壹奧〕를 알아서 누군가가 와서 묻거든 대충 말해 줄 수 있어야 한다. 그래야 비로소 유생이라 할 것이다. 부처님을 섬기는 이도 그러하여, 이미 자기 성씨를 버리고 불제자〔釋種〕가 되었다면, 본사이신 여래께서 나투시고 교화하신 일대사(一大事) 인연을 개요만이라도 반드시 먼저 살펴야 한다. 그런 뒤에야 비로소 불제자라 할 것이다.

아! 이러한 두 종류의 사람이 없구나. 만일 있다면 어찌하여 한두 명쯤이야 진작 눈에 띄기나 귀에 들리지 않았겠는가?

지금 시흥산인(始興山人) 묵공(默公)의 자(字)는 무기(無寄)인데, 사람됨이 수수하여 사치가 없고, 모양을 닮아 마음씨도 그러하다. 젊어서부터 천태산(天台山)에 내왕하면서 공(空)·가(假)·중(中)을 전공하고는 손수《석가여래행적송》을 지었다. 다섯 자의 게송으로 묶고, 구절마다 주(註)를 붙여 두 권의 책으로 만든 뒤에 인쇄하여 널리 전파되기를 도모하니, 그가 널리 알고 두루 통했음은 이 털 하나로 봉(鳳)임을 알겠도다.

그러나 석가의 종파와 부처님 말씀이 자세히 실렸는지 여부에 대해서는 이 늙은이의 얕은 학문으로는 알지 못하니, 어찌 감히 그 사이에 손을 댈 수가 있겠는가. 어찌할 수 없고, 그저 그의 박식〔强記〕과 정교한 서술만을 찬미할 뿐이다.

대원(大元) 지순(至順) 경오(庚午, 서력 1330) 4월 일

회암노인(晦庵老人)이 가정(柯亭)에서 쓰다.

석가여래행적송병서(釋迦如來行蹟頌並序)

天台末學 浮庵山 無寄 撰集

법성(法性)은 원융(圓融)하여 두 모습이 없으니 어찌 의정(依正)과 근진(根塵)이 있겠으며, 진여는 청정하여 오직 한 근원이니 어찌 자타(自他)와 생불(生佛)의 막힘이 있으랴?

그러나 중생은 이 오묘한 이치를 잃어 여러 겁 동안에 자기의 영광(靈光)을 가리우고, 항상 삼덕(三德)의 공덕장 속에 안주해 있으면서도 항상 스스로 매(昧)하며, 또 일여(一如)의 평상 위에 누워 있으면서도 역시 알지 못하는구나.

그러므로 우리 능인(能仁)께서 이러한 전도와 미혹을 가엾이 여기사 집안의 보물을 맡기시려 옷 속의 구슬을 보여 주셨다.

그러므로 오심 없이 오셔서 신운(身雲)을 감인(堪忍)[1]의 땅에 펼치시고, 말씀하심 없이 말씀하시 법우(法雨)를 지옥〔沃焦〕에 뿌리셨다. 49년을 지나면서 3백여 차례의 모임을 열었는데, 제도함 없이 제도하사 끝까지 유시(有識)을 제도하셨고, 입멸하심 없이 입멸하시 무여(無餘)의 경지로 입멸하셨다.

---

1) 감인(堪忍)→감인세계(堪忍世界): 범어 sahāloka-dhātu의 번역으로, 娑婆·索訶 리 옴역한다. 현재 우리들이 사는 세계로서, 이 세세의 중생들은 얼 가지 악을 참고 견디며, 또한 이 국토에서 벗어나려는 뜻이 없으므로 자연히 중생들 사이에서 인내하지 않고는 살아갈 수 없다는 뜻으로 하는 말. 또는 菩薩이 중생을 제도하기 위하여 수고를 견디어 받는다는 뜻으로 하는 말이기도 하다.

그 방편이 불가사량하거니 그 이익됨을 어찌 비유와 말씀으로 표현할 수 있으리요.

쌍림(雙林)에서 오늘까지 2300년이 가깝고, 5인도(五印度)에서 여기까지는 6만8천 리를 지났다. 그러나 아직도 유풍(遺風)이 멀리 뻗어 번뇌의 구름을 소탕하고, 유택(遺澤)이 멀리 뿌려져 죽어가는 생명들을 소생시키시니, 자비의 바다는 탕탕(蕩蕩)하고 은덕의 산은 외외(巍巍)하도다.

오! 우리들 못난 중생은 어떤 업연(業緣)으로 어디를 돌아다녔기에 진작에 범음(梵音)의 말씀도 듣지 못했고, 정법(正法)의 시기도 만나지 못했던가. 어쩌다 말법[季末]의 어려운 시기에 태어나서는 물려받은 성품 또한 매우 미련하고 우악스럽다.

그러나 다행히 자비스러운 감화를 받아 외람되이 석씨문도[釋門]에 참여하였는데, 모양은 제법 도인[道流] 같으나 행리는 완전히 계율[戒品]에 어긋나고, 경론(經論)을 독송하나 근본 종지도 이해하지 못하여 혹 옛기록이나 문장을 뒤지면서도 오직 명예나 이익만을 바라고 있도다.

이렇듯 닦고 생각하는 지혜가 없는데 어찌 증득하는 공이 있을 수 있으랴? 이쯤에서 생각하면 어찌 부끄럽지 않을 수 있으랴?

얼핏 들은 바에 의하건대, 누군가가 삿됨을 버리고 바른길로 들기를 원한다면 먼저 교학을 배워서 부처님이 교화하신 절차를 알아야 한다 했으니, 이렇게 한다면 현성(賢聖)의 속마음[心肝]을 부분적으로나마 얻은 것이며 또한 인천(人天)의 인목이 될 수 있을 것이다. 이렇게 해야 바야흐로 불자(佛子)라 할 수 있거니와, 그렇지 못하다면 어찌 마군이의 무리됨을 면할 수 있겠는가?

우선 세속의 무리들도 자기 아비의 성명과 태어나고 죽은 해와 달의 간지(干支 : 甲乙多少)와 이룩한 갖가지 사업의 높음과 낮음, 교묘함과 졸렬함을 알지 못하면 그를 두고 '사람의 머리를 쓴 짐승'이라 하니, 이보다 더 큰 불효가 없기 때문이다. 출가인〔釋子〕이 되어 본사(本師)의 성명〔氏字〕과 태어나고 입멸하신 연월과 수명의 길고 짧음과 말씀하신 교법의 권(權)과 실(實), 현(顯)과 밀(密)을 알지 못한다면 이는 '중의 모양을 한 속인'이라 해야 할 것이니, 이보다 더한 불순(不順)함이 무엇이랴? 불효하고 불순한 허물을 지으면 무간지옥의 끊임없는 고통을 면하지 못하리라는 점을 알아야 한다.

우리 부처님께서 세상에 나와 교화하신 자취와, 남기신 법이 널리 퍼져 중생〔物〕을 이롭게 하신 사연과, 세계가 이루어지고 머무르고 무너지고 비어 있는 시간〔劫波〕의 길고 짧은 사유가 경론마다 퍼져 있는지라 손쉽게 볼 수 있겠으나, 우리 같은 새로 배우는 무리들은 널리 찾을 수 없으므로 모르는 이가 많다.

그러므로 이제 이 불초(不肖)가 《천태사교의(天台四敎儀)》의 문장에 의하고, 다시 모든 경론 중에 두드러진 말씀과 모든 전기(傳記)의 빛나는 법어를 조사해서 모두 776구의 게송으로 묶었다. 또 구절 속에 의미가 확 드러나지 않는 것은 본문 구절 밑에다 주(註)를 내어 보는 이로 하여금 알기 쉽게 하였으니, 이는 가까운 것을 살펴서 먼 것을 보자는 뜻이며, 간략한 것에 의하여 넓은 세계를 알게 하려는 것이다.

그러나 인용한 문장이 약간 번거롭고 말솜씨가 매끄럽지 못하므로 대중의 질책이 내게 돌아올 것을 잘 알고 있지만 새로 출발하는 수행자의 수행을 돕고자 하는 것이니, 모든 달사(達士)는 과히 나무

---

2) '천력 원년'은 元나라 天順帝 때의 연호이니 그 원년은 고려 충숙왕 15년이며 서기로는 1328년이요, '납월'은 섣달 즉 음력 12월이며, '기망'은 보름 다음날 즉 16일이다.

라지 말아 주기 바란다.

천력(天曆) 원년 무진(戊辰) 납월(臘月) 기망(旣望)에 기록한다.[2]

釋迦如來行蹟頌(上)

浮庵山人 無寄 撰集

석가(釋迦)는 능인(能仁: 매우 어질다)이라 번역하며, 성(姓)에 해당한다. 모니(牟尼)는 적묵(寂默: 고요한 침묵)이라 번역하며, 이름〔號〕에 해당한다. 인자하신 마음으로 중생을 가엾이 여기시되 그의 삼업(三業)이 시끄러움을 여의었기 때문에 그렇게 이름한다.

여래(如來)[1]는 부처님의 열 가지 명호 중 첫째이다. 여실(如實)한 도(道) 그대로 오셔서 정각(正覺)을 이루셨다는 뜻이요,《금강경(金剛經)》에서는 "어디로부터 온 곳도 없고 어디로 가는 곳도 없으므로 여래라 한다" 하셨다.

모든 부처님의 경계는 몸도 아니고 국토도 아니지만, 뭇 중생의 근기에 따라 억지로 의보(依報)다 정보(正報)다 하는 이름을 세운다. 그러므로 일대성교(一代聖敎: 부처님이 한평생 말씀하신 거룩한 가르침)에는 통틀어 네 가지 국토〔四土〕와 세 가지 불신〔三身〕[2]을 말씀하셨

---

1) 여래(如來): 부처님 10호의 하나. 이 말뜻에 대해 이 말을 구성하고 있는 두 단어를 나누어 보면, 첫 말을 Tatha 또는 Tathā, 둘째 말을 Āgata 또는 Gata라고 하는데 差異가 있다. Tatha는 '진실' 또는 '진리'라는 뜻이고, Tathā온 '같이' 곧 如是 또는 如實의 뜻이며, Āgata는 到達(오다)의 뜻이고, Gata는 逝(가다)의 뜻이다. 그러므로 만일, 1. Tathā+Gata라 하면 지금까지의 부처님네와 같이 저들과 같은 길을 걸어서 열반의 彼岸에 간 사람이란 뜻으로 곧 善逝 혹은 到彼岸의 뜻이며, 2. Tatha+Āgata라 하면 진리에 도달한 사람이란 뜻이요, 3. Tathā+Āgata라 하면 지금까지의 모든 부처님과 같이 저들과 같은 길을 걸어서 동일한 理想境에 도달한 사람이란 뜻이다. 또 Āgata를 '오다〔來格〕'의 뜻으로 보면 여래라는 것은 부처님네와 같은 길을 걸어서 이 세상에 來現한 사람, 또는 여실한 진리에 수순하여 이 세상에 와서 진리를 보여 주는 사람이란 뜻이다.

다. 첫째는 범부와 성인이 함께 사는 염정동거토(染淨同居土)이며, 둘째는 견도번뇌(見道煩惱: 見道惑)와 수도번뇌(修道煩惱: 修道惑)를 끊은 삼승(三乘: 성문·연각·보살)이 사는 방편유여토(方便有餘土)인데 응신(應身)이 교화하는 국토이다. 응신에는 동거토를 교화하는 열응신(劣應身)과 방편유여토를 교화하는 승응신(勝應身) 두 종류가 있다.

셋째는 근본무명(根本無明)³⁾을 한 부분 끊은 법신보살이 사는 실보무장애토(實報無障礙土)인데, 이곳은 보신(報身)이 교화한다. 넷째는 오직 묘각법신(妙覺法身)만 사시는 상적광토(常寂光土)이다. 이 중에 지금의 이 사바세계는 열응신이 교화하는 곳이다.

그러나 삼신이 한 몸이며 네 국토가 차별이 없으니, 무슨 까닭인가? 법신은 체(體: 바탕)이고, 이신(二身: 승응신과 열응신)은 용(用: 기능)이며, 적광토는 체이고 삼토(三土: 염정동거·방편유여·실보무장애토)는 용인데, 체 그대로인 용인지라 삼신과 네 국토가 완연

---

2) 삼신(三身): 佛身을 셋으로 나누어 말한 것이니, 다음의 두 가지 설이 있다. 첫째는 法身과 報身 그리고 應身으로 나눈 것이다. 法身은 영원불멸한 萬有의 본체인 法에 인격적 의의를 지닌 身을 붙여 일컬은 '이치로서의 부처님〔理佛〕'을 말하며, 報身은 菩薩位의 수행으로 얻어진 佛身이 세속에 대한 진리의 표현으로 드러난 '형상을 지닌 부처님〔形佛〕'을 말하며, 應身은 부처님이 중생을 교화함에 있어 교화의 대상인 중생의 근기에 맞도록 몸을 드러낸 '변화한 부처님〔化佛〕'을 말한다. 둘째는 自性身과 受用身 그리고 變化身으로 나눈 것이니, 法相宗에서 말하는 삼신설이다.

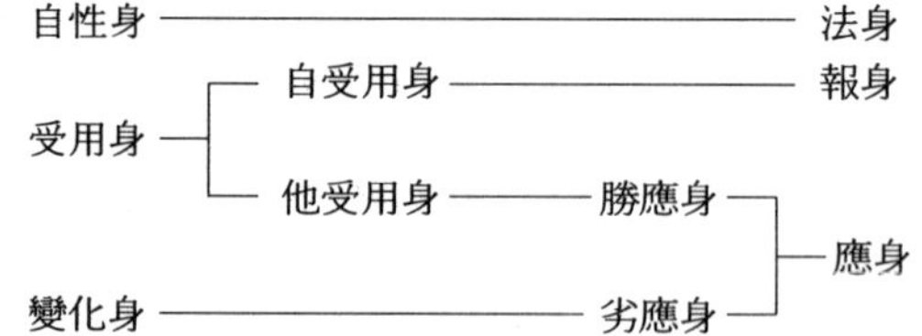

3) 근본무명(根本無明): 범어 mūlāvidyā의 번역. 根本不覺·無始無明·元品無明이라고도 한다. 모든 번뇌의 근본인 不覺迷妄의 마음을 말한다. 또 五住地 가운데 第五 無明住地를 根本無明이라 하고, 앞의 前四住地(欲愛住地·色愛住地·有愛住地·一切欠住地)를 枝末無明이라 한다.

하고, 용 그대로인 체인지라 삼신과 네 국토가 하나이기 때문이다. 이는 마치 주먹을 펴면 손바닥이 되고, 손가락을 거두면 주먹이 되는 것과 같다. 주먹은 체이고 손가락은 용이어서 체와 용이 다른 듯하나 다만 하나의 손일 뿐이다.

우리 부처님께서는 적광토에서 움직이지 않되 사바세계에 돌아다니시고, 법신을 버리지 않되 보신(報身)과 응신(應身)의 몸을 시현하셨다. 이로써 사바세계가 곧 적광토이며 적광토가 곧 사바세계라는 사실과, 보신·응신이 곧 법신이며 법신이 곧 보신·응신이라는 사실을 알아야 한다.

어떤 논사는 네 가지 국토를 이렇게 설명한다.[4] 첫째는 법신불이 사시는 법성토(法性土), 둘째는 자수용보신불이 사시는 자수용토(自受用土)라 하였으니, 이 두 국토는 앞에 말한 상적광토에 해당한다. 셋째는 타수용보신불이 사시는 타수용토(他受用土)로서 초지(初地) 이상의 보살들을 위하여 한 부분 미세한 국토의 모습으로 나툰 것이라 하였으니, 앞의 실보토(實報土)에 해당한다. 넷째는 변화신이 사시는 변화토(變化土)로서 지전(地前)보살과 이승(二乘)과 범부를 위하여 한 부분의 거친 모습으로 나툰 것이라 하였으니, 앞의 방편유여토와 염정동거토에 해당한다.

어떤 사람들은 세 불신과 네 국토의 뜻을 알지 못하고 공연히 서로 다투니, 그 얼마나 잘못된 일인가?

【계송 001】

娑婆世界內에는　　　　　三千大千國이요

---

4) 앞서 밝힌 四土는 天台家의 說이요, 이것은 法相宗의 四土說이다.

每於一一國에는   各有一須彌니라.

사바세계 안에는
삼천대천 국토가 있고,
낱낱 국토마다에는
수미산이 하나씩 있다.

　　사바(娑婆)는 삭하(索訶)라고도 하는데, 이 국토의 중생은 모든 고통을 잘 참아내기 때문에 감인(堪忍)이라 번역한다. 예컨대 천상세계〔天道〕는 비록 즐거운 곳이나 쇠퇴하는 모습이 나타날 때에는 괴로움이 지옥보다 더 크고, 아래의 다섯 세계〔五道〕는 순전히 괴로워서 즐거움이 없는데도 괴로움을 즐겁다고 여긴다.

　　삼천대천(三千大千)은 아래 문장에 설명이 나온다.

　　수미(須彌)는 소미로(蘇迷盧)라고도 하는데, 묘고(妙高: 묘하고 높다)라 번역한다. 동쪽은 백은(白銀), 남쪽은 청유리(靑琉璃), 서쪽은 황금(黃金), 북쪽은 흑파지(黑玻珷: 검은 유리)로 되어 있으므로 묘하다〔妙〕 하였고, 다른 산보다 높으므로 고(高)라 하였다. 높이가 8만4천 유순이며, 물 속에 잠긴 부분도 그러하다.

　　《구사론(俱舍論)》 송(頌)에서는 "묘고산에는 네 층의 곁봉우리가 있는데 서로의 거리는 1만 유순이며, 그 높이는 각기 1만6천과 8천과 4천과 2천 유순인데, 견수(堅首)와 지만(持鬘)과 상교(常嬌)와 사천왕들이 차례로 네 층에 살고, 나머지 칠금산(七金山)에도 산다" 하였다.

　　유순(由旬)은 유선나(由繕那)라고도 한다. 24지(指)가 한 주(肘)[5]가 되며, 한 주는 1척5촌이다. 6척이 한 궁(弓)이 되며, 5백 궁이 한 구로사(俱盧舍)[6]이다. 한 구로사는 6리(里)쯤으로서 3천 척이 된다. 8구로사가 한 유순이니 곧 2만4천 척이다.

【게송 002】

旁有七山遶하니　　　　皆是七寶成이요

中各香水海에는　　　　衆花滿其中이니라.

곁에는 일곱 산이 둘러 있는데

모두가 칠보로 이루어져 있고,

사이마다에는 향수해가 있어

뭇꽃이 그 위에 가득히 찼다.

　　일곱 산〔七山〕 중에 첫째 지쌍산(持双山)은 높이와 너비가 4만2천 유순이며, 산 사이의 물은 너비가 8만 유순이다. 둘째 지축산(持軸山)은 높이와 너비가 2만1천 유순이며, 산 사이의 물은 너비가 4만 유순이다. 셋째 담목산(擔木山)은 높이와 너비가 1만5백 유순이며, 산 사이의 물은 너비가 2만 유순이다. 넷째 선견산(善見山)은 높이와 너비가 5천2백50유순이며, 산 사이의 물은 너비가 1만 유순이다. 다섯째 마이산(馬耳山)은 높이와 너비가 2천6백25유순이며, 산 사이의 물은 너비가 5천 유순이다. 여섯째 상비산(象鼻山)은 높이와 너비가 1천3백12유순 반이며, 산 사이의 물은 너비가 2천5백 유순이다. 일곱째 어취산(魚觜山)은 높이와 너비가 6백56유순이며, 산 사이의 물은 너비가 1천2백50유순이다.

----

5) 주(肘): 범어 hasta의 번역, 고대 인도의 길이 단위로서 舒肘量과 拳肘量 두 가지가 있다. 손가락을 편 상태에서 팔꿈치 밑동으로부터 中指 끝부분까지의 길이를 舒肘量이라 하고, 팔꿈치 밑동으로부터 주먹을 쥔 끝부분까지의 길이를 拳肘量이라 한다. 1肘의 길이는 여러 경전에서 말하는 바가 일치하지 않는데, 밀교 수행 때 수행자들은 자신의 신체에 준하여 얻은 각기 다른 廣狹과 長短의 단위를 사용함을 알 수 있다.

6) 구로사(俱盧舍): 범어 korśa의 소리 옮김. '부르는 소리'의 의미에서 변하여 큰 소가 우는 소리나 북소리를 들을 수 있는 범위의 거리를 말하는데, 이는 막연하게 산정한 거리로서 五百弓의 길이라고도 하며 대체로 1킬로미터 남짓의 거리를 가리킨다.

　　이러한 일곱 산 사이의 향수해(香水海) 위에는 각기 우담발라화(優
曇鉢羅華)와 파두마화(波頭摩華)와 구무두화(拘牟頭華)와 분다리화
(奔茶利華)가 온통 덮여 있다.[7]

【게송 003】

次有鹹水海하니　　　　　　婆竭龍爲主요
中有四大洲하니　　　　　　四輪王所治니라.

다음에 함수해(鹹水海: 짠 바다)가 둘러 있으니
사갈라용왕(婆竭羅龍王)이 주인이며,
복판에 사대주(四大洲: 四天下)가 있으니
네 전륜왕〔四輪王〕이 다스린다.

　　함수해는 너비가 3억3만6천 유순이며, 깊이가 8만4천 유순이다.
《화엄경》에서는 "남염부제(南閻浮提: 남섬부주)에는 2천5백 줄기의
큰 강이 있고, 서구야니주(西瞿耶尼洲: 서구타니주)에는 5천의 큰 강
이 있고, 동불바제(東弗婆提: 비하라주)에는 7천5백의 큰 강이 있고,
북울단월(北鬱單越: 북구로주)에는 1만 줄기의 큰 강이 있으니, 사대
주를 합하면 도합 2만5천의 큰 강이 끊임없이 바다로 흘러들어간다"

---

7) 불교에서 신성시하는 꽃의 종류.
　　1) 우담발라화: 범어 Udumbara. 인도에서 전륜성왕이 나타날 때 핀다는 상상의
꽃. 현실적으로는 교목인 Ficus glomerata의 꽃을 말하는데, 무화과처럼 隱頭華序
한 꽃이 겉에서는 보이지 않는다. 과거칠불의 狗那含牟尼佛이 이 나무 아래서 성
불하였다고 한다.
　　2) 파두마화: 범어 Padma. 진붉은색의 연꽃을 말한다.
　　3) 구무두화: 범어 Kumuda. 붉은색의 연꽃을 말한다.
　　4) 분다리화: 범어 Pundarīka. 백색의 연꽃을 말한다. 滿開하면 그 잎이 수백이
된다는 이 연꽃은 흔히 阿耨達池에서 생산되며, 인간세계에는 없다 여기므로 好
華 또는 稀有華로 불린다.

하였다.

　다시 "열 마리의 광명용왕(光明龍王)이 바다에 비를 내려 물이 전
보다 곱이나 되고, 다시 백 마리의 광명용왕 등과 80억 마리의 용왕
들이 각기 큰비를 뿌려 모두가 차례차례 곱으로 늘어나고, 다시 이
렇듯 80억 곳의 용왕궁에서 제각기 물을 흘려내어 바다로 들어가니
모두가 차례차례 곱으로 늘고, 사갈라용왕의 태자 궁전인 염부당궁
(閻浮幢宮)에서 물을 흘려내어 다시 곱으로 늘고, 또 사갈라용왕의 궁
전에서 물을 흘려내어 다시 전의 곱이 되는데, 흘러나온 물빛은 검
푸른 유리빛이며, 흘러나오는 시각이 정해져 있기 때문에 바다의 조
수(潮水)가 때를 잃지 않는다" 하였다.

　또 "네 개의 뜨겁고 빛나는 큰 보배가 바다 밑에 깔려 있는데 매우
뜨거워 항상 한량없는 바닷물을 마셔 줄이니, 만일 이 보배가 없다면
4천하에서 유정천(有頂天)까지 그 안에 있는 것은 모두가 물에 잠길
것이다……" 하였다.[8]

　사갈라(娑竭羅)는 함해(鹹海)라 번역하니 살고 있는 곳에 따라 붙인
이름이다. 이 바다에는 이 용이 주인이고, 나머지는 모두가 신하〔臣
屬〕이다.

　또 《누탄경(樓炭經)》에 "어지러운 바람이 크게 일어 땅이 깊이 파
이면 깊이가 3백30만 리나 되는데, 천하의 물이 모두 흘러들어와서
가득 차면 바다를 이룬다. 그 맛이 짠 까닭은 세 가지가 있다. 첫째
는 바다 속에 큰 고기가 있는데 길이가 2만8천 리라, 그가 물에다 찌
(똥)를 싸기 때문에 짜다" 하였다. 그밖의 것은 기록을 생략한다.

　사주(四洲)라 함은 사천하(四天下)라고도 하니, 수미산(須彌山)의 사

---

8) 80권 《화엄경》 권51 〈여래출현품〉의 내용을 요약한 것이다.

방과 바다 안에 있다.

동쪽은 **비하제(毘訶提)** 또는 **불바제(弗婆提)**라 하니 승신(勝身: 훌륭한 몸)이라 한다. 주위는 7천 유순이며, 형상은 반달〔半月〕과 같고, 사람의 키는 16주이며, 수명은 5백 세다. 어두운 데서도 모든 것을 보며, 귀로 듣는 영역은 한 화살 턱〔一箭道: 화살 하나가 날아갈 수 있는 거리〕이다.

남쪽은 **염부제(閻浮提)** 또는 **섬부주(瞻部洲)**라 하니, 승금(勝金: 훌륭한 금)이라 번역한다. 주위는 6천5백 유순이며, 형상은 거상(車箱: 수레에 사람이 탈 수 있도록 궤처럼 짜서 붙여 놓은 등변사각형의 상자) 같고, 사람의 키는 3주 반이며, 수명은 1백 세이나 일정치는 않다.

서쪽은 **구타니(瞿陀尼)** 또는 **구야니(瞿耶尼)**라 하니, 우화(牛貨: 소를 화폐로 삼음)라 번역한다. 주위는 7천 유순이며, 형상은 보름달 같고, 사람의 키는 8주이며, 수명은 2백50세인데, 눈으로 보는 영역은 산과 벽에 걸림이 없고 눈으로 듣기도 한다.

북쪽은 **울단월(鬱單越)** 또는 **구로주(拘盧洲)**라 하니, 승주(勝洲: 복이 수승함)라 번역한다. 주위는 8천 유순이며, 형상은 모난 방석〔方座〕 같고, 사람의 키는 32주이며, 수명은 1천 세로서 요절하는 이가 없다. 산이나 장애물을 꿰뚫어 보아 걸림이 없고, 귀로는 멀고 가까움을 모두 듣는다.

그리고 사람이 처음 날 때와 성장하는 과정이 세 대주(大洲)는 비슷하나 북주는 약간 다르니, 북주 사람은 음욕심이 일어날 때 어떤 여인을 뚫어지게 보다가 버리고 가면 그 여자가 뒤를 따라 숲 속으로 들어간다. 그 남녀가 만일 부모의 내외〔中表〕 친척이어서 음욕을 행할 사이가 아니면 나무가 굽히어 그늘을 지어 주지 않으므로 제각기 흩어지고, 만일 친척이 아니어서 음욕을 행할 만하면 나무가 굽어 몸을 가리워 주므로 마음껏 즐기면 그녀는 아기를 갖는다.

7,8일이면 몸을 푸는데, 남아·여아를 불문하고 길가에다 버려두면 오가는 사람들이 손가락을 내밀어 아기에게 빨게 한다. 아기는 손가락 끝에서 나오는 젖을 먹고 7일 만에 성장하여 사람들을 찾아가서 남자는 남자 무리에, 여자는 여자 무리에 합친다.

그들은 죽으면 네 거리에 시신을 내다 놓는데 **우선가**(優禪伽)[9]라는 새가 와서 시신을 물어다가 딴 곳에 버린다.

이 사대주는 네 **전륜왕**(轉輪王)이 다스리는 곳인데, 금륜왕(金輪王)은 인간의 수명이 8만 세일 때 태어나서 네 천하를 통치하고, 은륜왕(銀輪王)은 인간의 수명이 6만 세일 때 태어나서 세 천하를 통치하고, 동륜왕(銅輪王)은 인간의 수명이 4만 세일 때 태어나서 두 천하를 통치하고, 철륜왕(鐵輪王)은 인간의 수명이 1만 세일 때 태어나서 염부제 한 천하만을 통치한다.

이 네 전륜왕은 위덕이 자재하고 칠보(七寶)가 구족하며 수용(受用: 누림)이 풍족해서 하룻밤 하룻낮 사이에 각기 통치하는 세계를 두루 돌면서 10선법(善法)으로 교화하거니와, 금륜왕은 네 천하뿐 아니라 하늘세계에도 오르내린다.

【게송 004】

外有鐵山遶하고　　　　　下列諸地獄이어든

日月與星宿가　　　　　　廻轉迷盧半이니라.

밖에는 철산(鐵山: 鐵圍山)이 둘러 있고

---

9) 우선가(優禪伽): 범어 uccaṅgama의 소리 옮김. 또는 優禪伽摩라 하며, 高行(높이 날다)이라 번역한다. 인도에서 새를 통칭하여 일컬을 때 쓰는 말이기도 하다.

아래는 여러 지옥이 나열해 있으며,

해와 달과 그리고 별들은

수미산 중간쯤에 돌면서 떠 있다.

　철위산(鐵圍山)은 높이와 너비가 3백28유순이며, 지름은 12억8백
75유순이요. 둘레는 두 기점의 3배이니, 이것이 소철위산(小鐵圍山)
이다.[10]

　《인본경(因本經)》에서는 다음과 같이 말한다.[11] "수미산 등 모든
큰 산과 큰 바다 바깥쪽에 철위산이 있는데, 높이와 너비가 6백80만
유순이며, 이 바깥쪽에 다시 그만한 높이와 너비의 철위산이 있다.
이 두 산 사이 어두운 곳에 아비(阿鼻)라는 지옥이 있다. 가로세로가
모두 36만 리 되는 일곱 겹의 무쇠성〔鐵城〕이며, 일곱 층의 무쇠그
물〔鐵網〕이 그 위에 가득히 덮여 있다. 온갖 괴로운 일이 그 안에 모
였으니, 거기에는 가장 심한〔上品〕 악업을 지은 이가 여기에 태어나
서 한 증감겁(增減劫: 中劫)을 산다.

　하루 동안에 8만4천 번 죽었다 살아났다 하니, 이곳의 하루는 남
섬부주의 60소겁(小劫)이며, 이렇게 한 중겁(中劫)을 지나 차츰차츰
8만4천 겁에 이른다. 또 8한(寒)·8열(熱) 등의 큰 지옥에는 제각기
무량한 종류의 권속이 있고, 그 안에서 고통을 받는 이는 자기 업에
따라 각기 경중(輕重)과 겪는 겁수의 차이가 있다"고 하였다.

　지옥(地獄)은 범어(梵語)로 니리(泥黎)라 하며, 고구(苦具: 고통을 주

---

10) 지름이 12억8백75유순이면 그 둘레는 얼마일까? 지름과 둘레가 마주친 두 기
점의 3배라 하니, 둘레의 길이는 약 36억여 유순이 된다는 말이다.

11) 《기세인본경(起世因本經)》: 10권. 隋나라 달마급다 등의 번역. 장아함경 가운
데 起世經·佛說樓炭經과 같은 판본이나 品의 차례가 조금 다르며, 그 내용은 세계
의 형상을 설한 것이다. 예문은 《기세인본경》〈지옥품〉의 내용.

는 도구)라 번역하니, 땅 밑에 있으므로 그렇게 부른다.

　옛 어른〔古德〕이 경을 인용하여 이렇게 송했다.

　　염부제는 넓이가 7천 유순인데
　　곳곳마다 모두에 고독옥(孤獨獄)이 있나니,
　　혹은 산림에, 혹은 들에 있고
　　혹은 바다에, 혹은 강변에 있고
　　혹은 성 모퉁이나 사당 틈에 있어
　　그 수효 8만하고도 4천 종류라.

　이것으로 보건대 모든 작은 지옥은 없는 곳이 없다.

　해〔日城: 해의 궁전〕의 부피는 51유순인데 화정주(火精珠)로 이루어졌기 때문에 뜨겁다. 하지(夏至)에서 동지(冬至)까지는 차츰 멀리 돌기 때문에 점점 짧아지고, 광채가 점점 막히기 때문에 차츰 추워진다. 동지에서 하지까지는 차츰 가까이 돌기 때문에 차츰 길어지고 차츰 더워진다.

　달〔月城: 달의 궁전〕의 부피는 50유순인데, 반은 배수정(白水精)으로 이루어지고 반은 흑수정(黑水精)으로 이루어졌기 때문에 차갑다. 초하루〔朔〕부터 보름〔望〕까지는 흰 쪽이 차츰 나타나고 검은 쪽이 차츰 숨기 때문에 사람들은 둥근 달을 보고, 보름부터 그믐까지는 흰 쪽이 차츰 줄고 검은 쪽이 차츰 늘기 때문에 사람들은 이지러진 달을 본다. 그러나 그 본체에는 늘고 줆이 없다. 이는 《석씨회요(釋氏會要)》에 있는 말이다.

　또 《인본경(因本經)》[12]에서는 "해가 길었다 짧았다 하는 까닭은, 여섯 달은 북쪽으로 다니는데 하루에 6구로사(俱盧舍)씩 북쪽으로 차츰 가까워지므로 차츰 길어지고, 여섯 달은 남쪽으로 그렇게 다니므로 차츰 짧아진다" 하였다.

《입세론(立世論)》[13]에서는 "달이 둥글었다 이지러졌다 하는 까닭은, 달이 해의 뒤를 따라가면[14] 햇빛이 달을 가리우는데 점점 가리우다가 보름에 이르면 완전히 다 가리우며, 해가 달의 앞에 가면 날마다 밝아지는 것 역시 이와 같아서 보름이 지나면 완전히 원만해진다……" 하였다.

간혹 월식(月蝕)을 하는 까닭을, 경에서는 나후아수라왕(羅候阿修羅王)이 가리기 때문이라 하였다. 그러나 세속의 음양학자들은 다르게 주장하는데, 그것도 근거는 있다.

또 저 일월(日月)이 동시에 네 천하를 비추지만 남주(南洲)가 낮이면 동주(東洲)는 저녁때이며, 서주(西洲)는 아침이며, 북주(北洲)는 밤중이다. 춘 · 하 · 추 · 동과 밤 · 낮의 길고 짧음의 차이도 모두 이와 같다.

그러므로 《구사론(俱舍論)》[15] 송(頌)에 이렇게 말했다.

해와 달은 수미산 중턱에 있는데
지름은 51과 50유순이요
밤중과 일몰(日沒)과 한낮과 해돋이로
같은 시각, 사주 세계에 이렇게 다르다…….

---

12) 《기세인본경》〈최승품〉.
13) 《아비담입세론》〈운하품〉.
14) 본문의 '若月隨日後行'이 《입세론》에는 '若日隨月後行〔해가 달의 뒤를 따라가면〕'이라 되어 있다.
15) 《구사론》〈분별세품〉.

세속 문헌[世典]에서는 "해의 운행은 더디기 때문에 한 해에 하늘을 한 바퀴 돌고, 달의 운행은 빠르기 때문에 한 달에 하늘을 한 바퀴 돈다" 하였다.

별의 부피는 저마다 달라서 큰 것은 80구로사, 중간 것은 11구로사, 작은 것은 4구로사이다. 그 수효도 한량없고 이름 또한 한량없는데 제각기 인간의 화복 등을 맡고 있다. 그러므로 상도(常度)를 잃지 않으면 천하가 태평하고 성현이 나타나거니와, 법도를 잃으면 변괴(變怪)가 나타나서 나라에 반드시 재앙이 있거나 군주가 갑자기 죽거나 대신들이 역란을 일으키거나 흉년이 들어 곡식이 귀하거나 난리가 나고 질병이 퍼지거나 한다. 이러한 삼광(三光: 日月星)은 모두가 풍륜(風輪)[16]에 의해 머무는데, 그 높이는 4만2천 유순이다.

《법화기(法華記)》[17]에서는 "해는 관음보살의 화현[化作]이며, 달은 세지보살의 화현이며, 별은 허공장(虛空藏)[18]보살의 화현이다. 범부로서 큰 성인을 뵈올 수 있는 길은 오직 해와 달과 별뿐인데, 공경치 않아서야 되겠는가" 하였다.

---

16) 풍륜(風輪): 불교의 宇宙觀에 나오는 四輪의 하나. 이 우주는 크기가 없는 허공(虛空輪)에 風輪이 떠 있는데 그 크기는 둘레가 無數(asamkhya, 10^{59}) 유순이요, 두께가 1백60만 유순으로서 원반형이다. 그 풍륜 위에 같은 원반형으로 크기는 직경이 1백20만 3천4백50유순이요 두께가 80만 유순인 水輪이 있으며, 그 수륜 위에 역시 같은 원반형으로서 동일한 직경에 두께가 32만 유순인 金輪이 있으니, 그 금륜의 상부 표면에 수미산을 비롯한 산과 바다 및 섬[四洲] 등이 실려 있다고 한다.

17) 《법화기(法華記)》: 30卷(혹은 10卷) 唐 湛然(711~782) 저술. 法華經文句記 · 法華文句疏 · 天台法華疏記 · 妙樂記 등으로도 불린다. 天台大師智顗가 저술한 《法華文句》의 주석서로서, 또한 湛然 자신이 저술한 《玄義釋籤》 · 《止觀輔行傳弘決》과 더불어 天台宗의 기본 전적이다. 《法華文句》가 법화경을 개략적으로 科目한 것에 비해 湛然이 이를 더욱 세분하여 科段을 나누었으며, 더불어 智顗의 해석 가운데 미진한 부분을 세밀히 해석하여 天台宗의 뜻을 철저히 밝힌 책으로 평가되고 있다.

18) 허공장(虛空藏): 범어 Ākāśagarbha 또는 Gaganagañja. 또는 虛空孕이라 함. 이 보살은 지혜와 자비가 광대무변한 것이 마치 허공을 庫藏으로 한 것과 같으므로 虛空藏이라 이름한다. 밀교의 만다라에서는 태장계 허공장원의 主尊.

【게송 005】

四王處山腹하고　　　　忉利居其頂하고
夜摩兜率陀와　　　　　化樂及他化와
사천왕은 수미산 중간 높이에 있고
도리천은 수미산 꼭대기에 있고
야마천과 도솔타천과
화락천과 타화자재천

【게송 006】

此四天住空이니　　　　壽福轉倍前이라
如是六箇天을　　　　　俱名爲欲界니라.
네 하늘은 허공에 머물러 있으니
수명과 복덕은 갈수록 곱으로 는다.
이러한 여섯 층의 하늘들을
모두 욕계(欲界)라 한다.

　사왕천(四王天)은 동쪽의 제두뢰타천왕(提頭賴吒天王: 持國)과 남쪽의 비루륵차천왕(毘留勒叉天王: 增長)과 서쪽의 비루박차천왕(毘留博叉天王: 廣目)과 북쪽의 비사문천왕(毘沙門天王: 多聞)이다. 이 사천왕은 수미산 넷째 층의 네 표면에 머물러서 권위로 세상을 보호하는데, 키는 반 리이며 수명은 5백 세이다. 인간의 50년이 이 하늘의 하루〔一晝夜〕이므로, 인간의 햇수에 준하건대 9백 세이며, 땅과의 거리는 4만2천 유순이다.
　도리(忉利)는 33이라 번역하는데, 이 하늘은 수미산 꼭대기에 있다. 네 방위마다 각각 여덟 천왕이 있어 32천을 이루고, 제석천왕(帝釋

天王)[19]이 중앙에 머무른다. 이 여러 하늘들의 키는 1리이며, 수명은
1천 세이다. 인간의 1백 년이 이 하늘의 하루이므로 인간의 햇수에
준하건대 3백60억 세이며, 땅과의 거리는 8만4천 유순이다.

이 두 하늘은 남녀가 몸을 섞어야 음양(陰陽)이 이루어지고, 상품
(上品)의 10선(善)만을 닦은 이가 여기 태어난다.

야마(夜摩)는 수염마(須燄摩)라고도 하며, 시분(時分: 시간)이라 번
역한다. 키는 1리 반이며 수명은 2천 세이니, 인간의 2백 년이 이 하
늘의 하루이다.

도솔타(兜率陀)는 도사(睹史)라고도 하며, 지족(知足: 만족을 안다)
이라 번역한다. 키는 2리에 수명은 4천 세이니, 인간의 4백 년이 이
하늘의 하루이다.

이 두 하늘은 손을 맞잡으면 음양이 이루어진다.

화락천(化樂天)은 키가 2리 반에 수명은 8천 세이며, 인간의 8백
년이 이 하늘의 하루이다.

타화자재천(他化自在天)은 키가 3리에 수명은 1만6천 세이며, 인간
의 1천6백 년이 이 하늘의 하루이다.

이 두 하늘은 마주 보며 빙그레 웃으면 음양이 이루어진다.

이상의 네 하늘은 구름에 의해 허공에 머무르되 차례차례 땅과의
거리가 곱으로 늘어 타화자재천에 이르면 땅과의 거리가 13억4만4
천 유순이다. 상품의 열 가지 선(善)에 좌선(坐禪)까지 겸해서 닦은 이
가 이들 네 하늘에 태어난다. 마왕인 파순(波旬)이 이 하늘에 산다.

---

19) 제석(帝釋): 범어 Śakra-devānām indra. 梵漢倂稱이다. 곧 구족하게는 釋提桓
因陀羅 또는 釋迦提婆因陀羅라 음역하며, 釋提桓因이라 약칭한다. 帝는 因陀羅의 번
역이고, 釋은 釋迦의 音略이다. 수미산 정상 忉利天의 임금. 善見城에 있으면서 4천
왕과 32천을 통솔하며, 불법과 불법에 귀의하는 사람을 보호하고 아수라의 군대를
정벌한다는 하늘 임금.

아래 세계의 5취(趣)[20]로부터 이 하늘에 이르기까지를 모두 욕계(欲界)라 한다.

《바사론(婆沙論)》에는 "네 주(洲)의 사람은 해와 달이 있으므로 낮과 밤을 가리지만 욕계의 하늘은 밤인지 낮인지를 어떻게 아는가?" 하니, "발특마(鉢特摩)꽃이 다물고 온발라(殟鉢羅)꽃이 피면 모두가 수면을 즐기는데 그때가 밤이며, 온발라꽃이 다물고 발특마꽃이 피면 수면이 적어지는데 이때가 낮이다"라고 한 문답이 있다. 《지도론(智度論)》에서는 "욕계의 하늘들은 등·초·밝은 구슬 따위로 보시를 했기 때문에 몸에서 항상 광명이 나서 햇빛과 달빛이 필요 없다" 하였다.

【게송 007】

| 四禪十八天은 | 已離欲麤散이나 |
| 猶未出色籠일새 | 故名爲色界요. |

사선(四禪)의 열여덟 하늘은
이미 애욕의 번뇌를 여의었으나
아직도 색신의 그물을 못 벗어나니
그러기에 이들을 색계라 부른다.

사선의 열여덟 하늘〔四禪十八天〕 중 초선(初禪)에 세 하늘이 있다. 첫째는 범중천(梵衆天)인데, 키는 반 유순이며 수명은 20증감겁(增

---

20) 취(趣): 범어 gati의 번역으로, 또는 道라고도 한다. 중생이 자신이 지은 행위인 業에 의해서 이끌려 가는 생존의 상태나 그 세계를 말한다. 大乘에서는 六趣說(지옥·아귀·축생·아수라·인간·천)을, 部派에서는 五趣說(아수라를 제외)을 말하고 있다.

減劫)이다. 둘째는 범보천(梵輔天)인데, 키는 한 유순이며 수명은 40 증감겁이다. 셋째는 대범천(大梵天)인데, 키는 한 유순 반이며 수명은 60증감겁이다. (이 세 하늘의 수명이 앞의 것의 곱이 되지 않는 까닭은 심사〔尋伺: 따져 살피는 번뇌〕를 여의기가 어렵기 때문이다.) 이 세 하늘의 너비는 사천하를 덮는다.

제2선에도 세 하늘이 있다. 첫째는 소광천(少光天)인데, 키는 2유순이며 수명은 2대겁(大劫)이다. 둘째는 무량광천(無量光天)인데, 키는 4유순이며 수명은 4대겁이다. 셋째는 광음천(光音天)인데, 키는 8유순이며 수명은 8대겁이다. 이 세 하늘의 너비는 소천세계(小天世界)를 덮는다. (소광천의 키가 앞의 하늘의 곱이 되지 않는 까닭은 심사(尋伺)와 왕신(王臣: 主從)을 여의기 어렵기 때문이요, 수명이 다른 하늘의 곱이 되는 까닭은 괴로움의 습기〔苦習〕를 제하기 쉽기 때문이다.)

제3선에도 세 하늘이 있다. 첫째는 소정천(少淨天)인데, 키는 16유순이며 수명은 16대겁이다. 둘째는 무량정천(無量淨天)인데, 키는 32유순이며 수명은 32대겁이다. 셋째는 변정천(遍淨天)인데, 키는 64유순이며 수명은 64대겁이다. 이 세 하늘의 너비는 중천세계(中千世界)를 덮는다.

제4선에는 아홉 하늘이 있다. 첫째는 무운천(無雲天)인데, 키는 1백25유순이며 수명은 1백25대겁이다. (이 하늘의 키와 수명이 앞 하늘보다 3유순과 3대겁이 준 까닭은 구름과 삼재(三災)를 여의기 어렵기 때문이다.) 둘째는 복생천(福生天)인데, 키는 2백50유순이며 수명은 2백50대겁이다. 셋째는 광과천(廣果天)인데, 키는 5백 유순이며 수명은 5백 대겁이다. 이상의 세 하늘은 범부(凡夫)[21]들이 머무는 곳인지라, 상품(上品)의 열 가지 선에 좌선까지 함께 닦은 이가 이 하늘에 태어난다. 또 별도로 무상천(無想天)의 선정을 닦는 외도가 있어 이

광과천에 속하기도 하는데, 키와 수명은 광과천과 같다.

넷째는 무번천(無煩天)인데, 키는 1천 유순이며 수명은 1천 대겁이다. 다섯째는 무열천(無熱天)인데, 키는 2천 유순이며 수명은 2천 대겁이다. 여섯째는 선견천(善見天)인데, 키는 4천 유순이며 수명은 4천 대겁이다. 일곱째는 선현천(善現天)인데, 키는 8천 유순이며 수명은 8천 대겁이다. 여덟째는 색구경천(色究竟天)인데, 키는 1만6천 유순이며 수명은 1만6천 대겁이다. 이상의 다섯 하늘은 제3과(果: 아나함)를 얻은 사람이 산다. (지혜를 좋아하면 이 하늘에 태어나고, 정(定)을 좋아하면 곧장 4공천(空天)에 든다.)

아홉째는 대자재천(大自在天)인데, 키와 수명이 무량하며 제10지(地) 보살이 사는 곳이다.

이상 아홉 하늘의 너비는 대천세계(大千世界)를 덮거니와, 그 구역의 가로세로와 거리를 따지려면 끝내 리수(里數)로는 헤아릴 수 없다.

《대론(大論: 大智度論)》에서는 "색구경천(色究竟天)에서 돌 하나를 던지면 1만8천3백83년을 지나서야 비로소 땅에 이른다" 하였다.

이 4선천(禪天)들은 비록 거친 색(色)을 좇는 욕계의 산심(散心)은 여의었으나 아직도 몸〔色蘊〕의 속박을 벗어나지 못해서, 마치 새가 조롱에 갇혀서 자유롭지 못한 것과 같다. (어떤 곳에는 "사선천에 무상천 하나가 있고 대자재천은 없으니, 이 하늘이 색구경천의 주인이기 때문이다" 하였다.)

---

21) 범부(凡夫): 범어 prthag-jana의 번역. 必栗託仡那라고 음역하고, 異生이라고 直譯한다. 聖者에 대해서 어리석은 凡庸한 士夫라는 뜻. 異生이란 말은 여러 가지 견해나 번뇌에 의해서 가지가지의 業을 일으켜 여러 가지 果를 받아서 갖가지 세계에 태어난다는 뜻. 수행의 階位上으로 말하면, 처음으로 無漏의 지혜가 열려서 四諦를 보는 位인 見道에 오르기 이전이다. 凡夫로 하여금 凡夫답게 하는 性을 異生性 또는 凡夫性이라 한다.

【게송 008】

上有四空處하야　　　　　定樂勝四禪이요

離色祗四陰일새　　　　　故名無色界니라.

위에는 사공처천(四空處天)이 있어

정(定)과 낙(樂)이 사선천보다 수승하고,

색신을 여의어 4음(陰)만 있으므로

여기를 무색계(無色界)라 부른다.

　사공처천(四空處天) 중에 첫째는 공무변처(空無邊處)인데, 수명은 2만 대겁이다. 이 하늘의 수명이 앞 하늘의 곱이 되지 않는 이유는 처음으로 색신의 속박을 여의었기 때문이다. 둘째는 식무변처(識無邊處)인데, 수명은 4만 겁이다. 셋째는 무소유처(無所有處)인데, 수명은 6만 대겁이다. 넷째는 비상비비상처(非想非非想處)인데, 수명은 8만 대겁이다.

　이 사공처천의 수명이 앞 하늘의 곱이 되지 않고 2만 대겁씩만 느는 까닭은 단지 지혜가 열악하기 때문이다. 또 이 네 하늘은 독립된 처소가 없어 욕계와 색계를 여의지 않는다. 그러나 닦은 업이 제각기 다르므로 서로가 알아보지 못하고, 그들이 닦은 업이 사선천보다 수승하기 때문에 윗등급으로 배열한다.

　또 이 네 하늘은 색온(色蘊)을 이미 벗어나서 수(受)·상(想)·행(行)·식(識)의 네 가지 음(陰)만 있으며, 8식(識) 중에도 앞의 다섯 가지 식은 없고 뒤의 세 가지 식만 있다.

　초선천에서 비비상천(非非想天)까지를 범부의 경지로 논한다면 이 하늘에 태어날 업과 다음 생에 태어날 업만을 짓는다. 그러기에 업이 다하면 업에 따라 다시 윤회에 빠져 도에 들어갈 길이 영원히 없게 된다.

【게송 009】

摠名爲三界요　　　　　別則二十五니
是爲一國量이라　　　　一釋迦所化니라.
이상을 통틀어 삼계(三界)라 부르고
달리는 25유(有)라 하나니,
이것이 한 나라〔一國〕의 부피요
한 부처님이 교화하시는 구역이다.

삼계(三界)는 욕계와 색계와 무색계이며, 25유는 4주(洲)와 4악취(惡趣)와 6욕천(欲天), 그리고 범천(梵天)과 4선천(禪天)과 4공처천(空處天)과 무상천(無想天)과 5나함천(那含天)이다.

이를 육취(六趣)라고도 하는데, 지옥(地獄)·아귀(餓鬼)·축생(畜生)[22]·수라(修羅)[23]·인간〔人〕·하늘무리〔天〕[24]이다. 이것이 한 나라〔一國〕이며, 한 분의 열응신(劣應身)인 장육신불(丈六身佛)께서 교화하시는 영역이다.

---

22) 축생(畜生): 범어 tiryagyoni의 번역으로 底栗車라 음역하며, 구역은 畜生 그리고 신역에서는 傍生이라고 번역한다. 畜養되는 生類이므로 축생이라고 한다. 傍生이란 傍行하는 생류, 곧 엎드려 기어다니는 동물이란 뜻. 축생은 고통이 많고 樂이 적으며 식욕과 음욕만 강하고 無智하여 싸우고 서로 잡아먹으므로 공포 속에 산다. 축생세계에 나는 業因으로 《釋氏要覽》에 戒를 범하여 사사로이 도적질하는 것, 빚을 지고 갚지 않는 것, 살생하는 것, 經法 듣기를 좋아하지 않는 것, 齋會에 장애가 있는 것을 들었다.

23) 수라(修羅): 阿修羅를 말하니, 범어 asura의 소리 옮김. 阿素羅 또는 阿須輪이라고도 쓰고, 非天·不端正이라고 번역한다. 인도 고대에는 전투를 일삼는 일종의 귀신으로 간주되었고, 항상 인드라 神과 싸우는 투쟁적인 惡神으로 여겨졌다. 六道의 하나이자 八部衆의 하나.

【게송 010】

如是數至千이	名一小千界요
小千至一千이	名一中千界요.

이렇게 세어서 천(千)이 모이면
이를 일러 소천세계(小千世界)라 하고,
소천세계가 천이 모이면
이를 일러 중천세계(中千世界)라 한다.

【게송 011】

中千至一千이면	名曰大千界니
如是三千國에	各有鐵圍遶니라.

중천세계가 천이 모이면
이를 일러 대천세계(大千世界)라 하니,
이러한 삼천대천세계(三千大千世界)는
제각기 철위산(鐵圍山)에 둘러싸여 있다.

《석씨회요(釋氏會要)》에서는 "철위산과 바다 안에 있는 4대주(大洲)와 **수미로산(須迷盧山)**과 그리고 위에서 말한 28층의 하늘과, 그

---

24) 하늘무리〔天〕: 범어 deva는 提婆라 음역되고 天이라 번역되는데, 迷界인 五趣나 六道 가운데 가장 고귀하고 殊勝한 有情의 존재〔god · 天神〕 또는 그 有情이 생존하는 세계〔heaven · 天界〕를 가리킨다.

1. 수승한 有情의 존재를 가리키는 경우: '帝釋天(Śakra-devānām indra)'이나 '梵天(brahma-deva)' 또는 '天人師(śāstā-devamanusyānām)'의 경우 deva를 神이라 漢譯하지 않고 굳이 天이라 한 것은 '神'이 '靈魂'의 뜻으로서 보편적으로 통용되던 어휘의 의미성이 고려된 듯하다.

2. 수승한 有情이 생존하는 세계를 가리키는 경우: '兜率天(Tusita-deva)'의 경우 deva(天)는 수승한 有情의 존재가 생존하는 deva-loka(天界)를 의미한다.

리고 해와 달 하나씩을 한 나라의 부피〔量〕라 한다. 이것을 단위로 세어서 천이 되는 크기에 철위산이 몽땅 둘러싸고 있는데 이를 소천세계라 한다. 이 소천세계를 기준으로 세어서 천이 되는 크기에 또 철위산이 몽땅 둘러싸고 있는데 이것을 중천세계라 한다. 이 중천세계를 기준으로 세어서 천이 되는 크기에 또 철위산이 몽땅 둘러싸고 있는데 이를 대천세계라 한다"고 하였다. 그렇다면 백만억 국토 모두가 부처님에게 소속되어 있으므로 모두가 그 가르침을 받을 수 있다.

《범망경소(梵網經疏)》에는 이런 문답이 있다. "묻는다.《유가론(瑜伽論)》에서는 '한 대천세계 안에 백 구지(俱胝)의 세계가 있다' 하였고,《잡집론(雜集論)》에서는 '구지는 백억(百億)에 해당한다' 하였거늘 어찌하여 여기에서는 단순히 백억이라 하는가? 답한다. 억(億)에는 여러 종류가 있으니, 혹은 십만(十萬)을 억이라 하고, 혹은 백만(百萬)을 억이라 하고, 혹은 천만(千萬) 혹은 만만(萬萬)을 억이라 하는데, 유가론에서는 다만 십만으로 억을 삼았으나 이 경은 천만으로 억을 삼았다. 그러므로 각각의 경전에 이설(異說)이 있다. 그렇기는 하나 크게 어긋나는 것은 아니다" 하였다.

【게송 012】

此諸國土等이	碁布地輪上이요
下有金水風	三輪次第擎이니라.

이 모든 국토들이
지륜(地輪) 위에 퍼져 있고
아래에는 금(金)·수(水)·풍(風)
3륜(輪)이 차례로 버티고 있다.

지륜(地輪)은 두께가 8만4천 유순이며, 지름〔經量〕은 (지름의) 세 곱이다. 금륜(金輪)은 두께가 3억2만 유순이며, 지름은 12억3만4천 50유순이다. 수륜(水輪)은 두께가 8억 유순이며, 지름은 금륜과 같다. 풍륜(風輪)은 두께가 16억 유순이며, 너비는 무한하다.

이 4륜의 지름은 다만 한 수미산과 한 나라〔一國量〕를 기준하여 말한 것이거니와, 대천세계를 기준하여 말한다면 리수(里數)로 헤아릴 수 없다.

【게송 013】

世界將成時에　　　　　梵王最初建하고
輔衆欲四空의　　　　　情器次第成이니라.

세계가 이루어지려 할 때
범왕천(梵王天)이 최초에 건립되었고
범보천과 범중천과 4욕천과 4공거천의
유정〔情〕과 국토〔器〕가 차례로 이루어졌느니라.

【게송 014】

下界風輪起호대　　　　量等大千界하고
仰布及傍布호미　　　　猶如槃椽形이라.

아래 세계에 큰 바람둘레〔風輪〕가 일어나되
크기가 대천세계와 같고
위와 곁으로 퍼지는 모습은
소반둘레〔槃椽〕25)의 꼴과 같다.

---

25) 椽은 緣과 通하니, 槃緣은 소반의 변두리를 뜻하는 듯함.

【게송 015】

光音天布雲하야　　　　　遍覆風輪上하면

霔大車軸雨하야　　　　　水深難可底요.

광음천(光音天)에서 구름을 펴서

바람둘레를 두루 덮으면

큰 수레바퀴 같은 빗방울이 내려

물이 깊어 그 밑을 알 수 없다.

【게송 016】

風擊上成金하고　　　　　餘下爲水輪이요

空中復降雨하면　　　　　水滿金輪上이라.

바람이 쳐서 올라간 부분은 금륜이 되고

나머지 내려온 것은 수륜이 된다.

허공에서 다시 비가 내리면

금륜 위에 물이 가득해진다.

【게송 017】

風吹成大地하면　　　　　須彌及衆山과

四洲與河海가　　　　　　依舊皆成建이요.

바람이 불어 땅덩이가 이루어지고

수미산과 그리고 여러 산들과

사대주와 그리고 강과 바다가

전과 같이 모두 이루어진다.

【게송 018】

二禪福盡者가　　　　　　下生勝金洲하니
身巨壽無量하고　　　　　飛行光遠照라.
이선천(二禪天)에서 복이 다한 이가
승금주(勝金洲)에 내려와 태어나니
몸도 크고 수명도 한량없이 길고
날아다니고 몸의 빛이 멀리 비춘다.

【게송 019】

所食地味餠과　　　　　　林藤與粳米니
此諸勝味等을　　　　　　貪食輒隨沒하고
먹는 것은 지미의 떡〔地味餠〕과
임등(林藤)과 그리고 갱미(粳米)인데
이 모든 맛좋은 먹거리들을
욕심내어 먹으니 먹는 대로 사라진다.

【게송 020】

次有香稻生이어늘　　　　人亦爭取食하니
光滅又通亡하고　　　　　分生男女根이라.
다음에는 향도(香稻)가 돋아났거늘
사람들이 또한 앞다퉈 먹으니
광채는 소멸되고 신통도 없어지더니
남자와 여자의 생식기가 나뉘었다.

【게송 021】

以其宿習故로　　　　　相交行不淨하니
從此子孫繁하고　　　　人民因富盛이나

전생에 익힌 습관 때문에
서로 어울려 부정(不淨)을 행하니
일로부터 자손이 번창하고
백성이 그로 인해 부성(富盛)하였다.

【게송 022】

漸邪行不善하야　　　　死充三惡道하고
畏惡修衆善하면　　　　生三洲六天하나니라.

차츰 삿되어져서 불선법(不善法)을 행하다가
죽어서는 삼악도(三惡道)에 채워지고
악도(惡道)를 두려워하여 선(善)을 닦으면
삼주(三洲: 三天下)와 육천(六天)에 태어난다.

【게송 023】

五趣情與器가　　　　　於是備作焉하야
住二十增減하고는　　　次起壞劫事니

오취(五趣)의 유정(有情)과 국토〔器〕가
비로소 갖추어진 뒤에
이십 증감겁(增減劫)을 머무르고는
괴겁(壞劫)의 조짐〔事〕이 일어나도다.

【게송 024】

始從無間獄으로　　　　乃至他化天히
有情次第捨하야　　　　器界旣俱空하면

무간옥(無間獄)으로부터
타화천(他化天)에 이르면서
유정이 차례차례 떠나서
국토가 텅 비어 모두 공하면

【게송 025】

爾時七日現하야　　　　海枯山石融하며
大地竝炎輝하고　　　　大千盡煨燼이라.

그때 일곱 개의 해가 돋아서
바다는 마르고 산의 돌은 녹아내리며
땅덩이는 온통 불길에 휩싸이고
대천계(大千界)는 모두 잿더미가 되도다.

【게송 026】

火焰鏁初禪하야　　　　三天次第升일새
咸赴二禪中하면　　　　下空如黑穴이라.

불꽃이 초선천서 일어나
세 하늘을 차례로 올라가므로
모두가 이선천으로 모이면
아래는 텅 비어 굴속같이 어둡다.

【게송 027】

成住壞空劫이　　　　　　大略已如是하니
於此四劫中에　　　　　　八十度增減이면

성주괴공(成住壞空)의 겁이
대략 이러하거니와
이 네 겁(劫)에는
여든 차례 증감겁(增減劫)이 있다.

【게송 028】

是爲一火劫이니　　　　　七火方一水요
七水更七火하면　　　　　然後一風災라.

이것이 한 화겁(火劫)이니
일곱 화겁마다 한 수겁(水劫)이요
일곱 수겁 뒤에 다시 일곱 번의 화재를 겪으면
그러한 뒤에야 풍재(風災)가 한번 온다.

【게송 029】

火災從地起하야　　　　　壞至於初禪하고
水從二禪起하야　　　　　壞器若消鹽하고

화재는 땅에서 일어나서
초선천까지를 무너뜨리고
수재는 이선천에서 일어나서
소금 녹이듯 국토를 무너뜨린다.

【게송 030】

風自三禪起하야 　　壞若乾支節하고
四禪無外災라 　　與殿俱生滅이라.

풍재는 삼선천에서 일어나서
마른 백골을 부수듯 무너뜨리고
사선천은 밖에서 오는 재앙은 없으나
궁전과 함께 생겼다 멸했다 한다.

【게송 031】

火劫成壞數이요 　　水次風大疎하니
壞已復還成하야 　　循環無了期라.

화겁의 이루어짐과 무너짐은 잦고
수재는 다음이요, 풍재는 매우 성그니
무너졌다가는 다시 이루어져서
돌고돌면서 끝날 때가 없도다.

【게송 032】

風災至百轉을 　　名一僧祇劫이니
如是無量劫에 　　佛出甚希有니라.

풍재가 백 번 돌아오는 동안을
한 아승지겁(阿僧祇劫)이라 하나니
이렇듯 한량없는 겁을 지나도
부처님 나타나심은 매우 드물다.

《화엄경(華嚴經)》[26]에서는 “공중에서 큰비를 퍼부어 삼천대천세계에 가득하면 바람둘레〔風輪〕가 일어서 부는 힘으로 색계의 모든 하늘과 궁전을 이루고, 다음에 또 바람이 일어나서 욕계의 하늘과 궁전을 이루고, 이렇듯 차례차례 갖가지 바람이 일어나서 수미산 등 모든 산을 이루고, 다음에는 땅덩이〔大地〕와 나아가서는 용궁(龍宮)과 아수라궁(阿修羅宮)을 이룬다” 하였다.

또《유가론(瑜伽論)》과《구사론(俱舍論)》등에서는 다음과 같이 말한다.[27]

세계가 생기려 할 때 대범천왕(大梵天王)이 최초에 단독으로 건립되고, 한 증감겁 동안 범보천과 범중천, 그리고 욕계, 4공거천(空居天)의 유정과 국토가 차례로 이루어진다.

그뒤 아래쪽으로 너비가 삼천대천세계만한 큰 바람이 일어난다. 그 바람에는 위로 두루 퍼지는 것〔仰週布〕과 옆으로 퍼지는 것〔傍側布〕 두 가지 모습이 있는데, 위로 퍼짐은 바닥을 이루기 위함이며 옆으로 퍼짐은 담〔墻〕을 이루기 위함이다. 바람의 형상은 소반의 둘레〔槃椽〕와 같고, 굳기는 금강석과 같다.

위쪽의 광음천에서 커다란 금장운(金藏雲)이 퍼져서 금륜(金輪)을 두루 덮고 큰 홍수(洪水)를 내리는데, 빗방울이 수레바퀴만큼 커서 허공에 빗물이 가득하여 깊이가 11억2만 유순이다.

그뒤에 또 바람이 일어 (고인) 물을 쳐서 금륜(金輪)을 이루는데, 두께가 3억2만 유순이다. 아래쪽의 나머지 8억 유순은 수륜(水輪)이 되는데, 풍륜이 지탱해 주는 힘 때문에 새지도 않고 흩어지지도 않는다.

공중에서 다시 갖가지 계장운(界藏雲)을 일으켜 갖가지 비를 내려

---

26)《화엄경》〈여래출현품〉.
27)《유가사지론》권2 및《구사론》〈분별세품〉.

금륜 위에 가득히 채우고, 다음엔 다시 바람이 일어 물을 나부껴 굳어지게 해서 지륜(地輪)을 이룬다. 그 중에서 제일 정묘한 성품은 수미산이 되고, 다음의 성품은 칠금산(七金山)이 되고, 가장 낮은 성품은 모든 산이 된다. 땅의 평평한 육지는 주(洲)를 이루고 깊은 골〔深塹〕은 바다를 이루는데, 높은 것에서 낮은 것으로 가면서 차례차례 건립된다.

광음천 무리들이 복이 다해 내려오면 모두가 사람이 되는데, 키는 1천 자〔尺〕 혹은 2천 자이다. 이들은 기쁨〔歡喜〕으로 음식을 삼으며, 몸에서 나는 광명이 멀리 비추고, 자유자재하게 날아다니며, 남녀의 차이가 없다.

(땅 위에) 저절로 **지비**(地肥: 혹은 地味)가 돋는데 빛은 희고 맛은 달았다. 사람들이 앞다퉈 먹자 지비가 마침내 사라지고, 다음엔 **지피**(地皮: 혹은 地餠)가 돋았으니 빛은 누르고 맛은 달았다. 다음에 **임등**(林藤: 혹은 林條)이 돋았는데 형상이 임형(林形: 숲의 형태인 듯)과 같다. 모든 임등은 열매를 맺는데 쪼개면 물이 나오니 마치 밀 없는 꿀〔無臘蜜〕과 같았다. 다음엔 **갱미**(粳米: 멥쌀)가 나왔는데 길이가 족히 일곱 치〔七寸: 혹은 네 치〕는 된다.

다음엔 향도(香稻: 벼)가 나왔는데 겨〔糠粃〕가 있거늘 이것을 먹은 까닭에 대소변이 몸 안에 쌓인다. 이것을 제거하기 위하여 남녀의 근(根: 생식기)과 두 길이 생겼고, 이어 부부(夫婦)와 재산〔田宅〕을 갖기 시작했다.

이렇듯 탐욕을 부렸기 때문에 (몸의) 광명이 사라지고 신통이 없어지자 해와 달이 비로소 생겨, 낮과 밤이 나뉘게 되었다.

백성들이 차츰 삿되어져 착하지 못한 업을 지으니, 나쁜 업을 짓는 까닭에 아귀·방생(傍生: 畜生)·지옥이 생겼고, 악도의 고통을 보고는 선을 닦으므로 차츰차츰 동·서·북주나 사왕천이나 도리천 등 다른 곳에 태어난다. 이를 일러 성겁(成劫)이라 한다.

주겁(住劫)은 알 수 있을 것이다.

괴겁(壞劫)은 주겁의 마지막에 무간지옥의 유정이 사라지고는 다시 태어나지 않게 되는 때부터 시작된다. 이때부터 삼악도와 사주와 육욕천이 차례로 빈다. 아래 세계가 모두 비면 햇볕이 네 곱으로 뜨거워져서 개울과 못이 모두 마르고 초목이 탄다. 두세 개의 해가 뜨면 개울과 강이 마르고, 네다섯 개의 해가 뜨면 바다와 샘이 모두 마르고, 여섯일곱 개의 해가 한꺼번에 나타나면 산과 돌이 녹아내리고 땅덩이는 온통 불길에 휩싸인다. 불꽃이 위로 솟아오르면 초선천의 무리가 2선천으로 피하고, 이렇듯이 삼천대천세계 모두가 타버리면 이것이 괴겁이다.

공겁(空劫)은 세계가 몽땅 다 무너져서 온 허공이 어두운 굴 속같이 캄캄하다.

이렇듯 성주괴공 네 겁이 각기 스무 차례 증감하기 때문에 여든 차례가 된다. 성겁 중에 앞 증감겁에는 국토가 이루어지고 뒤의 19증감겁에는 유정이 이루어지며, 괴겁의 앞 19증감겁에는 유정이 무너지고 뒤의 마지막 한 증감겁에는 국토가 무너진다.

또 주겁의 20증감겁에 처음의 하나는 감겁뿐이요, 마지막의 하나는 증겁뿐이다.

증감겁(增減劫)이란 무엇인가. 세계가 처음 이루어질 때는 이 염부제의 8만 나라와 읍의 백성이 부유하고 즐거워서 추위와 더위와 질병과 번뇌가 없다. 왕이 바른 법으로 다스려서 10선을 받들어 행하므로 서로가 부자지간처럼 믿고 공경하며, 인간의 수명은 한량이 없다.

주겁(住劫)의 첫머리에 이르면 왕은 바른 법을 행하지 않고 백성들은 차츰 삿되어져서 수명이 차츰 줄어 10만 세에 이른다. 이렇듯 1백 년마다 한 살씩 줄어 수명이 10세에 이르기까지 이를 **감겁**(減劫)이라 하고, 이로부터 아들의 나이가 아비보다 배가 늘어 8만 세에 이르면 이를 **증겁**(增劫)이라 한다.

아들의 나이가 아비의 곱이 된다 함은 《아함경(阿含經)》[28]에 이런 말씀이 있다. "(수명이) 10세로 줄어들기까지 사람들이 서로 해치고 죽이는데, 이때 선인(仙人)이 경계해 주어 살생을 멀리 여의게 하니, 그가 죽어 다시 태어날 때는 곱으로 20세가 된다. 다시 훔치는 짓〔不與取〕을 여의면 곱으로 40세가 되고, 다시 사음(邪淫)을 여의면 곱으로 80세가 되고, 다시 망어(妄語)를 여의면 곱으로 1백60세가 되고, 다시 양설(兩舌)을 여의면 곱으로 3백20세가 되고, 다시 추어(麤語)를 여의면 곱으로 6백40세가 되고, 다시 기어(綺語)를 여의면 곱으로 2천5백 세가 되고(이 수행은 어렵기 때문에 5백(실은 6백10)을 보태어 곱한다),[29] 다시 탐질(貪嫉)을 여의면 곱으로 5천 세가 되고, 다시 진에(瞋恚)를 여의면 곱으로 1만 세가 되고, 다시 사견(邪見)을 여의면 곱으로 2만 세가 되고, 다시 비법(非法)과 악탐(惡貪)과 사행(邪行)을 여의면 곱으로 4만 세가 되고, 다시 부모에게 효순하고 사문과 범지(梵志)를 공경해서 복된 업을 닦으면 곱으로 8만 세가 되다" 하였다. (어떤 경에 8만4천이라 한 것은 곱하는 방법에 따라 늘어난 것이다.)

일증감겁(一增減劫)은 1천6백80만 년이며, 이를 녹로겁(轆轤劫)이라고도 한다. 20녹로겁을 계산하면 3억3천6백만 년이니, 이렇게 합

---

28) 《장아함경》 〈전륜성왕수행경〉.

29) 이를 增數法이라 하니, 本項의 경우와 같이 정상적인 셈법으로는 2천2백80이 되지만 특수한 상황이나 산법의 편의를 위해 개략적인 헛수를 보태는 법을 말한다. 이와 반대의 경우로 헛수를 줄이는 법을 減數法이라 한다.

해서 80번 증감하면 한 **화재겁**(火災劫)이 된다.

다시 일곱 번의 화재를 지난 뒤에 한 차례의 **수재**(水災)가 있으니, 계산하면 마흔아홉 차례의 성주괴공을 지나야 비로소 일곱 차례의 수재가 있고, 함께 합치면 쉰여섯 차례의 성주괴공이 된다.

다시 일곱 차례의 화재를 지나야 한 차례의 **풍재**(風災)가 있으니, 한 차례의 풍재마다 예순네 차례의 성주괴공과 또 한 차례의 성주괴공이 있어 통틀어 계산하면 13억4천4백만 년이 된다.

화재는 초선천까지를 무너뜨리니, (초선천의 무리들에게는) 심(尋: 거친 느낌)과 사(伺: 미세한 느낌)가 있기 때문이다. 수재는 2선천까지를 무너뜨리니, 이들에게는 기쁨〔喜受〕이 있기 때문이다. 풍재는 3선천까지를 무너뜨리니, 이들에게는 들고나는 호흡이 있기 때문이다.

화재의 일은 위에서 말한 바와 같고, 수재는 초선천 이하가 화재로 이루어졌다 무너졌다 하면서 일곱 번이 지난 뒤에 여덟번째 괴겁 끝무렵에 이르러 제2선천에 구생수(俱生水: 자체에서 생기는 물)가 일어나서, 마치 물이 소금을 녹이듯 국토를 무너뜨려 이 물과 국토가 동시에 없어지는 것이다. 여덟번째 화재 끝에 이르러 바야흐로 한 번의 수재가 오는데, 그 까닭은 제2선천인 정광천의 수명이 8대겁이기 때문이다. 이렇게 무너진 뒤에 다시 제2선천이 이루어지는 것은 앞의 경우와 같다.

풍재는 7 곱하기 8, 즉 56차례의 화재와 한 번의 수재가 지나간 뒤에 구생풍(俱生風: 자체에서 생기는 바람)이 일어나서, 마치 바람이 백골의 마디마디를 부수듯 국토를 무너뜨리고는 이 바람과 국토가 모두 사라지는 것이다. 예순네번째의 괴겁에 풍재가 일어나는 까닭은 제3선천인 변정천의 수명이 64대겁이기 때문이다.

제4선천에는 삼재가 미치지 못한다 함은 평등한 생각〔捨念〕이 청정하기 때문이다. 《대법론(對法論)》에서도 "4정려(靜慮)와 외궁(外宮) 등은 비록 외부의 재앙은 없으나 궁전 등과 함께 생기고 함께 소멸하므로 이루어짐과 괴멸함이 있다고 말한다" 하였다.

또 겁(劫)은 시분(時分: 시간 단위)이라 번역한다. 겁에는 기근겁(饑饉劫: 주리는 시기)·질역겁(疾疫劫)·도병겁(刀兵劫) 등과 증겁(增劫)·감겁(減劫)이 있으나 이는 모두가 소겁(小劫)이니, 합하여 한 증감겁(增減劫)이 된다. 혹 20증감겁으로 한 겁을 삼아 이를 중겁(中劫)이라 하며, 통틀어 80차례 증감을 합하면 대겁(大劫)이라 한다.

또 어떤 경에는 "예컨대 가로세로가 40리(지도론에는 1백 유순이라 했다) 되는 큰 성 안에 겨자씨가 가득한데, 장수천(長壽天) 사람이 3년마다(어떤 경에는 1백 년마다) 와서 겨자씨 하나씩을 가져가서 성이 비더라도 겁은 아직 끝나지 않으니, 이것이 범천의 시간으로 한 겁이다"라고 하였다.

또 《영락경(瓔珞經)》에서는 "가로세로가 1리·10리·40리 되는 모난 돌이 있는데, 하늘 사람이 3수의(三銖衣: 매우 가벼운 옷)를 입고 인간의 세월로 계산해서 3년에 한 번씩 내려와 슬쩍 스치고 지나가서 이 돌이 다 닳는 것을 소겁(小劫)이라 하고, 80리 되는 돌을 범천(梵天)에 있는 백보광명주(百寶光明珠)로 세월을 계산하여 3년마다 한 번씩 스쳐서 이 돌이 다 닳는 것을 중겁(中劫)이라 하고, 8백 리 되는 돌을 정거천(淨居天)에 있는 천보광명경(千寶光明鏡)으로 세월을 계산하여 3년마다 한 번씩 스쳐서 이 돌이 다 닳는 것을 대겁(大劫)이라 하니, 이것이 한 아승지(阿僧祇)이다"라고 하였다.

또 〈겁장송(劫章頌: 瑜伽論)〉에서는 "풍재로 첫 단위를 삼아 불가지(不可知: 大數의 단위)에 이르면, 이 지극히 먼 시간을 한 아승지라 한다"라고 하였다. (화엄경에서는 "아승지는 백다섯번째 수의 단위이다"

하였고, 자은규기(慈恩窺基) 법사는 "풍재겁이 1백여 번 되풀이되는 기
간을 한 아승지라 한다" 하였다.)

【게송 033】

若佛出於世에는   必降閻浮洲하나니
萬億閻浮中에   各有一佛出하사.

부처님이 세상에 나투실 때엔
반드시 염부제에 탄강하시나니
만 억 염부제마다에
한 부처님씩 출현하신다.

【게송 034】

成道轉法輪과   入滅皆同時라
如是千百億이   盧舍那本身이니.

성도하심과 법륜을 굴리심과
열반에 드심을 모두 동시에 하시니
이렇듯 천백억 국토가
모두 노사나불의 본신이다.

【게송 035】

譬如淨滿月이   普現一切水하면
影像雖無量이나   本月未曾二니라.

마치 맑은 보름달이
천 강에 두루 나타날 때
그림자는 한량이 없으나

본래의 달은 둘 아니듯 하여라.

《석씨회요(釋氏會要)》에서는 "법왕께서 도읍을 삼을 수 있는 곳은 삼천대천세계 안이 두루 해당되지만, 만일 이미 이루어진 도읍을 기준한다면 이 염부제가 언제나 부처님 머무시는 곳이 된다" 하였다.

또 《대론(大論)》에서는 "염부제는 세 쪽이 똑같이 2천 유순이며 남쪽은 3유순 반인데, 북쪽은 넓고 남쪽은 좁다. 그러므로 사람들의 얼굴이 이를 닮았고, 부처님께서 태어나신 가비라성(迦毘羅城)은 천지의 중앙에 위치해 있다" 하였다.

또 옛날 한(漢)나라 명제(明帝)가 마등(摩騰) 법사에게 "부처님께서 세상에 태어나실 때 이 땅[중국]을 택하지 않으신 까닭이 무엇인가?" 하고 묻자, 마등은 "가유라위국(迦維羅衛國: 가비라)은 삼천대천세계의 중앙이라서 삼세의 부처님들이 모두 여기에 태어나셨습니다. 부처님의 위신력으로 변두리에 태어나지 않으시니, 변두리는 땅이 기울고 삐뚤어졌기 때문입니다"라고 대답하였다.

또 《인본경(因本經)》에서는 "염부제는 다른 세 천하보다, 그리고 타화자재천보다도 수승한 일이 다섯 가지가 있다. 첫째는 용맹하고 날쌤[勇捷]이며, 둘째는 바른 기억[正念]이며, 셋째는 부처님이 나타나시는 곳[佛出世處]이며, 넷째는 업을 닦을 수 있는 곳[修業處]이며, 다섯째는 청정한 행을 행할 수 있는 곳[行梵行處]이다"라고 하였다.

어떤 경에서는 "부처님들이 세 천하에 태어나지 않는 까닭은, 그 국토 사람들은 교화하기 어렵기 때문이다. 반면에 이 국토의 중생은 근기가 영리하고 민첩하며 지극히 악하지만 용맹하므로 도를 얻기가 어렵지 않다. 그러므로 옛부터 모든 부처님이 모두 이 땅에 태어난다"라고 하였다.

삼천대천세계를 통틀어 계산하면 일만억이[30] 되고, 한 나라에 한 부처님이 계시기 때문에 모두가 천백억이 되는데 모두가 적화불(迹化佛)이지만 근본은 노사나이다. 그러므로《범망경(梵網經)》에서 "나 이제 노사나가, 연화대(蓮華臺)에 앉자마자, 천 송이 꽃 위에 두루하여, 다시 천 석가를 나투도다. 한 꽃마다 백억 국토요, 한 국토에 한 석가니, 이렇듯 천백억이, 노사나의 근본 몸이로다" 하였다. 또 "천 송이 꽃 위의 부처는 나의 화신이요, 천백억 석가는 천 석가의 화신이다……" 하였다.

그렇다면 마치 달이 허공에 뜨면 그림자가 모든 물에 비치는데 그림자는 한량이 없으나 달은 본래 하나이듯, 부처님도 그러하여 비록 만억 국토에 자취를 나투시나 본래 몸은 하나일 뿐이다. (노사나는 정만(淨滿: 청정함이 원만함)이라 번역하니, 삼혹(三惑: 번뇌)이 이미 맑아지고 종지(種智: 종자지혜)가 원만하기 때문이다.)

【게송 036】

於此閻浮提에	有國名迦維요
王名是淨飯이요	夫人號摩耶라.

이 염부제에

'가비라' 라는 나라가 있으니

왕의 이름은 정반이요

---

30) 천백억의 다른 이름이니, 천백억은 천 개의 연꽃마다에 백억 국토가 있다는 뜻인데, 백억은 현대의 수로 10억이 된다. 이는 한 삼천대천세계에 포함된 小千世界의 수효이기도 하다. 현대의 십억을 백억으로 표현하는 算法은 1만까지는 10배로 올라가고 萬과 億은 中寄數, 즉 백 배로 올라가니 현대의 千萬이 억이 되고 10억은 백억이 된다. 여기의 1만억이라 함은 억까지를 小寄數, 즉 十十으로 올라가면 10만이 억이 되고 10억은 1만억이 된다.

왕비의 이름은 마야이다.

《인본경(因本經)》에서는 다음과 같이 말한다. "겁초(劫初)의 시기에 지미(地味)와 지피(地皮)와 지부(地膚) 등의 맛이 차례로 생기더니, 그들이 사라진 뒤에는 멥쌀〔粳米〕이 생겨서 아침에 베면 저녁에 돋았다. 사람들이 탐내어 쌓아두자 베어도 다시 돋지 않았고, 뒤에는 서로 훔쳐도 아무도 해결하는 이가 없었다. 서로가 상의해서 지혜로운 이 하나를 세웠는데, 그의 이름은 **삼만다**(三滿多),[31] 즉 **평등왕**(平等王)이다. 그가 착한 이에게는 상을 주고 악한 이에게는 벌을 주니, 무리가 함께 그에게 필요한 것들을 바쳤다. 이로부터 인간의 왕〔民主〕이 시작되니 그가 바로 평등왕이다.

자손이 대를 이어 33세(世)에 이르자 **선사왕**(善思王)이 비로소 전륜성왕(轉輪聖王)이 되어 사천하를 통치하였고, **사자협왕**(獅子頰王)에 이르기까지 무릇 만 65왕이었다.

사자협왕이 네 아드님을 낳았는데 첫째는 정반(淨飯)이며, 둘째는 백반(白飯), 셋째는 곡반(斛飯), 넷째는 감로반왕(甘露飯王)이다.

정반왕(淨飯王)은 실달(悉達)과 난타(難陀) 두 아드님을 두었고, 백반왕은 조달(調達)과 아난(阿難) 두 아드님을 두었고, 곡반왕은 마하남(摩訶男)과 아나율(阿那律) 두 아드님을 두었고, 감로반왕은 파사(波娑)와 발타(跋陀) 두 아드님을 두었고, 감로미(甘露味)라는 따님이 하나 있었는데, 모두가 출가(出家)[32]하여 도과(道果)를 증득하였다.

마야(摩耶)는 대환술(大幻術: 큰 요술쟁이)이라 번역한다. 그가 처음

---

31) 삼만다(三滿多): 또는 三曼多로도 음역하니, 범어 samanta의 소리 옮김으로서 평등함〔等〕이나 넓음〔普〕의 뜻을 지닌다.

태어날 때 누구보다도 예뻤으므로 사람들이 모두 "이는 인간이 아니라 선화천(善化天) 사람이 변신한 것이다"라고 하였다. 그래서 환술(幻術)이라 이름하였는데, 관상 보는 이〔相師〕가 "이 아기는 장차 전륜성왕을 낳을 것이라"고 예언하였다.

《석씨회요》에서는 "천비성(天臂城)의 선각장자(善覺長者)가 여덟 따님을 낳았는데 정반왕이 모두 궁으로 맞아들여 첫째인 마야와 여덟째인 **파사파제**(波闍波提)는 자신의 비(妃)로 삼고, 나머지 여섯 사람은 세 동생에게 나눠 주어 각기 비로 삼게 하였다"라고 하였다.

【게송 037】

周昭癸丑年　　　　　七月十五夜에
夫人感瑞夢하시니　　人乘象入懷라.

주(周) 소왕(昭王) 계축(癸丑)년
7월 15일 밤에
부인이 상서로운 꿈을 꾸시니
누군가가 코끼리를 타고 품에 들더라.

【게송 038】

旣而方有娠하야　　　自後受天供하시니
人間諸勝味는　　　　不復霑脣舌이러라.

---

32) 출가(出家): 범어 pravrajita의 의역으로 林居라고도 하며 波吠儞野라 음역한다. 원래는 고대의 인도 婆羅門敎에서 행한 일종의 수행 방식인데, 불교 등의 신흥 종교에서도 이를 채용하여 조건을 갖춘 자들은 가정을 벗어나 출가하여 僧尼가 될 것을 제창하였다. 불경 중에서도 여러 곳에서 출가의 공덕을 찬탄하여 '出家閑曠, 猶處虛空'이라 하며, 가정의 애정과 세속의 속박을 벗어나 오로지 修道에 전념할 수 있도록 하였다.

그로부터 태기가 계셔서
하늘의 공양만을 받으시고
인간의 온갖 맛난 음식은
입에 대지도 않으셨다.

　주나라 소왕은 중국〔震旦〕 희주(姬周)[33] 때 왕의 이름이다. 그의 행장은 다음에 나오기 때문에 여기서는 생략한다.

　《인과경(因果經)》과 《보요경(普曜經)》 등에서는 다음과 같이 말한다. "석가여래께서 대보살(大菩薩)이셨을 적의 이름은 선혜(善慧)였다. 도솔천에 태어나 천주(天主)가 되셨는데, 60억 하늘대신들이 '보살이 하강하면 어느 나라에 태어나실까?' 하고 의논하자, 보살께서 이렇게 대답하셨다. '삼천대천세계 염부제 안에 있는 가비라국은 땅의 한복판에 위치해 있다. 그 나라에는 60종의 종성(種姓: 種族)이 있는데 석종(釋種)이 가장 번창하며, 그 중에도 정반왕의 종족이 으뜸이다. 감자왕(甘蔗王)의 자손이며 성왕(聖王)의 후손인지라 성품이 어질고, 부인은 하늘의 옥녀와 같이 정량(貞良)하다. (그 부인은) 5백 생 동안 항상 보살의 어머니가 되셨기 때문에 (나도) 거기에 가서 강신(降神: 태어남)하리라' 하였다."

　또 《서응경(瑞應經)》에서는 다음과 같이 말한다. "보살이 흰 코끼리를 타고 일정(日精: 圓光)을 머리에 이고 도솔천궁을 뜨시니, 모든 하늘무리가 허공 가득히 뒤따르면서 풍악을 울리며 꽃을 뿌렸고, 큰 광채가 두루 빛나는 순간 어머니의 태에 드셨다.

---

33) 희주(姬周): 三代의 하나. B.C.1122~256. 武王이 殷을 멸하고 鎬京에 건국하였는데, 그의 성이 姬氏이므로 후대의 주나라와 구별키 위해 姬周라 함. 후에 長安으로 천도하였다.

　이때 도솔천의 무리들은 자기들도 인간 세상에 내려가 태어나서 보살이 성불하신 뒤에 설법을 듣겠다고 생각하고는 곧 모든 나라의 왕과 대신과 바라문(婆羅門)[34]과 장자(長者)[35] · 거사(居士)[36] 등의 집에 태어나니, 무릇 99억이었다.

　이때 부인이 잠을 자다가 꿈에서 어떤 사람이 코끼리를 타고 품에 드는 것을 보았다. 꿈에서 깨어나 몸이 무거움을 느끼자 하늘이 바치는 음식이 자연스럽게 이르는지라 인간의 맛난 음식은 더 이상 즐기지 않았다" 하였으니, 이것이 바로 주나라 소왕 즉위 23년 계축(癸

---

34) 바라문(婆羅門): 범어 brāhmaṇa의 소리 옮김. 인도 4姓의 하나. 淨行 · 淨志 · 淨裔 · 梵志라 번역한다. 인도의 4姓 가운데서 최고의 지위에 있는 종족으로 승려의 계급이다. 바라문교의 專權을 장악하여 임금보다 높은 윗자리에 있으며, 신의 후예라 자칭하며, 政權의 陪審을 하는 등 사실상의 신의 대표자로서 권위를 떨친다. 만일 이것을 침해하는 사람은 신을 침해하는 것과 같다고 한다. 바라문교는 불교의 흥기로 그 세력이 다소 약화되었다가, 아쇼카왕 시기에 興隆하는 小乘部派佛敎에 대항하여 브라만 自派 이외의 여러 토속 신앙을 흡수하여 萬神堂式 종교 또는 철학 사상으로 팽창을 시도하면서 힌두교(Hinduism)의 성립을 보게 되었다. 바라문의 생활에는 네 시기가 있으니, 어렸을 때는 부모 밑에 있다가 좀 자라면(7세~15세) 집을 떠나 스승을 모시고 베다를 학습하는 梵行 時期, 장년에 이르면 다시 집에 돌아와 결혼하여 家業을 계승하여 사는 家住 時期, 늙으면 집안 살림을 아들에게 맡기고 산숲에 들어가 수도하는 林捿 時期, 어느 정도 수행한 뒤에 나와 사방으로 다니면서 세상의 모든 일을 초월하여 남들이 주는 施物로써 생활하는 遊行 時期 등이 그것이다.

35) 장자(長者): 범어 śrestha, 室隷瑟陀라 음역한다. 호족이나 부귀한 사람, 또는 덕행이 수승한 나이 많은 사람에 대한 존칭으로 쓰인다. 일반적으로 인도에서 좋은 집안에서 태어나 많은 재산을 가지고 있고, 또한 德이 장한 이를 일컫는다.

36) 거사(居士): 범어 grihapati의 意譯, '迦羅越'이라 음역한다. 집(griha)의 주인(pati)으로, 부처님 시대 인도에서는 특히 상공업에 종사하는 長者를 居士라 일컬어 四姓 가운데 바이샤(Vaisya)에 소속되어 하나의 계급을 형성하고 있었다. 불교의 論書에서는 불교의 居士와 四姓의 居士를 엄격히 구분하였으니, 《大智度論》 권98에는 '居士, 眞是居舍之主, 非四姓中居士'라 하였으며, 《十誦律》에는 '除王 · 王臣及婆羅門種, 余在家白衣, 是名居士'라 하였다. 중국 고대에는 집에 머물며 벼슬에 나아가지 않으나 덕망이 높은 이를 '居士'라 하였으며 또한 '處士'라고도 하였는데, 불교가 들어온 후로는 在家의 불교 신도를 '居士'라 하였으니 '집에 머물며 修道하는 선비'라는 뜻이다. 慧遠의 《維摩經疏》에 '居士有二: 一廣積資財, 居財之士, 名爲居士; 二在家修道, 居家道士, 名爲居士'라 하였다.

丑: 서력 기원전 1077) 7월 15일이다.

【게송 039】

明年甲寅歲　　　　　四月初八日에

從右脇誕生하시니　　端正好男子라.

다음해 갑인년

사월 초파일에

오른쪽 겨드랑으로 탄생하시니

단정하고 잘생긴 남자아기라.

【게송 040】

生時靈瑞事를　　　　不可具言說이나

天雨花散地하고　　　龍噴水浴身이라.

태어나실 때의 신비와 상서들을

말로 다할 수는 없으나

하늘에서 꽃을 뿌려 땅에 가득하고

용은 물을 뿜어 몸을 씻겼네.

【게송 041】

生已蓮承足에　　　　四方各七步하시고

兩手指天地하사　　　卽作師子吼하사대.

태어나시자 연송이가 발을 받치자

사방으로 각각 일곱 걸음을 걷고

두 손으로 하늘과 땅을 가리키며

첫마디 사자후(師子吼)를 외치시되

【게송 042】

天上及天下에　　　　　　唯我爲獨尊이라 하시니
父母共異之하야　　　　　　命名爲悉達이라.

하늘 위와 그리고 하늘 밑에
오직 내가 가장 존귀하다 하시니
부모와 모두가 이상히 여겨
실달다(悉達多)라 이름하였네.

【게송 043】

召諸相者占하니　　　　　　占已皆奏曰
年登十九歲하면　　　　　　必作轉輪王이요.

관상사들을 불러 상을 뵈이니
모두가 입을 모아 이르는 말이
아기 나이 19세가 되면
필시 전륜왕이 될 것이오.

【게송 044】

若便出家者인댄　　　　　　當證一切智하리이다 하고
又有香山仙은　　　　　　　禮已自悲泣이러라.

만일에 출가하면
일체지(一切智)를 이루리다 하였고
향산(香山)에서 온 어떤 선인은
예배를 드리고는 슬피 울었네.

《서응경(瑞應經)》에서는 이렇게 말한다. “보살이 태에 머무신 지

열 달이 차는 4월 8일에 부인이 채녀(采女)들을 데리고 **룸비니**(藍毘尼) 동산에 납시어 **무우수**(無憂樹) 가지를 휘어잡아 꽃을 따려 하실 때 보살이 어머니의 오른쪽 겨드랑으로 탄생하셨다.

그때 나무 밑에서 수레바퀴만한 연꽃 일곱 송이가 저절로 솟았다. 보살이 연송이를 따라 사방으로 각각 일곱 걸음을 걸으시고(열반경에는 十方이라 했다), 오른손으로 하늘을 가리키고 왼손으로 땅을 가리키고 눈으로 사방을 둘러보면서 '하늘 위와 하늘 아래 내가 홀로 존귀하니, 인간과 하늘무리 모두를 이롭게 하리라'고 외치셨다.

제석과 범천 등 모든 하늘무리가 묘하고 향기로운 꽃을 뿌리면서 온갖 풍악을 연주하고, 영락(瓔珞)으로 꾸민 하늘옷[天衣]도 헤일 수 없이 내렸다.

아홉 용이 찬물과 더운 물을 한번씩 뿜어 태자의 몸에 뿌렸으며, 큰 광명을 놓아 삼천대천세계를 다 비추었다."

이렇듯 상서로운 감응이 34종류나 되지만 문장이 지루할까 해서 다 수록치 않는다.

같은 날에 큰 나라의 여덟 왕이 모두 태자를 얻었고, 석씨 종족 5백 사람이 모두 아들을 얻었고, 온 나라 안의 거사와 장자들 역시 모두가 아들을 얻었으며, 나아가 8만4천 곳의 마구에서는 말들이 수망아지를 낳았으니, 그 중의 하나가 **건척**(揵陟)이었다. 대궐 안의 5백 곳에서 숨은 보물[伏藏]이 저절로 나타나고, 또 모든 상인들이 보물을 캐어가지고 돌아오니 안팎의 신하들이 이처럼 상서로운 모습을 보고 "처음 보는 일이로다" 하였다.

이름을 살바실달다(薩婆悉達多: 중국말로는 '몽땅 길하다[頓吉]'라고 번역한다)라 지었으니, 태어나는 순간에 모든 길상(吉祥)이 몽땅 나타났기 때문이다.

왕이 온 나라 안에 관상 잘 보는 바라문을 불러서 관상을 뵈니 모두가 "19세가 되면 반드시 전륜왕이 될 것이요, 만일 출가하면 등정각(等正覺: 부처님)이 되실 것입니다" 하였다.

또 향산(香山)에 사는 **아사타**(阿私陀)라는 오통선인(五通仙人)은 태자를 보자 그 발에 절하고 슬피 울면서 "만일 출가하시면 반드시 일체지(一切智: 부처님)를 이룰 것인데, 나는 지금 1백20세인지라 오래지 않아 죽어서 무상천(無想天)에 태어나면 설법을 듣지 못하겠기에 슬피 우는 것입니다" 하였다.

그런데 부처님께서 탄생하신 연월일들을 여러 경론에서 서로 다르게 전한다. 혹은 "하(夏)나라 마지막 왕[末王, 즉 걸(桀: 서력 기원전 1800)] 때 탄생하셨다" 하고, 혹은 "상(商: 혹은 殷, 서력 기원전 1766~1123)나라 때 탄생하셨다" 하고, 혹은 "동주(東周) 평왕(平王) 무오(戊午: 서력 기원전 722)년에 탄생하셨다" 하고, 혹은 "환왕(桓王) 을축(乙丑: 서력 기원전 716)년에 탄생하셨다" 하니, 이런 여러 학설은 믿을 것이 못된다.

《변정론(辯正論)》에서는 《주서이기(周書異記)》를 인용하여 이렇게 말한다. "소왕(昭王) 즉위 24년 갑인 4월 8일에 강과 샘과 못이 불어나 산천토지(山川土地)에 철철 넘치더니, 그날 밤 오색광명이 태미(太微: 왕을 상징하는 별자리)에 들었다가 서쪽을 두루 비추면서 푸른 빛과 분홍빛을 띠었다. 황제가 태사(太史) 소유(蘇由)에게 '이것이 무슨 상서이냐?' 하고 묻자, 태사가 '서쪽에 큰 성인이 탄생하셨기 때문인데 천년 뒤에는 그 거룩한 가르침이 여기까지 퍼져 올 것입니다' 라고 대답하였으니, 이 사실을 돌에 새겨 남교(南郊: 남쪽 근교)에 있는 천사(天祠: 하늘에 제사지내는 사당)에 묻었다."

또 한(漢)나라 명제(明帝)가 **마등**(摩騰) 법사에게 "여래께서 태어나신 해와 입멸하신 해를 말씀해 주시오” 하니, 마등이 “부처님께서는 계축 7월 15일에 마야부인에게 입태하시고, 갑인 4월 8일에 어머니의 오른쪽 겨드랑이로 탄생하셨습니다” 하였다. 《아함경》과 《서응경》에서도 이와 같이 말씀하셨거늘 어찌 한두 곳의 딴말 때문에 이 같은 말을 의심하겠는가?

그러므로 《석씨회요》에서는 “양쪽〔兩方: 서역과 중국〕의 삼장(三藏: 학자)들이 전하는 말에 ‘주나라 소왕 때 부처님이 탄생하셨다’ 한 설이 이치에 맞는다” 하였다.

만일 주(周)나라의 역법〔建正: 지금의 正月을 寅月로 삼는 법칙〕을 기준한다면, 지금 강남〔江表〕 지방에서 쓰는 역법으로도 사월(巳月)에 부처님이 탄생하셨다 함은 옳지 못하니,[37] 《살바다론(薩婆多論)》에서 말했듯이 2월 8일에 부처님이 탄생하셨다는 설이 분명하다.

【게송 045】

産後第七日에	母沒生忉利하시니
姨母大愛道가	乳育忘劬勞샷다.

탄생하신 지 7일 만에
어머니가 유명하여 도리천에 나시니
이모인 대애도께서
젖먹여 기르느라 수고하셨다.

《서응경(瑞應經)》에서는 “마야께서 태자를 낳으신 지 이레 만에 운

---

37) 강남 지방에서는 아마도 지금의 11월을 正月, 즉 인월로 삼았던 것 같다. 마치 양력과 같이, 만일 11월을 인월로 해서 巳月을 꼽으면 지금의 2월에 해당한다.

명하시니, 보살을 품어 낳으신 공덕이 지대하므로 도리천에 태어나셨다" 하였고, 어떤 경에서는 "태자께서 자신의 복덕이 너무 지중해서 어떤 여자도 태자의 절을 받을 이가 없음을 아셨기 때문에 목숨이 곧 다할 분을 골라서 의탁해 태어나셨다" 하였고, 또《대권경(大權經)》에서는 "보살이 도솔천에서 모후(母后)의 남은 수명이 열 달임을 아셨기 때문에 신(神)을 의탁하셨다"라고 하였다.

　　대애도(大愛道)는 범어로는 **마하파사파제**(摩訶波闍波提)이다. 그녀는 태자를 젖먹여 기르면서 몸과 마음 모두 게을리 하지 않더니, 태자께서 성도(成道)하신 뒤에 따라 출가하여 "성불하면 일체중생희견여래(一切衆生喜見如來)라 하리라"는 수기를 받았다.

【게송 046】

七歲智過人하사　　　　衆藝無不通하시고
十歲力無敵하시니　　　擲象又能射러라.

일곱 살에 지혜가 남보다 뛰어나셔서
통달치 못한 기예가 없으시고
열 살엔 힘을 당할 이가 없어서
코끼리를 던지고 활쏘기도 잘하셨다.

　　《출요경(出曜經)》에서는 다음과 같이 말한다. "태자가 일곱 살 때, 왕이 선우(選友)라는 총명한 바라문을 태자의 스승으로 삼았는데, 태자가 그 스승에게 '어떤 책으로 가르쳐 주시겠소?' 하자 '범서(梵書)'[38]와 **거류서**(佉留書)입니다' 라고 대답하였다. 태자가 다시 '그 외 다른 서적이 64종이나 되거늘 지금 스승께서는 어찌하여 두 종류만 있다고 하시는가?' 라고 물었다. 스승이 '어떤 종류들입니까?'

하니, 태자가 '범서와 거류서와 용귀서(龍鬼書)와 아수륜서(阿修倫書) 등이요' 하시고는 그 근본과 지말을 따져 밝혀 주었다. 스승은 통달치 못한 것을 매우 부끄러워하면서 왕에게 사뢰되 '태자는 하늘과 인간의 스승인데 제가 어찌 감히 가르치겠습니까. 모든 기예와 산술과 활쏘기와 천문지리를 저절로 아십니다' 하였다."

《인과경(因果經)》에서는 다음과 같이 말한다. "태자가 열 살이 되자 왕은 태자와 난타(難陀)와 조달(調達)과 그리고 5백 동자에게 분부하고, 또 나라 안의 만백성에게 영을 내려 용기 있고 힘센 자는 일정한 날 경기장〔戲場〕에 모여 힘을 겨루고 활을 쏘라 하였다.

그날이 되자 조달이 무리를 거느리고 먼저 나섰다. 이때 코끼리가 문을 막아서거늘 조달은 손으로 쳐서 쓰러뜨렸고, 난타는 발로 걸어차서 길가에 비켜 놓았는데, 태자는 코끼리를 들어 공중으로 던졌다가 손으로 다시 받아 손상치 않게 하셨다.

다시 활터에 이르러 북〔鼓〕을 세우고 쏘게 하자, 조달은 40리에 세운 북을 뚫지 못했고, 난타는 60리에 세운 북을 뚫지 못했는데, 태자께서 1백 리에 세운 북을 쏘았더니 활이 부러졌다. 그래서 조상님들의 창고에 비장해 두었던 활을 가져오게 하였는데, 그 활은 고금에 아무도 당겨 본 적이 없는 것이었다. 태자께서 활을 당기시는 순간 소리가 성 안에 진동하였고, 화살이 북을 꿰뚫고는 땅에 꽂히자 샘물이 솟았으며(서역기(西域記)에는 '그 샘이 지금도 남아 있어 모든 병자가 마시면 당장에 낳는다' 하였다), 다시 철위산을 꿰뚫어 대천(大

---

38) 범서(梵書): 梵王이 설한 글을 梵書라 한다. 《慈恩寺傳》 3에 "범서는 그 근원을 알 수 없고 저자도 모른다. 매 劫初에 범왕이 먼저 설하여 天人에게 전수한 것을 말하는데, 이를 범왕이 설한 것이라 하여 범서라 한다. 그 말이 지극히 광대하여 백만송이나 된다"라고 하였다.

干) 국토가 여섯 가지로 진동하니, 대중이 깜짝 놀라 처음 보는 일이
라 감탄하였다."

【게송 047】

逮其年十七에   父王欲聘妃하야
普集諸釋女하야   萬選得一人하니

그의 나이 17세가 되실 때
부왕은 태자비를 맞아들이고자
석씨네 모든 소녀 중에서
만 명을 추려 하나를 얻으니

【게송 048】

名曰耶輸陀라   端正最無匹이어늘
太子雖納之나   殊無世俗心이러라

이름은 야수다라(耶輸陀羅)요
가장 단정하여 짝할 이가 없거늘
태자는 비록 맞아들였으나
세속의 마음이 전혀 없으시더라.

야수다라(耶輸陀羅)는 화색(花色: 꽃빛)이라 번역하며, 가장 단정한
여자였다. 그 여자는 전생에 꽃 파는 여자 구이(瞿夷)의 후신이니, 전
생의 서원 때문에 금생에도 태자비가 되었다. (전생의 일은 번거로워
서 수록하지 않는다.)

　태자는 그녀를 맞아들이기는 하였으나 세속에 뜻이 전혀 없어서
오랫동안 접하지 않았다. 태자가 밤 늦도록 선관(禪觀)만 닦자, 모든

기녀(妓女)들이 태자를 남자가 아니라고 의심하거나 생식기〔根〕가 없다고 생각하였다.

또 어떤 경에는 "태자에게 세 분의 비(妃)가 있었다. 첫째는 구이(瞿夷)였는데 잉태하지 못했고, 둘째는 야수다라였는데 나후라(羅睺羅)를 낳았고, 셋째는 구파(瞿波)였는데……"라고 하였다.

【게송 049】

一日啓父王하고	遊觀四門外할새
行見四種相하니	謂生老病死라.

어느 날 부왕에게 사뢰고
네 성문 밖을 구경하시다가
네 가지 모습을 보시니
이른바 생(生)·로(老)·병(病)·사(死)이다.

《서응경》에서는 다음과 같이 말한다. "태자께서 어느 날 왕에게 '밖에 나가 구경을 하고자 합니다' 하니, 왕이 유사(有司)에게 거리를 깨끗이 소쇄하고 모든 관속은 뒤를 따르라 명하였다.

태자가 성의 동문으로 나가서 보시니, 어떤 여자가 길가에서 첫아기를 낳는데 아기가 땅에 떨어지자 피고름 속에 묻혀 몹시 괴로워하며 울고 있었다. 다음 남문으로 나가서 보시니, 어떤 노인이 머리는 희고 허리는 굽고 몸은 쇠약한 채 지팡이에 의지해 간신히 걸음을 옮기고 있었다. 다음 서문으로 나가서 보시니, 어떤 사람이 병들어 뼈가 드러나도록 야위고 숨을 헐떡이면서 혼자서 지탱치 못하여 두 사람의 부축을 받고 길가에 서 있었다. 다음 북문으로 나가서 보시니, 어떤 사람이 죽었는데 권속들이 둘러싸고 슬피 울며 전송하고 있었다.

태자께서 이런 네 가지 모습을 보시고 종자(從者)에게 이것이 무슨 모습이냐고 묻자, 종자가 낱낱이 그 까닭을 사실대로 사뢰었다. 태자께서 다시 '이 네 사람만 그러한가, 아니면 다른 사람도 그러한가?' 하시니, 종자가 '세상 사람 중에 아무도 그것을 면할 이가 없습니다' 하였다.

이에 태자께서 '어찌하여 세상 사람들은 즐거움만 탐내어 그런 일을 두려워하지 않는가' 라고 탄식하고는 말에서 내려 나무 그늘에서 쉬시는데, 한 사문(沙門)[39]이 바루와 석장(錫杖)을 들고 땅만 보면서 태자의 앞을 지나가고 있었다. 태자가 그에게 물으니 '나는 비구(比丘)[40]인데, 번뇌의 도적〔結賊〕을 파해서 육진(六塵)에 물들지 않소' 하고는 문득 신통을 나투어 허공으로 날아갔다.

그런데 위의 네 모습과 이 비구는 모두가 정거천(淨居天)의 천자가 태자를 경책하기 위해 화현한 것이다."

【게송 050】

見此旣還宮하사	懷憂心不悅하니
父王大怪之하야	欲解其憂心호려 하야.

이런 일을 보시고 환궁하신 뒤

근심에 잠겨 기뻐하지 않으시니

부왕은 대단히 괴이하게 여기사

---

39) 사문(沙門): 범어 śramanā의 소리 옮김으로 室囉末拏 또는 舍囉摩拏라고도 쓰며, 의역으로는 勤勞 · 功勞 · 淨志 · 息止 등으로 쓴다. 沙門은 西域 지방 언어(龜玆語 samāne, 于闐語 samana1)의 소리 옮김인 듯하다. 출가자의 총칭으로 불교와 外道에 함께 통하는 명칭이다. 머리를 깎고 악을 끊어 몸과 마음을 고요하게 하여 善을 행하는 출가한 수도자를 말한다.

40) 비구는 부처 이전부터 있었던 일반 수행자의 통칭이다.

그 근심을 풀어 주리라 하셨다.

【게송 051】

爲作諸樂事호대   竟不革初心하시고

但自思出家하야   欲離其四患이러라.

온갖 즐거운 일을 만들었으나

끝내 첫마음을 바꾸지 않으시고

오직 출가할 일만 생각하시고

그 네 가지 근심 여의기만을 희망하셨다.

　태자가 네 성문 밖에서 상서롭지 못한 일들을 보시고 환궁하신 뒤에 근심으로 고뇌하시자, 부왕은 놀라고 괴이하게 여겨 모든 종자(從者)들을 책망하였다.

　"그대들은 어찌하여 거리를 깨끗이 하지 않아 온갖 불상사들을 보시게 했느냐?"

　뭇 신하가 대답하였다.

　"대왕의 엄명을 받자와 살피지 않은 것이 없는데 어디서 왔는지 모르는 결에 홀연히 앞에 나타났으니, 저희들의 죄만은 아니옵니다."

　왕은 하늘왕의 조화임을 알고 신하들의 죄를 묻지 않았다. 이어 태자의 근심을 풀어 주기 위하여 백천 가지 풍악을 연주하고, 다시 단정한 무희〔妓女〕들을 시켜 기쁨을 보탰으나 끝내 마음을 고치지 않으셨다.

【게송 052】

殷勤白其父호대   願聽我出家하소서 하니

王聞流涙言호대　　　　應當息此懷하라.

간곡히 부왕께 사뢰되

저의 출가를 허락하소서 하시니

왕이 듣고 눈물을 흘리며 말하되

그런 생각하지 말아라.

【게송 053】

此患古難免이어늘　　　　汝獨何預憂오

若能有後嗣면　　　　吾當從汝願하리라 하니.

이 근심은 옛부터 면치 못하는 것인데

너 어찌 혼자만 근심하느냐.

만일 후사(後嗣)가 생기거든

너의 소원을 들어 주리라 하니.

【게송 054】

太子順父語하야　　　　指其妃腹言호대

却後第六年에　　　　必當生男子리라 하니라.

태자가 그 말씀 떨어지자

태자비의 배를 가리키며 이르되

이로부터 6년이 지나고 나면

반드시 아들을 낳을 것이라 하셨다.

　태자가 출가하고자 하였으나 부왕이 울면서 허락하지 않거늘, 태
자가 끊임없이 간곡히 청하자 왕이 "너에게 아들이 있다면 출가를
허락하리라" 하였다. 그러자 태자가 야수다라의 배를 가리키며 "이

뒤 6년이면 그대는 분명 아들을 낳으리라” 하였다.

조금 뒤에 태자는 출가하고, 그뒤 6년 만에 야수다라가 과연 아들 하나를 낳았는데, 석씨네 모든 원로들은 모두가 화를 내면서 죽임으로써 다스리기로 하였다. 태자비는 불구덩이 앞에 서서 맹세하되 “내가 만일 그릇된 짓을 했다면 자식과 어미가 모두 죽을 것이요, 만일 태자의 자손〔遺身〕이라면 하늘은 반드시 증거를 보이소서” 하고는 아기를 안고 불구덩이로 뛰어들었다. 그러자 불구덩이는 연못으로 변하고 연꽃이 솟아 거룩한 몸을 받드니, 이로부터 왕과 대신들은 비로소 의심치 않게 되었다.

어떤 경에서는 다음과 같이 말한다. “나후라가 전생에 한 국왕이 있는데, 그의 형이 세상을 버리고 도사(道士)가 되어 대중에 참여하여 도를 닦던 어느 날 밤에 잘못하여 남의 병에 담긴 물을 썼다. 이튿날 대중을 향해 ‘법대로 벌을 내려 주십시오’ 하고 참회하였으나 대중이 상의하되 ‘이는 사실상의 허물이 아니니 따질〔聽〕 필요가 없다’ 하였다.

그는 다시 왕에게 가서 죄를 청했으나 죄가 가볍기 때문에 감옥에다 가두지 않고 후원에다 잠시 구금시켰는데, 일이 바빠 깜빡 잊었다가 6일 동안 열어 주지 않았다. 이런 까닭에 6년 동안 태에 있게 되었다.”

또 야수다라가 지난 겁에 어머니와 함께 길을 가는데, 길이 멀어서 피로를 느꼈다. 그래서 거짓으로 일이 있다 하고는 지녔던 물건을 어머니에게 주어 먼저 가게 하고, 자신은 짐짓 6리쯤 뒤떨어져서 갔는데, 이런 까닭에 6년 동안 아기를 품었다 한다.

【게송 055】

父不信斯語나   心知不敢留하야

常令四兵衛하고　　　　　妃亦不暫離러라.
부왕은 이 말을 믿지는 못하나
더 말릴 수도 없음을 알고
네 가지 군사로 항상 지키게 하고
태자비도 잠시도 곁을 떠나지 말라 하였다.

　상사(相師: 관상쟁이)가 왕에게 사뢰기를 “태자께서 지금 출가하시지만 않으면 7일 뒤에는 전륜왕의 복이 저절로 몰려올 것입니다” 하니, 왕은 이 말을 듣고 기뻐하여 뭇 신하들에게 “밤낮으로 엄하게 경비하고, 네 가지 군사로 경비하며, 성문을 여닫을 때엔 소리가 40리까지 들리게 하라”고 명하고, 야수다라에게도 곱절이나 더 살피고 지키라고 분부하였다.

【게송 056】
壬申二月八　　　　　　半夜人定時에
太子命車匿호대　　　　彼犍陟將來하라 하시니.
임신 2월 초여드레 한밤에
인적이 고요해진 시각을 틈타
태자께서는 차익(車匿)에게 분부하시되
백마, 건척(犍陟)을 끌어오라.

【게송 057】
四天捧馬足하고　　　　釋梵執幡盖하야
衛持出北門하니　　　　諸天忽不現이라.
사천왕이 말굽을 받들고

제석과 범왕이 깃발을 들고
호위하여 북문을 벗어나자
모든 하늘무리는 이내 사라지니라.

【게송 058】
行至三由旬하야　　　　　憩息閑林中할새
冠瓔付車匿하야　　　　　廻上父王處케 하고
걸어서 3유순쯤에 이르러
한적한 숲에서 잠시 쉬실 때
관(冠)과 잠영(簪纓)을 벗어
차익에게 맡겨 부왕께 바치게 하고

【게송 059】
以劒刑鬚髮할새　　　　　卽發如是願호대
所有諸衆生을　　　　　　如我除煩惱케 하야지이다 하니라.
검을 들어 머리를 끊으면서
서원을 세우시되,
모든 중생들도 이와 같이
번뇌를 끊어지이다.

　태자가 19세 되시는 임신(壬申) 2월 8일 밤에, 모든 하늘무리가 내려와서 태자 앞에 머리 숙여 절하고 "무량겁 동안 애써 수행하신 공덕이 이제 익어졌으니 출가하심이 마땅하옵니다" 하고 사뢰니, 태자께서 "부왕께서 안팎의 관속에게 명하여 엄밀히 방위하시니 나가고자 한들 길이 없노라" 하셨다.

하늘무리들이 다시 "저희들이 방편을 써서 아무도 알지 못하게 하리이다" 하기에, 태자께서 차익에게 "건척을 데려오라" 분부하셨다. 이에 사천왕은 말의 네 굽을 받들고 아울러 차익까지 인도하고, 제석과 범왕은 일산을 드니, 북문이 저절로 열리되 아무런 소리도 나지 않았다.

성을 벗어나자 모든 하늘무리는 홀연히 사라졌고, 날이 밝을 무렵이 되자 태자와 차익은 3유순을 지나와 어느 한가한 숲에 이르러 잠시 쉬었다.

이때 태자께서 "과거의 부처님들께서는 보리를 구하기 위하여 좋은 장식품도 버리고 머리와 수염도 깎으셨으니, 지금 나도 그렇게 하리라"고 외치고는 문득 보배관〔寶冠〕과 노리개〔瓔珞〕들을 벗어 차익에게 주면서 "부왕께 돌아가 바치라" 하셨다.

이어 날카로운 검을 들어 수염과 머리를 스스로 깎으시니, 제석천왕은 머리칼을 모시고 하늘로 올라가서 탑을 세웠고, 차익도 말도 울면서 왔던 길을 되돌아갔다.

부왕과 이모와 야수다라는 태자가 보이지 않으므로 슬피 울다가 까무라쳤고, 온 나라가 슬퍼하고 흠모하면서 찾았으나 찾지 못하였다.

【게송 060】

至於獵師處하야　　　　寶衣易布衣하시고
遍詣衆仙所하야　　　　歷問修道法하시나.

사냥꾼이 머무는 곳에 이르러

보배옷을 베옷과 바꾸시고

뭇 선인들의 처소에 이르러

도 닦는 법을 두루 물으셨으나

【게송 061】

皆非解脫道라   調彼而捨去하야

竟到尼蓮側하야   獨坐靜其慮하시니라.

모두가 해탈의 도가 아니므로

그들을 조복하고 떠나셔서

마침내 니련선하 강가에 이르러

홀로 앉아 그 생각을 맑히시니라.

　태자께서 머리를 깎으시고는 사냥꾼이 있는 곳에 이르러 칠보 옷을 거친 베로 된 **승가리**(僧伽梨)와 바꿔 입고, **발가선**(跋伽仙)의 숲으로 가서 여러 선인들을 보셨는데, 그들은 풀잎이나 나무껍질로 옷을 삼고, 혹은 나무와 풀의 열매나 꽃으로 음식을 삼으며, 혹은 하루에 한 끼니만 먹거나 사흘에 한 끼니만 먹었다. 또 물과 불과 해와 달을 섬기거나, 혹은 가시덤불 위에 눕거나, 혹은 불이나 불 옆에 눕는 등 고행이 극심하였다.

　이때 태자가 그 까닭을 묻자 그들은 하늘에 태어나고자 하기 때문이라고 대답하였다. 그러자 태자께서는 "모든 하늘이 비록 즐거우나 복이 다하면 다시 윤회하여 마침내 괴로운 길로 들어가거늘 어찌하여 온갖 괴로운 원인을 닦아서 괴로운 과보를 구하는가" 하고 떠나셨다.

　다시 **아라라가란**(阿羅邏迦蘭) 선인의 처소로 가서 생로병사를 끊는 그들만의 방법을 물으시니, 선인이 "끊고자 한다면 선정을 닦아서 애욕 등 착하지 못한 법을 여의어야 초선(初禪)을 얻고, 나아가 갖가지 상(相)을 여의면 비비상처(非非想處)에 들어가는데, 이를 구경해탈(究竟解脫)이라 하며, 모든 학자들의 저 언덕이라고도 합니다" 하였다.

　태자께서 곰곰이 생각하시되 "그들이 아는 바와 보는 바는 완벽한

경지가 아니다. 단지 거친 번뇌만을 다했을 뿐, 미세한 번뇌는 여전히 남아 있으므로 저 언덕에 이른 것이 아니다" 하셨다.

태자께서 이들 두 선인(仙人)을 조복시키고는 더욱 수승한 법을 구하기 위해 다시 길을 재촉하셨다. 그리고는 니련선하 강가에 이르러 조용히 앉아 선정을 닦으셨다.

【게송 062】

王聞益憂惱하야　　　　　擇遣五人侍하니
一日食一麻하고　　　　　七日食一麥이라.

왕은 이 소식에 더욱 걱정되어

다섯 사람을 뽑아보내 모시게 하니

하루에 삼씨 한 알을 먹거나

이레에 보리쌀 한 알을 먹었다.

【게송 063】

三人不耐苦하야　　　　　棄捨便他去하고
二人侍左右하야　　　　　六年無改心이러라.

고생을 견디지 못하여

세 사람은 떠나 버리고

두 사람은 여전히 좌우에서

여섯 해 동안 변함없이 모셨네.

부왕은 이 소식을 듣자 더욱 걱정이 되어 나라 안에 호귀하고 자손 많은 집을 골라 아들 하나씩을 뽑았는데, 그들은 교진여(憍陳如)와 마하남(摩訶男)과 구리태자(拘利太子)와 십력가섭(十力迦葉)과 반자밀제(般刺密諦) 등이었다. 그들은 태자의 뒤를 따르며 모시는데, 일정한 길이 없이 산을 넘고 물을 건넜다. 다섯 사람은 그 어려움을 견디지 못해 이렇게 수군거렸다. "이 미친 사람을 어찌 따라다니겠는가? 그러나 버리고 돌아가면 왕이 우리 집안을 멸망시킬 터이니, 차라리 이 근처에 머무는 것이 낫겠다."

태자가 고행림(苦行林)에 조용히 앉아 계행을 지키면서 하루에 삼씨와 보리쌀 한 알씩을 드시거나 이레에 삼씨와 보리쌀 한 알씩을 드시는데 간혹 구걸하는 자가 오면 그것마저도 베풀어 주시니, 다섯 사람은 오랫동안 따라다닌지라 그 고통을 감당키 어려워서 세 사람은 태자를 버리고 떠났다.

【게송 064】

太子作是念호대　　　　我今行苦行하야
形瘦如枯木하고　　　　命絲幾欲絶하니.

태자가 생각하되
내가 지금 고행을 해서
몸은 마른 나무같이 야위고
목숨은 실오라기같이 끊기려 하도다.

【게송 065】

自餓非眞道라　　　　無益於己他로다
我當受飮食하고　　　　然後方成佛하리라 하시니.

굶어서 죽는 것은 참도가 아니니
나와 남에게 아무런 이익도 없다.
내 마땅히 음식을 받아먹고

그런 뒤에 부처를 이루리라.

【게송 066】
近有牧牛女하야　　　　乃爲施乳糜하니
菩薩旣受之에　　　　　二人驚又去하니라.
근처에 소 치는 아가씨가 있어
우유죽을 끓여다 바치거늘
보살(태자)께서 그것을 받아 드시니
두 사람마저 놀라서 도망했다.

태자께서는 6년의 고행에 몸이 마른 나무같이 야위셨다. 이때 이렇게 생각하셨다. '내가 이 주린 몸으로 도를 깨치면 저 무지한 외도들은 굶는 것이 열반의 요인이라 할 것이니, 나는 차라리 밥을 받은 뒤에 도를 이루리라.' 이렇게 생각하시자 정거천의 왕자가 내려와서 숲 밖에서 소를 치던 **난타바라**(難陀婆羅)에게, 태자께 우유죽을 공양(供養)[41]하라고 권하였다. 태자께서 그 공양을 받으시자 몸이 윤택해지고 광채가 나니, 이를 본 두 사람마저 태자가 근본을 버렸다 하여 버리고 떠났다.

【게송 067】
癸未二月八에　　　　　獨詣菩提樹하야

---

41) 공양(供養): 범어 pūjanā. 供施·供給·供이라고도 한다. 음식물이나 의복을 佛法僧의 三寶·父母·師長·亡者에게 공급하는 일. 供養이란 원래 주로 신체적 행위를 말한 것이지만, 단순한 정신적인 것까지도 포함하여 말하고, 이것을 身分供養·心分供養이라 한다.

降魔成正覺하시고　　　　　具無量功德하시니

계미(癸未) 2월 8일에

홀로 보리수 밑에서

마군을 항복받아 정각을 얻으시고

무량한 공덕이 구족하셨다.

태자께서 홀로 **필발라**(畢鉢羅)[42]나무 밑으로 가서 과거의 부처님들 같이 풀로 앉을 자리를 만들려 하시자 제석천인이 인간으로 변하여 깨끗하고도 부드러운 풀을 바쳤다. 이를 받아 자리를 삼고 결가부좌(結跏趺座)로 앉으시거나 나무를 관찰하며 사색하시니, 하늘과 땅이 감동하여 큰 광명을 뿜어 마의 궁전을 뒤덮었다.

　파순(波旬)이 깜짝 놀라 그의 네 딸을 태자께 보내 만 가지 자태로 교태를 부려 홀리게 했건만 꼼짝도 않으시니, 파순은 다시 80억의 무리를 데리고 와서 짐짓 괴롭히면서 "만일 일어나서 떠나지 않으면 그대를 바다에 던져 버리리라" 하였다. 보살이 "그대는 먼저 나의 이 물병[43]을 던진 뒤에야 나를 던질 수 있을 것이다" 하시니, 80억의 무리가 힘을 다해도 물병이 꼼짝도 하지 않았다.

　파순은 다시 염라대왕에게 명하여 아비지옥의 온갖 형구〔苦具〕를 모두 가지고 와서 보살께로 향하게 했다. 그러나 보살께서 천천히 백호(白毫)[44]를 드시니 지옥의 죄인이 마음이 시원해져서 나무불(南無

---

42) 필발라(畢跋羅): 범어 pippala의 소리 옮김. 뽕나무科에 딸린 식물로서 중앙인도와 벵갈 지방에 번식하는 常綠喬木이며, 석존께서 이 나무 아래서 성도하였으므로 菩提樹라고도 한다.

43) 병(瓶): 범어 kundkā의 소리 옮김. 瓶에는 淨瓶과 觸瓶의 두 가지가 있으니, 정병의 물로는 깨끗한 손을 씻고 촉병의 물로는 더러운 손을 씻는다고 한다. 또는 질그릇으로 만든 것을 정병, 쇠로 만든 것을 촉병이라고도 한다.

佛)[45]을 외치자 즉시에 모두가 지옥을 벗어났다. 파순이 직접 보살 앞으로 다가와서 맞붙어 싸우고자 하였다. 보살께서 지혜의 힘으로 손을 펴서 땅을 어루만지시니 땅이 진동하고 마와 마의 병졸이 정신을 잃고 물러갔다.

보살께서 마군을 항복시키신 뒤에 매듭이 풀리듯, 번뇌가 다하여 생사가 모두 끊어지더니 샛별이 돋을 때 활짝 크게 깨달아 등정각(等正覺)을 이루시고, 열여덟 가지 법과 열 가지 신통한 힘과 네 가지 무소외(無所畏)를 두루 갖추셨다.

그때 온누리가 열여덟 가지〔十八相〕로 진동하고, 하늘에서는 풍악을 울리거나 꽃을 뿌리거나 향을 살랐고, 천룡팔부들이 잇달아 베푼 공양이 허공에 가득하였으니, 이는 주(周)나라 목왕(穆王) 즉위 제3년 계미 2월 8일 저녁이요, 그해 태자의 나이 30세였다.

위에서 말한 **열여덟 가지 법**〔十八法: 十八不共法〕이라 함은, 첫째는 몸에 실수가 없음, 둘째는 입에 실수가 없음, 셋째는 뜻에 실수가 없음, 넷째는 다른 모습이 없음, 다섯째는 안정되지 않은 마음이 없음, 여섯째는 안 뒤에는 버리지 않은 것이 없음, 일곱째는 희망이 줄지 않음, 여덟째는 정진이 줄지 않음, 아홉째는 기억이 줄지 않음, 열째는 지혜가 줄지 않음, 열한번째는 해탈이 줄지 않음, 열두번째는 해탈을 보고 아는 힘이 줄지 않음, 열세번째는 일체 신업이 지혜를 따라 행함, 열네번째는 일체 구업이 지혜를 따라 행함, 열다섯번째는 일체 의업이 지혜를 따라 행함, 열여섯번째는 과거의 세상을 아는 데 장애

---

44) 백호(白毫): 부처님의 32상 가운데 하나로 두 눈썹 사이에 있는 희고 빛나는 가는 털을 말한다. 이것을 펴면 한 길 다섯 자가 되며, 평소에는 오른쪽으로 말려서 있다.

45) 나무(南無): 범어 namas(문장 사이에서는 namo)의 소리 옮김. 南牟 · 那謨 등으로 음역하며, 歸命 · 敬禮 등으로 번역한다. 본래 禮敬한다는 의미를 갖는 명사이지만, 흔히 예경의 대상과 더불어 쓰이며 그 대상에 대해 歸依나 信仰의 뜻을 나타낸다.

가 없음, 열일곱번째는 미래의 세상을 아는 데 장애가 없음, 열여덟번째는 현재의 세상을 아는 데 장애가 없음이다.

열 가지 힘〔十種神力: 十力〕이라 함은, 첫째는 중생을 제도하기에 알맞은 곳인가 아닌가를 아는 지혜의 힘, 둘째는 업을 아는 힘, 셋째는 선정을 아는 힘, 넷째는 근기를 아는 힘, 다섯째는 희망을 아는 힘, 여섯째는 성품을 아는 힘, 일곱째는 도에 이르는 길을 아는 힘, 여덟째는 숙명통을 아는 힘, 아홉째는 천안통을 아는 힘, 열째는 누진통을 아는 힘이다.

네 가지 무소외〔四無所畏〕라 함은, 첫째는 일체지(一切智)에 두려움이 없음이며, 둘째는 누진지(漏盡智)에 두려움이 없음이며, 셋째는 도에 장애되는 법을 설함에 두려움이 없음이며, 넷째는 고통이 다하는 길이라고 설함에 두려움이 없음이다.

열여덟 가지 상(相)이라 함은, 진(震: 떨림)과 후(吼: 우! 하고 소리남)와 격(擊: 아래위로 흔들림)과 동(動: 옆으로 흔들림)과 기(起: 불끈 불끈 솟구침)와 용(涌: 쉬지 않고 솟아오름) 등 여섯 가지에 각각 세 종류가 있는 것이다. 예컨대 진(震: 단순한 진동)과 변진(遍震: 골고루 진동)과 등변진(等遍震: 골고루 진동하되 그 강도가 어디나 똑같음)이다. 나머지 다섯 가지도 그러하므로 열여덟 종류가 된다.

또 **보리류지**(菩提流支)가 경전을 인용하여 다음과 같이 송했다.

8년 동안은 어린아기요
7년 동안은 동자의 시절이요
4년 동안은 오명(五明)[46]을 배우고
10년 동안은 오욕(五欲)을 누리셨네.
29세에 집을 떠나서

6년 동안 고행을 닦고

35세에 부처님이 되시고는

79세에 열반에 드시니라.

그런데 《범망경(梵網經)》에서는 7세에 출가하여 30세에 성도하셨다고 하였으니, 이와 같이 세 가지 말씀이 같지 않은 것은 대승과 소승의 견해가 다르기 때문이다.

【게송 068】

爾時作是念호대   我所得妙法을

當廣應開演하야   利樂於一切라 하시니라.

그때 생각하셨네.

내가 얻은 묘한 법을

널리널리 일러 주어서

모두를 이롭고 즐겁게 하리라고.

보살이 성도하신 뒤 삼칠일 동안 중생을 이롭게 하실 방편을 생각하셨으니, 《법화경》에 다음과 같이 송했다.

---

46) 오명(五明): 범어 pañca-vidyā의 번역으로 다섯 가지 학문과 기예를 말하며, 五明處라고도 한다. 明이란 배운 것을 분명히 한다는 뜻. 인도에서 사용한 학문과 기예의 분류법. 內五明(불교도로서의 학예)과 外五明(세속의 학예)이 있다. 내오명은 聲明(언어 · 문학 · 문법을 밝힌 학문) · 因明(正邪를 연구하여 眞僞를 밝힌 논리학) · 內明(불교의 진리나 自宗의 宗旨를 밝힌 학문) · 醫方明(의학과 약학을 밝힌 학문) · 工巧明(공예 · 기술 · 曆數를 밝힌 학문)의 다섯 가지이다. 외오명은 聲明 · 醫方明 · 工巧明 · 呪術明 · 符印明의 다섯 가지를 말한다.

내가 처음 도량에 앉을 때

나무를 관하고 경행[47]도 하면서

삼칠일 동안

아래 같은 일을 생각하였네.

(첫번째 칠일의 생각)

내가 얻은 지혜는

미묘하고 가장 으뜸이거늘

중생은 모든 감관이 둔해서

즐거움에 집착하는 어리석음에 눈멀었으니

이러한 무리들을

어찌하여야 제도할 수 있을까라고.

그때 모든 범왕과

모든 하늘과 제석천왕과

호세사천왕이

나에게 법륜을 굴리라 청하니,

(두번째 칠일의 생각)

나는 곧 생각하였네.

불승(佛乘)만을 찬탄하면

중생이 믿어 받아들이지 않아

법을 비방한 죄로 악도에 떨어지리니

차라리 설하지 말고

빨리 열반에 들어가리라 하고.

---

47) 경행(經行): 좌선하는 중 다리의 피로를 풀고 졸음을 쫓기 위해 일정한 주위를 천천히 걷는 것.

(세번째 칠일의 생각)

이어 다시 과거의 부처님들이

행하신 방편을 되새겨 생각하고는

내가 지금 얻은 도도

역시 삼승법으로 나누어 설하리라고.

이렇게 생각을 마치시고는 바로 바라내원(婆羅奈園)으로 가서서 12년 동안 4아함(四阿含)을 설하시고, 8년 동안 방등부(方等部)의 모든 경을 설하시고, 21년 동안 반야부의 모든 경을 설하시고, 8년 동안에는 법화와 열반의 두 경전을 설하셔서 인연 있는 중생을 모두 제도하심으로써 장한 일을 모두 끝내시고, 연세가 일흔아홉에 이르러 열반에 드시니, 대강은 이러하거니와 이제 조사의 문헌을 인용하여 그 개요를 보이겠다.

《천태사교의(天台四敎儀)》에서는 다음과 같이 말한다.

지자(智者) 대사께서 **오시**(五時)와 **팔교**(八敎)로써 동쪽으로 흘러온 일대성교(一代聖敎)를 남김없이 판석(判釋)하였다. 오시라 함은 첫째는 화엄시(華嚴時), 둘째는 녹원시(鹿苑時), 셋째는 방등시(方等時), 넷째는 반야시(般若時), 다섯째는 법화열반시(法華涅槃時)니, 이를 오시교(五時敎)라 한다.

팔교라 함은 돈(頓)·점(漸)·비밀(秘密)·부정(不定)(이 네 가지는 화의(化儀)라 하니, 마치 세상의 약방문 같다)과 장(藏)·통(通)·별(別)·원(圓)(이 네 가지는 화법(化法)이라 하니, 마치 약의 맛을 분별하는 것과 같다)이니, 이것이 팔교이다.

첫번째 **화엄시**(華嚴時)는, 여래께서 처음 정각(正覺)을 이루시고 적멸도량에 계실 때, 마흔한 분의 법신대사(法身大士)[48]와 여러 생에 인연이 익어진 천룡팔부가 동시에 둘러싸 마치 구름이 달을 가리운 것 같았는데, 그때 여래께서 사나신(舍那身)을 나투시어 원만수다라(圓滿修多羅)를 설하신 것을 말한다. 그러므로 돈교(頓敎)라고도 한다.

두번째 **녹원시**(鹿苑時)는, 삼승(三乘)의 근기에게는 돈교의 법이 이익되지 못함을 부처님께서 아시는 까닭에 적멸장(寂滅場)을 뜨지 않고 녹야원으로 가서 노사나의 값진 옷을 벗고 해어지고 때묻은 장육(丈六)[49]의 옷을 입으시고, 도솔천에서 하강하시고, 태에 의탁하시고, 태에서 나오시고, 태자비를 맞으시고, 아들을 낳으시고, 출가하여 고행하신 지 6년 만에 나무보리수[木菩提樹][50] 밑에서 풀로 자리를 삼으시고, 열응(劣應)인 장육 화신불을 이루시고, 삼승의 무리를 위하여 생멸사제(生滅四諦)와 십이인연의 사실과 육도(六度) 등의 법을 설해주는 모습을 시현하신 것을 말한다. 모든 사람이 듣고 나서 이 교법에 의해 수행하면 편진의 이치[偏眞理: 我空][51]를 증득한다.

세번째 **방등시**(方等時)는, 이승(二乘)을 닦는 사람들이 소승을 구경(究竟)의 법이라 집착하여 대승의 법에 참여하지 못하기 때문에, 부처

---

48) 보살의 계위에는 51位(宗에 따라서는 52位)가 있는데, 이 가운데 十信位를 제외하고 법성신을 얻은 十住·十行·十回向·十地 및 等覺位익 보살 마흔한 분을 가리킨다.

49) 장육(丈六): 여러 경선의 기록에 의하면 석가세존 때 凡人의 신장은 약 8尺이었고, 세존은 그 곱절로 1丈6尺이나 되었다고 한다. 그러므로 '丈六之容'이라 하면 부처님의 본모습을 일컫는 것이며, '丈六佛' 또는 '丈六像'이라 하면 佛身과 동일한 높이로 조각한 불상이나 그린 불화를 일컫는다. 丈六佛像이 건립은 인도에서는 불상 건립의 초기부터, 중국에서는 東晉 이후에 매우 성행하였다. 통상 立像은 1장6척으로 坐像은 8척으로 조성하였으며, 이것을 초과하면 大佛이라 부른다. 또한 丈半像 또는 半丈六이 있으니, 立像을 8척으로 坐像은 4척으로 조성한 것을 말한다.

50) 세존께서 성불하신 보리수에 대해, 通敎에서는 칠보 보리수에서 성도하셨다고 하는데 비해, 藏敎에서는 나무 보리수 아래에서 성도하셨다고 한다.

51) 편진(偏眞): 소승교에서 주장하는 진리는 空의 한쪽에만 치우쳐 있으므로 偏空·偏眞·單空 또는 偏眞의 空理라고 한다. 이는 대승교의 진리인 空은 有無의 어느 相에도 집착하지 않는다는 것과 상대가 되는 말이다.

님께서 유마(維摩)·사익(思益)·능가(楞伽)·능엄삼매(楞嚴三昧)·
금광명(金光明)·승만(勝鬘) 등 모든 대승경을 말씀하셔서 치우침을
지탄하고 소승을 물리치면서 대승을 찬탄하고 원교(圓敎)를 칭찬하신
것을 말한다. 이승(二乘)의 무리들이 이 법문을 들은 뒤에 속으로는
부끄러움을 품고, 마음이 차츰 순숙(淳淑)해져서 소승을 부끄러워하
고 대승을 흠모하게 되었다.

네번째 **반야시(般若時)**는, 근기가 차츰 익어졌으므로 다음에 마하
반야(摩訶般若)와 금강반야(金剛般若)와 광찬반야(光讚般若)와 대품
반야(大品般若) 등을 설하시고, 공생(空生: 수보리)과 신자(身子: 사리
불)로 하여금 보살들을 가르쳐서 모든 법이 융통함을 알게 하고, 이전
의 삼시(三時) 교법을 털어 버리게 하신 것이다. 그런데 이를 화엄의
돈교(頓敎)와 상대시키기 때문에 통틀어 점교(漸敎)라 한다.

다섯번째 **법화열반시(法華涅槃時)**는, 기연(機緣)이 이미 익어지자
부처님의 지견[佛之知見]을 열고[開], 보이고[示], 깨우치고[悟], 들
어가게[入] 하실 때가 되었으므로 다음에 법화를 설하여, 앞의 돈교
와 점교를 열어 보이셨다가 다시 돈교도 점교도 아닌 경지[非頓非漸]
로 들어가게 하신 것을 말한다. 그러므로 권교를 열어 실교를 드러낸
다[開權顯實]고도 하고, 셋을 회통하여 하나로 돌아간다[會三歸一]고
도 하고, 권교를 폐하고 실교를 세운다[廢權立實]고도 한다.

저 성문들이 반야시(般若時)에 부처님의 분부를 받자와 교법을 펴
서 모두가 법장(法藏)을 이해하게 되었으므로 이 법화회상에 이르러
서는 부처님의 지견을 열고 보이고 깨우치고 들어가게 하여[開示悟
入] 부처를 이루리라는 수기(授記)를 주셨을 뿐이다.

이어서 열반경(涅槃經)을 설하신 까닭에 두 가지가 있다. 하나는 근
기가 익지 않은 이를 위하여 다시 사교(四敎)를 말해 주고, 불성(佛性)

을 구체적으로 설하여 참되고 영원한 진리를 구족히 알아 대열반에 들게 하려는 뜻이니, 이를 **군습교**(捃拾敎: 이삭줍기)[52]라 한다. 둘은 말세의 둔한 근기들이 불법에 대하여 단멸견(斷滅見)을 일으켜서 혜명(慧命)을 끊고 법신을 잃기 때문에 세 가지 방편법〔三種權: 藏通別敎〕을 시설하여 일승(一乘)의 원실(圓實: 圓敎)을 드러내셨으니, 이를 **부율담상교**(扶律談常敎)[53]라 한다.

만일 시(時: 五時, 시기)와 미(味: 맛, 내용)로 논한다면 (열반은) 법화와 같으나, 그 내용을 말하면 순(純)과 잡(雜)이 조금 다르니 무슨 말인가? 법화에서는 순일하게 원교만을 설하셨고, 열반에서는 사교(四敎)를 뒤섞어 설하셨기 때문이다.

묻노라. 오시(五時)와 돈점(頓漸)의 뜻은 그렇다 하더라도 비밀(秘密)·부정(不定)·장(藏)·통(通)·별(別)·원(圓)의 이치는 어떤 것인가?

대답이라. **비밀교**(秘密敎)라 함은, 앞의 사시〔前四時: 화엄시~반야시〕에서는 부처님의 삼륜(三輪)[54]이 부사의하기 때문에 혹 이 사람을 교화하시기 위하여는 돈법(頓法)을 설하시고, 혹 저 사람을 교화하시기 위하여는 점법(漸法)을 설하여 피차가 서로 알지는 못하나 제각기 이익을 얻게 하신 가르침을 말하니, 그러므로 비밀교라 한다.

---

52) 군습교(捃拾敎):《법화경》을 근본 경전으로 하는 천태종에서《열반경》을 가리키는 말 捃收敎라고도 한다.《법화경》을 설할 때 빠진 중생을 위해《열반경》을 말씀한 것이므로 추수한 뒤에 떨어진 이삭을 줍는 것과 같다는 뜻으로 붙여진 이름.

53) 부율담상교(扶律談常敎): 천태종에서《열반경》의 교설을 일컫는 말. 중생들이 말세에 이르러 계율을 깨뜨리고 부처님이 무상하게 입적했다고 생각할 것을 우려하여,《열반경》을 설하여 계율을 지키도록 하고 불타의 본성은 상주불멸함을 밝히셨다는 것.

54) 여래삼륜(如來三輪): 여래의 身·口·意는 깨달음의 경지이므로 三密이라고도 하는데, 여래 삼업의 신통력을 일컫는 三輪이란 身業인 神通輪과 口業인 說法輪과 意業인 起心輪을 말한다. 이러한 삼업의 신통력으로 중생의 번뇌를 깨트린다는 것이다.

부정교(不定敎)라 함은, 앞의 사시(四時)에서 부처님께서 일음(一音)으로 법을 설하시면 중생들이 자기 역량에 따라 제각기 해답을 얻게 하신 가르침을 말한다. 그렇다면 이는 여래의 부사의하신 힘이 중생들로 하여금 점법[漸說]에서도 돈익(頓益)을 얻게 하시고, 돈법[頓說]에서도 점익(漸益)을 얻게 하신 것이다. 이렇듯이 이익을 얻는 길이 같지 않으므로 부정교라 한다.

장교(藏敎) 등 4교는 수행자들이 수행하여 미혹을 끊고 도를 증득하는 법이니, 다 기록할 수 없으므로 이제 간략히 예시하겠다.

장교(藏敎)라 함은 소승의 삼장(三藏)을 말한다. 첫째는 수다라장(修多羅藏)[55]으로서 네 종류의 《아함경(阿含經)》이며, 둘째는 아비담장(阿毘曇藏)[56]으로서 《구사론(俱舍論)》과 《바사론(婆沙論)》이며, 셋째는 비니장(毘尼藏)[57]으로서 오부율(五部律)[58] 등이다.

성문(聲聞)은 생멸사제(生滅四諦: 生滅變遷)에 의해 수행해서 삼계의 견사혹(見思惑)[59]을 끊어 한쪽이나마 참된 진리[偏眞理]를 증득한다. 연각(緣覺)은 십이인연을 관찰하여 진제(眞諦)의 이치를 깨달으

---

55) 수다라장(修多羅藏): 범어 sūtrānta-pitka의 소리 옮김으로 經藏이라 번역한다. 불타 교설의 要義인 經의 부류에 속하는 것을 말한다.

56) 아비담장(阿毘曇藏): 범어 abhidharma-pitaka의 소리 옮김으로 論藏이라 번역한다. 불타의 교설을 다시 발전시켜 논리적으로 조직하고 체계화하여 論議解釋한 阿毘達磨인 論에 속하는 것을 말한다.

57) 비니장(毘尼藏): 범어 vinaya-pitaka의 소리 옮김으로 律藏이라 번역한다. 부처님이 제자들을 위해 제정하신 계율의 총칭을 말한다. 律이나 혹은 滅이라 번역하니, 계율로 모든 허물과 잘못을 소멸하므로 滅이라 하며, 세간의 율법으로 경중의 죄를 決斷하므로 律이라 한다. 新譯에서는 調伏이라 번역하였다.

58) 오부율(五部律): 불멸 후 1백 년경에 付法藏 第五祖 優婆麴多 문하에 5인의 제자가 있어 5부의 派를 이루었다. 曇無德(曇摩麴多)의 曇無德部(Dharma-guptaka)는 四分律을 계본으로 하며, 薩婆多(薩婆諦婆)의 薩婆多部(Sarvāsti-vāda)는 十誦律을 계본으로 하며, 彌沙塞(不著有無觀)의 彌沙塞部(Mahīśāsaka)는 五分律을 계본으로 하며, 迦葉遺(重空觀)의 迦葉遺部(Kāśyapīya)는 解脫戒經을 계본으로 하며, 摩訶僧祇部(Mahā-saṅghika)는 摩訶僧祇律을 계본으로 한다.

니, 이 사람은 견사혹이 다하고도 다시 습기(習氣)까지를 공략하므로 성문의 윗지위에 속한다.

보살(菩薩)은 사제(四諦)의 경계에 의해 사홍서원을 세우고 육도(六度)의 행을 닦아 삼아승지겁(三阿僧祇劫)[60]을 채우고도 세제일위(世第一位)에 들어가서 참된 무루〔眞無漏〕를 발견하고 견사혹의 습기를 끝까지 끊고는 보리수[61]나무 밑에서 장육(丈六)의 열응신불(劣應身佛: 化身)을 이룬 뒤, 다시 근기가 둔한 삼승(三乘)들을 위하여 생멸사제를 설하거나 늙은 비구의 모습을 나투어 무여열반(無餘涅槃)에 든다.

통교(通敎)라 함은, 앞쪽의 장교와도 통하고 뒤쪽의 별교 및 원교에도 통하기 때문에 그렇게 이름한다. 또 세 종류의 사람〔三人: 三乘人〕이 다 함께 말없는 도리〔無言說道: 空敎〕로써 색(色: 事物)을 체득하여 공(空)에 들어가기 때문에 이 교(敎)를 통교라 한다.

---

59) 견사혹(見思惑): 惑은 마음의 번뇌로서, 見惑은 見道에 의해 소멸되는 惑이며, 思惑은 修道에 의해 소멸되는 惑을 말한다. 俱舍宗에서는 四諦의 진리〔불교의 진리〕를 알지 못하는 데서 비롯된 번뇌를 見惑이라 하고, 현상적인 사물에 집착하고 미혹한 데서 비롯된 번뇌를 思惑〔修惑〕이라 하였다. 唯識宗에서는 마음으로 생각하고 분별함을 따라 일으키는 후천적인 번뇌를 見惑이라 하고, 태어남과 동시에 저절로 생기는 선천적인 번뇌를 修惑〔思惑〕이라 하였다.

60) 삼아승지겁(三阿僧祇劫): 보살이 佛位에 이르기까지 수행하는 기간. 범어 asaṁ-khyeyakāpa은 번역하여 '한량없이 긴 시간'이라 한다. 보살의 계위는 50位가 있고, 이를 三期로 구분한 것. 十信·十住·十行·十廻向의 40位는 제1 아승지겁이 되며, 十地 가운데 初地로부터 제7지까지가 제2 아승지겁이 되고, 제8지에서 제10지가 제3 아승지겁이 된다. 제10지를 마치면 곧 佛果다.

61) 보리수(菩提樹): 覺樹·思惟樹·道場樹·道樹라고도 한다. 석존이 그 나무 밑에서 成道한 聖樹란 뜻이다. 이 나무는 원래 鉢多(범어 aśvattha)라 일컫고, 阿說他·阿輸陀·阿濕波他·貝多라고 음역하며, 吉祥樹·元吉樹·無罪樹라 번역한다. 그 열매를 畢鉢羅(범어 pippala)라 일컬은데서 畢鉢羅樹라는 이름을 얻었다. 無花果와 비슷한 뽕나무과 상록수로 힌두교도 또한 옛부터 이 나무를 신성시하고 있다 한다. 석존 이외의 과거·미래 諸佛들도 제각기 다른 보리수가 있다고 하니, 비바시불은 무우수, 시기불은 분타리수, 비사바불은 사라수, 구루손불은 시리사수, 구나함불은 우담발라, 가섭불은 니구루수, 미륵불은 나가수(용화수) 등이다.

성문이 삼계의 견사혹만 다 끊고 습기는 침공하지 못하는 것은 마치 나무를 태워 숯을 만드는 것과 같다. 벽지불(辟支佛: 연각)이 다시 습기를 침공하는 것은 마치 숯을 태워 재를 이루는 것과 같다. 보살은 모두를 다 끊어 버리는 것까지는 이승(二乘: 성문, 연각)과 똑같으나, 습기를 남겨두어 태어나는 일을 이어가면서 장난 같은 신통으로 불국토를 맑히다가 기연(機緣)이 익어지면 나머지 습기를 활짝 끊고 칠보의 보리수 밑에서 하늘옷〔天衣〕으로 자리를 삼고, 열응신(劣應身)과 승응신(勝應身)을 겸한 모습으로 성불하는 모습을 나투어 삼승의 무리를 위하여 무생사제(無生四諦)를 설한다.

세 종류의 사람이 이 장과 통, 두 교를 증득하는 내용은 같으나 대(大)·소(小)·교(巧)·졸(拙)이 영원히 다르니, 무슨 까닭인가?

장교는 소이며 졸이니, 말하자면 대(大: 대승)에 통하지 못하므로 소이며, 색을 쪼개어 공에 들기 때문에 졸이다. 같은 교〔當敎: 藏敎〕 안에서도 상·중·하 세 종류의 차이가 있으나, 통교의 세 종류에 견주건대 일괄적으로 둔근(鈍根: 拙)이기 때문에 소와 졸이라 한다. 통교는 대이며 교이니, 말하자면 대승의 문턱이기 때문에 대이며, 색을 체득해서 공에 들어가기 때문에 교이다. 같은 교〔當敎: 通敎〕 안에서도 상·중·하 세 종류의 차이가 있으나, 장교에 견주면 일괄적으로 이(利)하기 때문에 대와 교라 한다. 반야부(般若部)와 방등부(方等部)의 공반야(共般若) 등이 이 교에 해당되니, 공반야라 함은 이승(二乘)의 무리와도 함께하는 법설(法說)이다.

별교(別敎)라 함은 앞의 두 교〔二敎: 藏敎와 通敎〕와도 다르고, 뒤의 원교(圓敎)와도 다르기 때문에 그렇게 이름한다. 모든 대승경전에서 널리 밝힌 바, 보살들이 여러 겁을 지나면서 수행하는 지위와 차례가 서로 거두지 않는 것이 모두 이 교의 행상(行相)이다.

이 교(敎)에서는 보살이 수행하는 차례에 52위(位)가 있다 하니, 10
신(信)·10주(住)·10행(行)·10회향(回向)·10지(地)·등각(等覺)·
묘각(妙覺)이다.

10신에서 삼계의 견사번뇌(見思煩惱)를 굴복시키고, 초주(初住)에
서 견혹(見惑)을 끊고, 7주에서 사혹(思惑)을 끊으니 장교·통교의 부
처님과 동등하다.

10주에서 계내(界內)의 진사혹(塵沙惑)을 끊고 계외(界外)의 진사혹
을 굴복시키며, 10행에서 계외의 진사혹을 끊으며, 10회향에서 무명
의 혹습을 굴복시키고, 중관(中觀)을 닦아 초지(初地)에 올라 일분(一
分)의 무명[62]을 깨뜨리고 일분의 삼덕(三德)을 증득하니, 이른바 법
신·반야·해탈이다. 몸을 백 세계[百界][63]에 나투어서 8상(相)으로
성도하여 뭇 중생을 제도한다.

그러나 윗지위(地位) 보살들의 걸음걸이[擧足動步]를 알지 못하다
가, 다음으로 제2지(地)에 들어서 천 세계에서 부처를 이루면 이렇듯
지위마다의 공덕이 열 곱이나 된다.

이로부터 묘각에 이르기까지 12품(品)의 무명을 끊고, 연화장세계
(蓮華藏世界)[64]의 크고 보배로운 자리에 앉아 원만보신을 이루어서 성
불하고는 근기가 둔한 보살들을 위하여 무량사제(無量四諦 : 眞如熏
習不生不滅)를 설해 준다.

원교(圓敎)라 함은, 삼승 사람들과 함께하지 않는 지위와 치서[次
第]를 가지고 부처님의 경지를 말씀한 모든 경전이 다 이 교에 속한

---

62) 일분무명(一分無明): 십회향의 최후의 第十廻向에서 처음의 무명을 끊고 初地
에 들어가지만 이 처음이 무명을 또 上中下의 三品으로 나누어 끊으므로 三品無明
이라 하는데, 여기서의 一分은 下品의 무명을 가리킨다.

63) 백계(百界): 佛界로부터 지옥에 이르는 10계에 각각 10계를 갖추고 있으므로
百界가 된다고 하는 천태종의 이론. 또는 모든 세계를 일컫는 말로도 쓰인다.

다. 예컨대 《화엄경》[65]에서는 "처음 발심할 때 문득 정각을 이룬다. 모든 지혜를 성취하는 데 다른 깨달음을 요하지 않는다" 하였고, 《법화경》[66]에서는 "부처님의 지견을 열고 보여 깨닫고 들어가게 한다" 하였고, 《유마경》[67]에서는 "이 방에 들어온 이는 오직 모든 부처님의 공덕에서 나오는 향기만을 맡는다" 하였고, 또 어떤 경에서는 "어떤 사람이 바다에 목욕하면 이미 여러 강의 물을 쓴 것이 된다" 하였으니, 이러한 종류들이 모두 이 경에 속한다.

이 교의 수행 지위와 차례는 모두 별교의 52위와 똑같으나 별교는 지위마다 서로 거두지 못하고 원교는 지위마다 서로 거두니, 마치 제망주(帝網珠)[68]의 구슬과 구슬이 서로 비치는 것과 같다.

이 52위에 다시 **오품제자위**(五品弟子位)[69]를 더하니, 첫째는 수희

---

64) 연화장세계(蓮華藏世界): 이 세계는 毘盧遮那如來의 과거의 願과 수행에 의해서 깨끗하게 꾸며진 세계이고, 十佛이 敎化를 베푸는 경계라고 한다. 그 구조는 세계의 最底에 風輪이 있고, 그 위에 香水海가 있고, 그 가운데 一大蓮華가 있다고 하는데, 이 大蓮花에 세계가 含藏되어 있기 때문에 蓮華藏世界라 한다. 그곳에는 微塵數의 세계가 20重으로 중첩하는 中央世界種을 중심으로 하여 111의 세계로 그물과 같이 둘려서 世界網을 구성하고 각각 衆寶로 꾸며져 있으며, 불타가 거기에 출현하시고 중생도 그 가운데에 충만하다고 하는 광대무변한 세계이다.

65) 《화엄경》〈범행품〉.

66) 《법화경》〈방편품〉.

67) 《유마경》〈관중생품〉.

68) 제망주(帝網珠): 帝網은 因陀羅網이라고도 하며, 帝釋天의 網을 뜻한다. 제석천 궁전을 장엄하는 網은 각각의 코마다 寶珠가 붙어 있어서 다른 일체의 寶珠와 서로간에 모습이 비치고, 또한 그 비친 모습 하나하나에 거듭하여 모든 寶珠의 모습이 다시 비쳐서 무한히 교차되어 있다 한다.

69) 오품제자위(五品弟子位): 十信 이전의 外凡位를 五品으로 구별한 것으로 六卽位 중에서 第三觀行位에 해당한다. 隨喜品은 오묘한 법을 들으면 더불어 기뻐하는 것이요, 讀誦品은 오묘한 법을 설한 경을 읽고 외우는 것이요, 說法品은 옳게 설법하여 타인을 인도하고 그 공덕에 의해서 자기 마음을 觀하는 수행을 하는 것이요, 兼行六度品은 마음을 觀함과 동시에 육바라밀을 닦는 것이요, 正行六度品은 마음을 觀하는 공덕이 충분히 성취되었으므로 육바라밀의 실천을 주로 하는 것이다. 이러한 5品을 통하여 자기의 실천행에 전념하므로 '弟子位'라 한다.

품(隨喜品), 둘째는 독송품(讀誦品), 셋째는 설법품(說法品), 넷째는 겸행육도품(兼行六度品), 다섯째는 정행육도품(正行六度品)이다. 이 지위에서는 오주번뇌(五住煩惱)[70]를 두루 굴복시키니, 곧 외범위(外凡位)[71]인데 별교의 10신(信)과 동등하다.

다음에는 **추육근정위**(追六根淨位)니, 곧 10신위(信位)이다. 초신에 견혹을 끊어 진리가 나타나고, 7신에 사혹을 끊고, 10신에 외계(外界)의 진사혹(塵沙惑)을 끊으니, 별교의 10주·10행·10회향과 동등하다.

다음 초주(初住)에 들어가서 일품의 무명을 끊고 일분의 삼덕(三德)[72]을 증득해서 백억세계에 몸을 나투어 팔상(八相)으로 중생을 교화하니, 별교의 초지(初地)와 같다. "처음 발심할 때 문득 정각을 이룬다" 한 화엄경의 말씀은 바로 이 지위의 성불이며 이는 이 교의 참된 인위(因位)[73]이거늘, 어떤 이는 "묘각을 이룬 것이다" 하니 매우 잘못이다.

이로부터 제2행(行)에 이르기까지 각기 한 품씩의 무명을 끊고 일분의 중도(中道)를 증진하니, 별교의 묘각(妙覺)과 같다.

3행(行) 이후는 별교를 닦는 사람으로서는 이름조차 모르거늘 하물며 굴복시키거나 끊을 수 있겠는가? 그러므로 "우리의 참인〔眞因〕으로 그대들의 극과(極果)를 삼는다" 하였다.

3행으로부터 묘각에 이르기까지 30품(品)의 미혹을 끊고 열반산(涅

---

70) 오주번뇌(五住煩惱): 곧 五住地煩惱이니, 중생을 三界九地의 생사에 집착케 하는 번뇌에 5가지가 있음을 밝힌 것이다. 見一處住地·愛欲住地·色愛住地 有愛住地·無明住地 등이 그것인데, 이러한 번뇌가 근본이 되어 온갖 번뇌의 의지가 됨은 물론 또 다른 번뇌를 내는 것이므로 '住地'라 일컫는다.
71) 외범위(外凡位): 見道 이전의 修行位를 일컫는다. 곧 소승에서는 五停心·別相念處·總相念處의 수행위이고, 대승에서는 52位의 처음인 10信位를 말한다.
72) 삼덕(三德): 大涅槃에 갖추어 있는 세 가지 德으로서, 法身·般若·解脫을 말한다. 또는 佛果에 갖춘 세 가지 덕으로서, 智德·斷德·恩德을 말하기도 한다.
73) 인위(因位): 보살이 부처가 되기 위한 因으로 수행을 하는 동안의 지위를 因位라 하고, 因位를 수행을 달성해서 얻은 부처님의 지위를 果位라 한다.

槃山)의 정수리에 오른다. 여기서는 모든 법이 나지 않고, 반야도 나지 않고, 나지 않는 것도 나지 않는지라 이를 '대열반' 이라 한다. 허공으로 자리를 삼아서 청정법신을 이루고, 상적광토(常寂光土)에 머물면서 무작사제(無作四諦: 本來圓成不假修作)를 설하신다.

이상이 오시팔교(五時八敎)의 대강이니, 자세한 것은 천태의《묘현(妙玄: 妙法蓮華經玄義)》에 말씀하신 것과 같다.

【게송 069】

初在寂滅場하시니　　　十方賢聖會라

文殊普賢等　　　　　　法身諸大士와

처음 적멸장에 계실 때

시방의 현성들이 모이시니

보현 문수 등

모든 법신보살들과

【게송 070】

及與衆龍天이　　　　　拱之爲影響커늘

佛現舍那身하사　　　　頓說華嚴經하시니라.

그리고 뭇 용과 하늘이

합장하고 영향중(影響衆)[74]이 되니

---

74) 영향중(影響衆): 부처님이 설법하시는 자리에 참가한 대중을 넷으로 나눈 四衆 가운데 하나. 四衆이란 부처님의 설법을 위해 시기에 따라 집회를 소집하고 瑞相을 만들고 문답 내용을 만드는 것을 담당하는 무리인 發起衆, 교설에 따라 그 이익을 바르게 알고 得道하는 무리인 當機衆, 외계의 化土에서 와서 부처님의 교화 사업을 돕는 무리인 影響衆, 化法을 설하는 자리에 참석하지만 아직 시기가 오지 않아 장차 깨달음을 얻을 인연을 맺고 있는 무리인 結緣衆을 말한다.

부처님께서 노사나신(盧舍那身)을 나투사
왈칵 화엄경을 설하시니라.

【게송 071】
是法不思議라   法界以爲體하시니
一塵含十方하고   刹那攝三際라.
이 법은 부사의한지라
법계로써 바탕을 삼으시니
한 티끌에 시방세계가 들었고
찰나에 삼세가 들어 있다.

【게송 072】
一多卽無二요   三法無差別이니
淸淨妙法身은   湛然應一切니라.
하나와 많음이 둘이 아니요
세 법이 차별이 없나니
청정하고 묘한 법신은
담연(湛然)히 모두에 응하시다.

【게송 073】
初發道心時에   卽便成正覺이나
又令諸大士로   各談五位法케 하시고
처음 도심을 일으킬 때
문득 정각을 이룬다 하시나
다시 모든 보살들로 하여금

제각기 오위법(五位法)을 설하게 하시고

【게송 074】

亦有善財童이   歷參諸善友에
各隨其所問하야   答示種種法하니라.

또 선재동자가
여러 선지식에게 참문했을 때
각기 물은 바에 따라
갖가지 묘한 법을 보이시니라.

【게송 075】

如是圓滿敎는   大山機所擔이니
小雖在其座나   猶如聾啞等이라.

이러한 원만교(圓滿敎)는
큰 산의 근기가 감당할 바이기에
소승의 근기는 자리에 있어도
마치 벙어리 같아라.

【게송 076】

譬如喪家子   一日到其舍하야
見父勢尊嚴하고   畏懼便他走러라.

마치 집을 잃은 탕아가
어느 날 아버지 집에 와서
아버지의 위엄스러움을 보자
겁을 내고 도망한 것 같다.

화엄경(에서 설한 법)은 법계로써 바탕을 삼아서 원융하고 무애하며, 일(一)과 다(多)가 둘이 아니며, 처음과 마지막을 두루 껴잡아서 나옴도 사라짐도 없으므로 불가사의하다.

찰나(刹那)[75]는 일념(一念: 잠깐)이라 번역하며, 삼제(三際)는 과거와 현재와 미래니 이른바 잠깐 사이에 삼세(三世)의 영역을 모두 꾸린 것이다.

삼법(三法)은 불법(佛法)과 심법(心法)과 중생법(衆生法)이니, 경[76]에서 여래림보살(如來林菩薩)이 "마음과 부처가 그러하듯이 부처와 중생도 그러하여서 마음과 부처와 중생 셋이 차별이 없다" 하였고, 또 금강당(金剛幢)과 법혜(法慧) 등 모든 보살들이 부처님의 위신력을 받자와 각기 주(住)·행(行)·향(向)·지(地)·등각묘각〔等妙覺〕의 오위법문(五位法門)을 설하셨다.

또 **선재동자**(善財童子)가 각성(覺城) 동쪽에서 처음으로 문수를 만나 법계의 도리를 활짝 깨닫고, 이로부터 53선지식을 차례차례 참문했는데 물음에 따라 각기 알고 있는 한 가지 법씩을 대답하는 것을 들었다.

큰 산의 근기〔大山機〕는 경[77]에서 "해가 뜨면 먼저 수미산 등 모든 큰 산을 비추는 것같이 부처의 해〔佛日〕도 그러하여서 먼저 보살이라는 큰 산을 비춘다……" 한 말씀에서 나왔다.

---

75) 찰나(刹那): 범어 **ksana**의 音譯. 叉拏라고도 쓰고 念頃(한 생각을 일으키는 순간)·一念·發意頃 등으로 번역하며, 생략하여 단지 念이라고도 한다. 곧 시간의 최소 단위를 뜻한다. 刹那의 길이는 경론에 따라 차이가 있는데《摩訶僧祇律》권17에 의하면, 20念=1瞬, 20瞬=1彈指, 20彈指=1羅豫(臘縛), 20羅豫=1須臾, 30須臾=1晝夜이므로, 1晝夜에서 逆算하면 1念은 지금의 0.018초에 해당한다.

76)《화엄경》〈야마천궁품〉.

77)《화엄경》〈여래출현품〉.

그러므로 이승(二乘)은 비록 같은 자리에 있으나 귀머거리와 같았
다. 그러기에 《사교의(四敎儀)》에서 "설하신 법문이 비록 광대하고 원
만하나 근기를 거두어들이는 데는 완벽하지 못하기 때문에 여래께서
출세(出世)하신 본뜻을 활짝 펴지는 못했다"라고 하였다.
　집을 잃은 탕아〔喪家子〕의 이야기는 다음 게송에 붙인 주와 같다.

【게송 077】
佛卽作是念하사대　　　　　若但讚佛乘하면
衆生不信受하야　　　　　　破法墮惡道하리니.
부처님은 곧 생각하시기를
만일 일불승(一佛乘)만 찬탄하면
중생들이 믿지 않아서
법을 비방한 죄로 악도에 떨어지리니.

【게송 078】
我寧不說法하고　　　　　　疾入於涅槃호리라 하시고
尋念過去佛의　　　　　　　所行方便力하시고는
차라리 설법을 하지 않고
바로 열반에 들까 하셨다가
이어 과거의 부처님들이
행하신 방편을 생각하시고는

【게송 079】
我今所得道도　　　　　　　亦應說三乘하리라 하시니
是時十方佛이　　　　　　　皆現讚善哉하시니라.

내가 오늘 얻은 도법도
역시 삼승으로 설하리라 하시니
이때 시방의 부처님들이
장하다고 찬탄하시다.

【게송 080】

如諸佛所行하야　　　　　且設方便事하사대
脫舍那珍服하시고　　　　著丈六垢衣하사
모든 부처님들이 하신 것같이
우선 방편법을 시설하사대
노사나의 진귀한 옷을 벗으시고
장육신(丈六身)의 때묻은 옷을 입으셨다.

【게송 081】

不動寂滅場하시고　　　　而遊鹿野苑하사
先爲前五人하사　　　　　轉四諦法輪하시니라.
적멸장(寂滅場)을 뜨지 않으시고
녹야원에 이르셔서
먼저 다섯 사람을 위하여
사제(四諦)의 법륜을 굴리시니

【게송 082】

聞已卽成果하니　　　　　世有三寶名이요
從玆十二年을　　　　　　說四阿含經하시니라.
듣자마자 과위를 이루어

세상에는 삼보의 이름이 생겼고
이로부터 열두 해 동안
사아함경(四阿含經)을 설하시다.

【게송 083】
諸有三乘人이　　　　　　　依修皆證道하나
是名半字敎라　　　　　　　黃葉止啼耳니.
삼승 근기의 모든 사람들이
이를 의지해 닦아 도를 이루나
이를 일러 반자교(半字敎)라 하고
단풍잎으로 울음을 달랜다고도 한다.

【게송 084】
如父設方便하야　　　　　　引子令除糞하니
止得一日價로　　　　　　　便自以爲足이러라.
마치 아버지가 방편을 베풀어
아들에게 말똥을 치우게 하니
겨우 하루의 품값을 받고도
스스로 만족하다 여김과 같다.

《법화경》 게송에 이런 구절이 있다.

내가 이렇게 생각할 때
시방의 부처님이 모두 범음상(梵音相)을 나투셔서
나를 위로하셨네.

장하도다, 석가모니. 으뜸가는 도사여.
이 위없는 도를 얻으시고
모든 부처님의 법을 따라서
방편의 힘을 활용하시니
우리들도
가장 묘하고 으뜸가는 법을 얻거든
중생들을 위하여
삼승의 갈피를 분별하여 설하리라고.
나는 부처님들의 이런 말씀 듣자마자
바로 바라내(婆羅柰)로 갔으나
모든 법의 적멸한 모습을
말로는 펼 수가 없어서
방편의 힘을 써서
다섯 비구에게 설하니라…….

또 진귀한 옷〔珍服〕과 때묻은 옷〔垢衣〕은 법화경에 나오는 비유인데, 이제 그 개요를 소개하겠다.

어떤 장자(長者)가 외아들을 잃은 지 오랜 어느 날, 그 아들이 떠돌아다니다가 아버지의 집에 오게 되었다. 그러나 그는 너무나도 위엄스러운 아버지의 모습을 보자 겁을 내어 달아났다. 아버지가 멀리서 보고 이내 아들인 줄 알고는 사자(使者)를 보내 데려오게 하였으나 궁자(窮子)는 놀라서 땅에 쓰러져 까무라쳤다. 장자는 방편으로 진귀한 옷을 벗고 때묻은 옷으로 갈아입은 뒤에 그 아들을 만났다고 한다.

이는 여래가 노사나의 몸을 나투사 화엄의 법을 갑자기 설하셨을 때 이승(二乘)이 귀머거리 같아서 끝내 아무런 이익도 얻지 못하자 여래가 방편을 베풀어 장육신(丈六身)을 나투어 생멸법을 설하사 모두를 도에 들게 하신 일과 같다. 그러나 적멸장을 여의지 않고 녹야원에 이르시며 본래의 몸을 버리지 않고 자취를 시현하신 것이다.

녹야원은 옛날에 뭇 사슴이 살았기 때문에 붙은 이름이니, 그 이야기는 《대론(大論: 智度論)》에 있다.

부처님께서 녹야원에 가서 생각하시기를 "내가 감로의 법문을 열고자 하는데 누가 먼저 들을꼬" 하시고, 이어 "교진여 등 다섯 사람은 모두가 총명하고, 또 전생부터 인연이 있으니 먼저 제도하리라" 하셨다.

그때 그 다섯 사람이 부처님께 출가하였는데, 부처님께서 "잘 왔도다, 비구야" 하고 외치시자 그들의 머리칼이 저절로 떨어지고 가사가 저절로 입혀져서 즉석에서 사문의 모습이 되었다.

부처님께서 물으셨다. "그대들은 아는가? 색(色)·수(受)·상(想)·행(行)·식(識)이 항상한가, 무상한가? 괴로움인가, 괴로움이 아닌가? 공(空)인가, 공이 아닌가? '나'가 있는가, '나'가 없는가?" 다섯 사람은 이 말씀을 듣자 번뇌(漏)가 다하고 뜻이 열려 아라한(阿羅漢)의 과위를 이루고는 "이들 오음(五陰)은 실로 무상(無常)이며 고(苦)이며 공(空)이며 무아(無我)입니다"라고 대답하니, 모든 하늘무리가 "여래께서는 오늘 큰 법륜(法輪)[78]을 굴리셨도다" 하고 외쳤다.

세상에 삼보라는 이름이 생겼다 함은, 불보(佛寶)인 여래와 법보(法寶)인 사제(四諦) 법문에 다섯 나한이 승보(僧寶)가 되었기 때문이니, 삼보는 모든 하늘과 인간 무리의 으뜸가는 **복밭**[福田]이다.

---

78) 법륜(法輪): 범어 dharma-cakra의 번역. 불타의 가르침을 轉輪聖王이 가지고 있는 輪寶에 비유한 말. 부처가 설법하시는 것을 轉法輪이라고 한다. 중생의 번뇌를 잘 쳐부수고, 一人一所에 그치지 않고 늘 굴러서 여러 사람에게 이르는 것이 마치 수레바퀴와 같으므로 법륜이라 한다.

삼보(三寶)는 삼존(三尊)이라고도 하니, 이 삼존을 세 가지 보배(三
寶)라 칭하는 까닭은 무엇인가? 《보성론(寶性論)》에서는 이렇게 말
한다. "삼보에 여섯 가지 이치가 있다. 첫째는 만나기 어렵다는 뜻이
니, 마치 세간의 진귀한 보배를 빈궁한 사람은 만나기 어렵듯이 삼
보도 그러하여 박복한 중생은 만 겁을 지나도 만나기 어렵기 때문이
다. 둘째는 티가 없다는 뜻이니, 마치 세간의 진귀한 보배는 바탕에
티가 없듯이 삼보도 그러하여서 모든 번뇌의 티를 다 여의었기 때문
이다. 셋째는 세력이 있다는 뜻이니, 마치 세간의 진귀한 보배가 빈
궁의 고통을 없애는 데 큰 힘이 되듯이 삼보도 그러하여서 부사의한
대신통을 갖추었기 때문이다. 넷째는 장엄스럽다는 뜻이니, 마치 세
간의 진귀한 보배로 몸과 머리를 장엄하여 몸매를 더 좋게 하듯이 삼
보도 그러하여서 수행자를 장엄하여 몸과 마음을 청정케 하기 때문
이다. 다섯째는 가장 수승하다는 뜻이니, 마치 세간의 진귀한 보배
가 모든 물건 중에 가장 수승하듯이 삼보도 그러하여서 모든 세간에
가장 수승하기 때문이다. 여섯째는 고쳐지지 않는다는 뜻이니, 마치
세간의 순금보배는 달구고 치고 갈고 연마해도 변하지 않듯이 삼보
도 그러하여서 세간의 모든 법에 의해 변해지거나 고쳐지지 않기 때
문이다" 하였다.

사아함경(四阿含經)은 《증일아함(增一阿含)》과 《장아함(長阿含)》과
《중아함(中阿含)》과 《잡아함(雜阿含)》인데, 이 안에 삼계의 법을 자세
히 분별했으되 고작해야 이승(二乘)의 과위에 이른다. 다만 구부(九
部: 十二部에서 方廣·希有·授記를 제함)뿐인데, 구부의 이름은 문장
이 번거로워 수록하지 않겠다.

반자교(半字敎)[79]와 단풍잎(黃葉)의 두 비유는 《열반경》에서 나온
것이다. 경에서는 "어떤 장자가 어리석은 아들을 가르칠 때, 먼저 반

글자를 가르치고 뒤에 온전한 글자를 가르치면 쉽게 알아듣는 것과 같이, 부처님도 그러하여 근기가 둔한 중생을 위하여는 먼저 작은 법으로 가르쳐서 차츰차츰 큰 법으로 들어가게 한다” 하셨다.

또 “어린애가 울기를 그치지 않거든 어머니가 단풍잎을 따서 흔들어 주면 아기는 이것을 돈〔金〕이라 여겨 기뻐하며 울음을 멈추듯이, 이승(二乘)도 그러하여서 두 가지 열반〔二種涅槃: 有餘依와 無餘依〕을 증득하고는 구경(究竟)이라 여겨 만족하게 생각한다” 하였다.

【계송 085】

華嚴與阿含은　　　　　　一時無前後어늘
小見丈六佛이　　　　　　但說阿含經하시고

화엄과 아함은
동시여서 앞뒤가 없거늘
소승은 장육신불이
아함경만을 설하신다 하고

【계송 086】

大覩舍那佛이　　　　　　恒說華嚴經이라
一佛一音說을　　　　　　機見乃不同이니

대승은 노사나불이
꾸준히 화엄을 설하신다 하니

---

79) 반자교(半字敎): 敎判으로서 北涼의 曇無讖이나 隋의 慧遠이 小乘聲聞藏을 半字敎, 大乘菩薩藏을 滿字敎라 하였으며, 智顗와 窺基는 半滿二敎를 大小二乘의 뜻으로 배대했다. 모든 불교는 半滿二敎과 權實二敎라고 표현할 수 있으므로 전 불교를 ‘半滿權實’ 이라 총칭하기도 한다.

한 부처님의 한 음성을
근기 따라 보는 것이 다를 뿐이다.

【게송 087】

譬如但一水를　　　　　四見各殊異하며
又如五天王이　　　　　見一珠各色이니라.

비유컨대 하나의 물을
네 무리 제각기 다르게 보는 것 같고
다섯 방위의 천왕들이
각기 한 구슬빛만 보는 것 같다.

　화엄과 아함이 동시라 함은, 불신은 하나이며 법문은 둘이 아니거늘 근기에 따라 보는 것이 각기 다르기 때문이다. 무슨 뜻인가? 삼장교(三藏敎)의 근기는 부처님이 나무보리수〔木菩提樹〕 밑에서 날풀〔生草〕로 자리를 삼으시고 열응신(劣應身)을 나투셔서 생멸사제(生滅四諦)를 말씀하시는 모습을 본다. 통교(通敎)의 근기는 부처님이 칠보보리수(七寶菩提樹) 밑에서 천의(天衣)로 자리를 삼으시고 대열승응신〔帶劣勝應身 : 열응신의 모습을 겸한 승응신〕을 나투셔서 무생사제(無生四諦)를 말씀하시는 모습을 본다. 별교(別敎)의 근기는 부처님이 연화장세계의 대보화왕좌(大寶花王座)에 앉으사 존귀하게 유지하는 보신〔尊持報身〕을 나투셔서 무량사제(無量四諦)를 말씀하시는 모습을 본다. 원교(圓敎)의 근기는 부처님이 상적광토(常寂光土)에서 허공으로 자리를 삼으시고 청정법신(淸淨法身)을 나투셔서 무작사제(無作四諦)를 말씀하시는 모습을 본다.[80]

　이는 마치 하나의 물을 하늘무리는 유리로 보고, 사람은 물로 보고,

고기는 집으로 보고, 귀신은 불로 보는 것과 같다.

또 부처님께서 맑은 마니주(摩尼珠)를 다섯 방위의 천왕에게 보이시면서 "이 구슬이 무슨 빛깔인가?" 하시니, 동방의 천왕은 푸르다하고, 남방의 천왕은 붉다 하고, 서방의 천왕은 희다 하고, 북방의 천왕은 검다 하고, 중앙의 천왕은 누르다 하여 제각기 다른 빛깔로 사뢴 것과 같다. 구슬이 둥글고 밝아서 일정한 빛이 없듯이, 부처님의 몸도 이와 같아서 막힌 데 없이 맑고 깨끗하지만 근기와 인연에 따라 네 가지 몸을 보여 주신 것이다. 그러나 네 가지에 그치는 것이 아니라 중생의 부류를 따라 거두고 교화하시느라 육도(六道)와 사생(四生)으로 무량한 종류의 몸을 나투신다.

국한시켜 말한다면 화엄시가 아함시(阿含時)에 속하겠지만, 통틀어 말한다면 화엄시(華嚴時)는 영원한지라 오시(五時)에 두루하다. 무슨 까닭인가? 그 경에서 "항상 설하시고〔常說〕 늘 설하셔서〔恒說〕 설하지 않는 때가 없다" 하였기 때문이다.

---

80) 사종사제(四種四諦): 천태종에서 《열반경》〈性行品〉에 말한 바에 근거하여 四諦를 세워 四敎에 배대하였다.

1. 生滅四諦: 藏敎의 四諦. 사제의 因果 그대로 生이 있고 滅이 있다고 觀하는 四諦觀. 즉 藏敎에서는 迷와 悟의 인과를 苦·集·滅·道의 넷으로 하고 진실한 생멸이 있다고 말한다.

2. 無生四諦: 通敎의 四諦. 四諦迷悟의 인과는 다같이 空無하여 생멸하는 일이 없다는 四諦觀. 즉 前三諦는 假有, 後一諦는 實有라 觀하고 假를 通해 實에 들어가기를 가르치는 四諦.

3. 無量四諦: 別敎의 四諦. 일체의 현상은 無明에서 생기므로 無量의 차별이 있고, 따라서 四諦에도 무량의 相이 있다고 하는 四諦觀. 즉 別敎에서는 眞如가 無明의 熏習에 의하여 한량없는 迷悟와 因果의 모든 현상을 드러내는 것이므로 四諦에도 한량없는 모양이 있다고 말한다.

4. 無作四諦: 圓敎의 四諦. 迷悟와 같은 對立矛盾 상태 그대로가 모순이 아니라고 觀하는 四諦觀. 즉 원교에서는 번뇌와 보리가 相卽하여 끊을 번뇌도, 증득할 證果도 없으므로 無作이라고 한다.

【게송 088】

佛憫鈍根人이　　　　貪著小三藏하야
謂是究竟法이라 하고　　不生樂大心하사
부처님은 어리석은 무리들이
소승의 삼장교를 탐내고 집착하여
그것을 구경의 법이라 여기고
대승을 싫어함을 가엾이 여기사

【게송 089】

欲令入大乘호려 하사　　八載說方等하시되
彈偏以褒圓하시고　　　斥小而歎大하시니라.
그들을 대승으로 들어오게 하시려고
여덟 해 동안 방등(方等)법을 설하시되
편벽됨은 지탄하고 원융함은 기리시며
소승법은 물리치고 대승법은 찬탄하셨다.

【게송 090】

毀呰二乘人하사대　　如焦芽敗種이라
是斷佛種者니　　　諸佛所難化라 하시니.
이승(二乘)을 꾸짖으시되
볶은 싹, 썩은 씨 같은지라
불종자를 끊은 무리이니
부처님들도 교화하기 어렵다 하셨다.

【게송 091】

二乘聞此語하고　　　　　泣動大千界하야
廻心恥小法하야　　　　　而生慕大志하니

이승(二乘)들이 이 말씀을 듣고
울음소리 대천세계를 진동하면서
마음을 돌려 소승법을 부끄러워하고
대승을 흠모할 마음을 내니

【게송 092】

如子不畏父하야　　　　　雖出入其門이나
猶謂客賤人이라 하야　　　止宿草庵中이러라.

마치 아들이 아버지를 두려워 않듯
문간은 자유로이 드나들게 되었으나
여전히 천한 몸이라 여기고
초막을 떠나려 하지 않았다.

제3 **방등시(方等時)**에서는 **반자교(半字敎)**에 상대하여 **만자교(滿字敎)**를 설하고 사교(四敎)를 모두 설하여 편벽된 소승을 지탄해 배척하고 원융한 대승을 칭찬하고 찬양하셨다. 이승(二乘)들이 듣고는 소승을 부끄러이 여기고 대승을 흠모하여 통교(通敎)의 이익을 얻었으니 이승을 꾸짖은 사실은 《정명경(淨名經)》 등의 말씀과 같다.

궁자(窮子)가 아버지의 집에 와서 똥을 치며 20년을 지냈는데 장자가 "너는 내 아들 같구나" 하였다. 이런 까닭에 문 안팎을 출입하는데 어색함이 없었으나 아직도 문 밖에서 초막 생활을 하였다 한다. 이승도 그러하여서 비록 방등 대승의 법을 들었으나 그것을 보살들의

법일 뿐 자신들의 몫은 아니라 하면서 소승에서 마음을 돌려 대승으
로 향하려 하지 않고 여전히 나한의 경지에 머문다.

【게송 093】

次經卄二年히　　　　說諸部般若하시니
諸法皆淸淨하야　　　色空無罣礙라.

다음 20년을 지나면서
여러 부의 반야경을 설하시니
모든 법은 모두가 청정하여
색과 공은 서로가 걸림이 없다고.

【게송 094】

佛說法度生하시나　　而無聞說者요
菩薩行六度나　　　　亦無能所相이니

부처님이 법을 설해 중생을 제도하시나
설법을 듣는 이도 설하는 이도 없고
보살이 육도의 법을 수행하나
제도하는 이도 받는 이도 상이 없어라.

【게송 095】

求佛以色聲이면　　　是人甚邪倒요
觀法離人我하면　　　乃名眞佛子라 하시니라.

부처를 빛과 소리로 구하면
그 사람은 삿되고 뒤바뀐 자요
법을 관하고 인아상(人我相)을 여의면

비로소 불자라 부른다 하셨다.

【게송 096】

佛說如是義하사　　　　　　加空生身子하사대

轉敎諸菩薩하야　　　　　　令知法寶藏케 하시니.

부처님께서 이런 도리를 설하시고는

공생(空生)과 신자(身子)에게 분부하시되

모든 보살들께 널리널리 가르쳐

모두가 법장(法藏)을 알게 하라 하셨다.

【게송 097】

菩薩聞是法하고　　　　　　日夜勤精進하야

得受諸佛記호대　　　　　　當成無上道라 하니라.

보살들이 이 법을 전해 듣고

밤낮으로 부지런히 수행에 힘써

부처님의 수기를 받았으니

장차 반드시 부처를 이루리라 하시니라.

【게송 098】

而彼二人等은　　　　　　　雖能爲他說이나

以爲非己分이라 하야　　　　永無希取想하니

그 두 사람은

비록 남에게 법을 전했으나

자기 몫은 아니라 여겨

취하려는 생각이 전혀 없었으니

【게송 099】

如子受父勅하고　　　　　領知諸寶藏하나

猶未捨劣心하야　　　　　無懷取一喰인달 하니라.

마치 궁자가 아버지의 분부로

모든 보배광을 맡게 되었으나

여전히 하열한 맘 버리지 못하여

단 한술의 밥도 취하지 못함과 같더니라.

　제4 **반야시**(般若時)에서는 공의 도리〔空理〕만을 설하여 모든 유상(有相)을 파하셨다. 모든 법〔諸法〕이라 함은, 이른바 온갖 세간의 음(陰: 蘊)과 계(界)와 입(入: 根) 등과 그리고 삼승의 제(諦)와 연(緣)과 도(度) 등의 법과 나아가서는 모든 부처님의 10력(力)과 보리를 말한다. 이러한 모든 법들은 다 청정하여 둘도 없고 차별도 없다. 그러므로 《대반야경(大般若經)》에서는 "5온(五蘊)이 청정하기 때문에 온갖 지혜의 지혜〔一切智智〕가 청정하고, 나아가서는 모든 부처님의 무상정등보리(無上正等菩提)까지도 청정하다" 하였다.

　또 《금강경》에서는 "만일 빛으로 나를 보거나 음성으로 나를 구하면 이 사람은 사도(邪道)를 행하는지라 여래를 보지 못한다" 하였고, 또 "일체 모든 상을 여읜 것을 곧 부처라 한다" 하였고, 또 "보살은 응당 이렇게 그 마음을 항복시킬지니, '내가 무량한 중생을 제도하되 한 중생도 제도를 얻은 이가 없으리라' 해야 한다. 무슨 까닭인가? 보살에게 아상(我相)·인상(人相)·중생상(衆生相)·수자상(壽者相)이 있으면 보살이 아니다" 하였다. 《반야론(般若論)》에서는 "설법을 하는 이는 설함도 없고 보임도 없어야 하며, 법을 듣는 이는 듣는 것도 없고 얻는 것도 없어야 한다" 하였고, 정명(淨名: 유마)은 "평등한 참법계에는 부처님이 중생을 제도하지 않으신다” 하였다.

공생(空生)은 수보리인데, 그가 태어날 때 집안의 광〔庫藏〕이 모두 텅 비었으므로 붙인 이름이다. **신자**(身子)는 사리불인데, 사리(舍利)는 어머니의 성씨이며 불(弗)은 아들이라는 뜻이다. 그의 어머니의 몸매〔身〕가 예뻤기 때문에 천축 사람들이 모두 그를 신자라 불렀다.

공생은 해공(解空) 제일이요, 신자는 지혜(智慧) 제일이어서 반야의 이치를 이해하기 쉽기 때문에 부처님께서 반야의 법을 이 두 사람에게 가피하셔서 다른 보살들을 가르쳐 법장(法藏)을 알게 하셨다. 이들은 마음이 차츰 트여 마치 궁자가 그 아버지의 분부를 받아 모든 물건을 관리하게 된 격이었다. 그러나 한술의 밥도 취할 생각이 없었다 함은 하열한 마음을 버리지 못했기 때문이다.

【게송 100】

佛知機已熟호미   如癰將欲潰라
久默之本懷를   正當可暢時로 다하시고

부처님은, 중생들의 근기가 익어
마치 곧 터지려는 종기 같으니
오랫동안 숨겨왔던 속마음을
말씀하실 때가 왔음을 아시고

【게송 101】

次至靈鷲山하사   三周說法華하사
開權顯眞實하시고   會三歸一乘하사대

다음은 영취산(靈鷲山)[81]으로 가셔서
삼주(三周)로 법화를 설하실 때

방편문〔權〕을 열어 진실을 드러내시고
셋을 모아 하나로 돌아가게 하시되

【게송 102】

諸法本寂滅하고　　　　世間相常住라 하시니
龍女頓成佛하고　　　　聲聞受佛記하며

모든 법은 본래 적멸하고
세간의 모습은 항상 머문다 하시니
용녀가 단박 성불하고
성문은 부처님의 수기를 받았으며

【게송 103】

天人及鬼畜과　　　　乃至蝟蚢類히
一切有心者는　　　　無一不成佛이라 하시니라.

하늘무리 인간 그리고 귀신 축생
나아가서는 고슴도치 깔따구까지
무릇 마음이 있는 무리는
성불치 못하는 이 없다 하셨네.

【게송 104】

當知佛知見이　　　　蘊在衆生心일새

---

81) 영취산(靈鷲山): 범어 Gṛdhrakūṭa, 耆闍崛山의 번역. 중인도 마갈타국 왕사성 부
구에 있는 산. 부처님이 설법하시던 곳.《법화경》을 이곳에서 설하였다. 이 산에는
신선들이 살았고, 또 독수리가 많이 있으므로 靈鷲山 또는 鷲頭·鷲峰·鷲臺라고도
한다. 또 많은 鷲靈들이 산상에 있으므로 이름한 것이라 하며, 혹은 산의 모양이 독
수리의 머리와 비슷하므로 이렇게 이름한 것이라고도 한다.

盡令開悟入하야　　　　一大事圓成케 하시니
부처님의 지견이
중생들의 마음속에 쌓여 있기에
모두에게 보여서 깨닫게 하여
일대사인연을 원만히 이루게 하시니

【게송 105】
父知子心大하야　　　　命聚王與族하야
家珍悉以付하고　　　　相對共歡娛하니라.
마치 아버지가 아들의 마음이 커진 줄 알고는
왕과 족친을 모두 불러모으고
가정과 재물을 모두 넘겨 준 뒤에
서로가 기뻐함과 같다 하리라.

　부처님께서 세상에 나타나심은 오직 **일대사인연**(一大事因緣) 때문이니, 무엇을 일대사인연이라 하는가? 중생들에게 부처님의 지견(知見)을 알도록 열어 보이려 하셨으나 그들의 근기가 같지 않았다. 그래서 처음 화엄시부터 뒤의 반야시에 이르기까지 그 중간에, 처음에는 대승을 오로지 제창하고 다음은 소승을 오로지 제창하시면서 혹은 반교(半教)와 만교(滿教)를 엇바꾸시며 혹은 권교(權教)와 실교(實教)를 가르고 횡(橫)으로 수(竪)로 설하여 모든 법상을 널리 말씀하셨다. 이렇게 조그만큼도 어긋남 없이 근기에 맞추어 중생을 이롭게 하셨으나 아직 속마음〔本懷〕이 아니었다가, 영산법회에서 법화경을 설하여 삼승의 구품들로 모두 일승(一乘)을 깨닫게 하시고서 비로소 속마음을 드러내시니 일대사인연이 여기에 이르러 묘함이 극치에 달하였다.

삼주(三周: 세 가지가 구족함)는 **법설주(法說周)**와 **비유주(譬喩周)**와 **인연주(因緣周)**를 말한다. 상근기는 법설주에서 부처님의 지견을 깨달아 부처님의 수기를 받지만, 중근기는 미혹을 싸안고 버리지 못하므로 다시 화택(火宅)과 삼거(三車)의 비유를 들어 보이신 뒤에야 비로소 깨달아 부처님의 수기를 받으며, 하근기는 여전히 알지 못하므로 다시 지난날의 인연을 말씀하시고서야 비로소 깨달아 들어가서 모두가 수기를 받는다.

방편문을 열어 진실을 드러내다〔開權顯實〕 함은, 앞의 사시(四時)와 삼교(三敎: 藏通別)의 방편문을 열어 일불승실상(一佛乘實相)의 진실을 드러낸 것이다. 또 중생의 삼독(三毒) 망심을 열어 모든 부처님의 삼덕(三德)의 실상을 드러내신 것이다.

셋을 모아 하나로 돌아가다〔會三歸一〕 함은, 삼승을 융화시켜 일불승으로 돌아가게 하는 것인데, 천태 지자(智者) 대사가 본과 적의 두 문〔本迹二門〕으로 해석하신 것이 있다. 이른바 서품(序品)으로부터 안락행품(安樂行品)까지의 14품은 적문(迹門)이고, 용출품(涌出品)부터 경의 끝까지 열네 품은 본문(本門)이다. 다른 경의 본적문(本迹門)은 적멸장(寂滅場)에서 이루신 법보신(法報身)으로 본문을 삼고, 본문에서 일어난 승(勝)과 열(劣) 두 몸으로 적문을 삼거니와, 이 경에서는 진점겁(塵點劫) 이전에 본래 도량에 앉으사 이루신 삼신(三身)으로 본문을 삼고, 대통지승불(大通智勝佛)[82]로부터 오늘에 이르기까지 이루신 삼신은 모두 적문으로 한다.

《묘락기(妙樂記)》[83]에서는 이렇게 말한다. "다른 사람들은 이 경의

---

82) 대통지승불(大通智勝佛): 범어 Mahābhijñānābhihū, 大通衆慧라고도 한다. 3천 塵點劫 전에 세상에 나신 부처님의 이름. 아촉·아미타·석가 등 16부처님은 이 부처님이 세상에 있을 적에 왕자였다고 한다. 《법화경》에 있다.

본적(本迹)을 보지 못하고, 수승한 쪽만을 취해서 법신을 구하거니와 만일 이 법신과 본문이 다른 경의 것과 동일하다고 하면 수승함이 도리어 열등함으로 바뀔 것이요, 만일 오래된 것〔塵劫以前〕을 본문이라 한다면 가까운 것〔大通以後〕의 적문이라 말함이 실수가 없겠거니와, 만일 단순히 법신이라고만 한다면 중간〔塵劫 以後와 大通 以前〕도 잃었거늘, 하물며 먼〔塵劫以前〕 본문이겠는가" 하였다. 또 《현의(玄義)》[84]에서는 "적문은 다른 경들과 같은 점도 있고 다른 점도 있거니와 본문은 다른 경들과 한결같이 영원히 다르다" 하니, 해석하건대 적문이 다른 경들과 같은 점은 모든 경에서 설한 원교(圓敎) 도리를 이르는 말이요, 다르다 함은 모든 경에서 나머지 삼교(三敎)까지 겸해 설한 것을 이르는 말이요, 본문은 다른 경들과 한결같이 영원히 다르다 함은 다른 모든 경전에는 구원(久遠)의 본문을 밝히지 못했기 때문이다.

【계송 106】

說迹事已周하시고　　　　　欲顯本地壽하사
召致本眷屬하사　　　　　　說所未曾說하시니
적문의 일을 빠짐없이 말씀하시고는
본지(本地)의 수명을 드러내 보이시려고
본지의 권속들을 불러모아

---

83) 《묘락기(妙樂記)》: 10권. 천태의 제6조 형계담연이 《법화경》의 문구를 해석한 《法華文句記》를 말한다. 그가 妙樂寺에서 법화를 설하였으므로 그 책을 '妙樂記'라 하고, 그를 '묘락대사'라 한다.
84) 《법화현의(法華玄義)》: 10권. 천태종의 개조인 智顗가 저술한 책. 지의 선사가 만년에 玉泉寺에 머물면서 '묘법연화경' 다섯 글자를 여러 가지 관점에서 해석하여 천태교학의 교리적 원리를 전개한 것을 그의 제자인 灌頂이 筆錄한 불교 개론서.

말씀하신 바 없는 법을 말씀하시니

【게송 107】

佛從成佛來로   無量僧祇劫이라
剎塵剎塵數로도   其劫過於是니라.

부처님께서 성불하신 지는
한량없는 아승지겁이라
찰진(剎塵)과 찰진의 수효로도
그 겁의 수는 훨씬 지난다.

【게송 108】

一生補處尊도   尙不窮其限이어늘
況餘諸薩埵가   焉能知少分이리요.

일생보처의 보살도
그 끝을 다 알지 못하거늘
하물며 그밖의 보살들이
어찌 그 조그만큼인들 알쏘냐.

【게송 109】

雖云入涅槃이나   是亦非眞滅이니
如醫去他國은   爲治狂子故인달하니라.

비록 열반에 드셨다 하나
참으로 열반에 드신 것 아니니
마치 의원이 미친 아들을 고치기 위해
딴 나라로 떠난 것과 같도다.

〈여래수량품(如來壽量品)〉에서는 다음과 같이 말하였다. "부처님께서 '내가 성불한 지가 무량무변한 아승지겁이라, 비유컨대 5백천만억 나유타 아승지의 삼천대천세계를 부수어 먼지로 만들어서 5백천만억 나유타 아승지의 국토를 지날 적마다 먼지 하나씩을 던져, 차츰차츰 이런 식으로 해서 그 먼지가 다한다면 이 여러 국토의 수를 셀 수 있겠느냐?' 하시니, 미륵보살 등이 함께 부처님께 '이 모든 세계가 무량하고 무변하므로 저희들이 이 일에 대하여 요달할 길이 없습니다' 하였다. 이에 부처님께서 '이 모든 세계에 먼지를 놓았거나 놓지 않았거나를 막론하고 모두를 먼지로 치고, 한 먼지로 한 겁을 삼아도 내가 성불한 겁수보다는 훨씬 못하니, 이로부터 나는 이 사바세계에 항상 머무르면서 설법하고 교화하며 또 다른 무량한 국토에서 중생을 이롭도록 인도하느니라' 하셨다."

또 이런 비유도 드셨다. "어떤 능숙한 의원이 뭇 병을 잘 다스렸는데, 이 사람에게는 아들딸이 많았다. 볼일이 있어 멀리 딴 나라에 간 사이에 아이들이 잘못하여 독약을 마셨다. 이때 아버지가 집에 돌아와서 아이들을 보니 실신했거나 아직 실신하지 않았다. 처방에 따라 약을 장만하여 먹이려 하였더니 아직 본마음을 잃지 않은 아이는 약을 먹고 곧 병이 나았거니와, 본마음을 아주 잃은 아이들은 먹지 않는지라 아버지는 '무슨 방편을 써야 이 아이들에게 약을 먹일 수 있을까?' 생각하였다. 그리고는 다시 '내가 이미 늙어 죽을 날이 멀지 않기에 이 좋은 약을 여기에다 남겨두노니 너희들은 찾아서 먹으라' 하였다.

이런 분부를 남겨 놓고 딴 나라에 가서 다시 사람을 보내어 '그대의 아버지는 이미 죽었다'고 알리게 하니, 아이들은 아버지가 운명했다는 소식을 듣자 크게 근심하면서 이렇게 생각하였다. '아버지가 살아 계신다면 우리들을 보살펴 주시겠지만 지금은 우리를 버리고 멀리 남의 나라에 가서 별세하셨다니, 우리들은 외로워라, 의지할 곳이 없구나!' 하더니 이내 정신을 차리고 약을 먹어 병이 씻은 듯이 나았다.

부처님도 그러하여서 세상에 오래 머무신다면 박복한 중생들이 부처님께서 항상 머무시는 것을 보고는 만족하다는 생각을 품어 만나기 어렵다는 생각이나 공경하는 마음도 내지 않을 것이다. 그러므로 여래께서 비록 실제로 입멸하시지는 않았으나 멸도(滅度)하셨다고 말한다……."

본지의 권속〔本眷屬〕이라 함은 부처님께서 적문(迹門)을 다 말씀하시고는 다시 본문의 경지〔本地〕를 보이려 하실 때, 헤아릴 수 없이 많은 본문시절〔本時〕의 제자들이 땅에서 솟아나온 것을 말한다. 이들은 모두가 오랫동안 공덕의 뿌리를 심고 모든 삼매를 갖추어서 큰 신통을 가지고 있으니, 이는 가야성(伽耶城)에서 성불하신 부처님께서 교화하신 것이 아니다. 마치 아비는 젊고 아들은 늙은 것 같아서 무리들이 의심을 할까봐 "여래의 수명이 영원하다" 하여 무리로 하여금 의심을 풀고 10신(信)이라는 큰 이익을 얻게 하셨다.

【게송 110】

佛說壽命時에　　　　得益者無數하니
八界微塵衆이　　　　皆發菩提心하고

부처님께서 수명을 말씀하실 때
이익을 얻은 이 셀 수 없으니
여덟 세계의 티끌 수 같은 무리가
모두 보리심을 일으켰고

【게송 111】

復有諸菩薩은	增道損生多하며
或證三賢位하고	或登十聖地하며

다시 모든 보살들은

도가 늘고 생사 줄인 이가 많았으며

혹은 삼현(三賢)의 지위를 깨닫고

혹은 십지(十地)의 경지에 올랐으며

【게송 112】

或入金剛心하야	隣于大覺地하니
獲斯勝利者	大千刹塵數러라.

혹은 금강심(金剛心)의 지위에 들어

대각의 경지에 이웃하니

이러한 이익 얻은 이가

대천세계의 티끌 수 같더라.

〈분별공덕품(分別功德品)〉에서는 "부처님께서 수명이 영원함을 말씀하실 때 6백80만억 나유타 항하사 중생이 무생법인(無生法忍)을 얻고, 다시 천 곱의 보살이 문지다라니(聞持陀羅尼)를 얻고, 나아가서는 한 사천하를 티끌로 만든 수효의 보살이 한 생에 아뇩다라삼먁삼보리를 얻었다" 하였다.

또 "만일 어떤 중생이 부처님의 수명이 영원하시다는 말을 듣고 한 생각만이라도 믿음을 내면, 얻는 공덕은 한량이 없다. 만일 어떤 선남자 · 선녀인이 아뇩다라삼먁삼보리를 얻기 위해 80만억 나유타 겁 동안 다섯 가지 바라밀[85]을 행하더라도 이 공덕을 앞의 공덕에 견주

면 백분, 천분, 백천만억분의 하나에도 미치지 못하며, 나아가 산수
와 비유로도 미치지 못하니, 만일 어떤 사람에게 이런 공덕이 있다면
그가 아뇩보리에서 물러나는 일은 결코 없을 것이다" 하였다.

또《묘현(妙玄:妙法蓮華經玄義)》에서는 "본래 경지〔本地〕의 공덕을
듣는 것은 더욱 깊고 넓어서 헤아릴 수 없으니, 종전의 자취 경지〔迹
地〕에서 얻는 이익과는 비교할 수도 없다. 무슨 까닭인가? 부처님의
경지가 더욱 깊으므로 공덕 또한 크기 때문이다. 그러므로 이 보살
들로 하여금 도가 늘고 생사를 줄여〔增道損生: 道는 三德이며, 生은
無明이다〕 극위(極位: 覺)에 이르게 한다" 하였다.

또《백련결사문(白蓮結社文)》에서는 "부처님 당시의 무리들도 구원
(久遠)한 수명에 대해서는 말씀을 듣지 못했거늘 우리들은 이 마지막
5백 세에 태어나서 부처님께서 말씀하신 근본 경지의 수명을 듣고서
수승한 인연을 맺게 되었으니, 그 어찌 경하로운 일이 아니겠는가?"
하였다.

【게송 113】

如是圓妙法을	多年默不說이라가
今朝乃開演하시니	如王解髻珠라.

이렇게 원묘(圓妙)한 법을
여러 해 동안 말씀하시지 않다가
오늘에야 비로소 열어 보이시니
마치 왕이 동곳을 벗어 준 것과 같더라.

---

85) 五波羅蜜이란 육바라밀에서 반야바라밀을 제외한 것이다.

【게송 114】

是名圓中圓이며　　　　　亦爲王中王이며
醍醐之上味며　　　　　　衆病之良藥이니

이를 일러 원만한 중에도 원만함이며
왕 중에도 왕이며
제호(醍醐)의 으뜸가는 맛이며
뭇 병에 좋은 약이라 하노니

【게송 115】

一念隨喜者는　　　　　其福不可限이라 하시니
佛說是經時는　　　　　人間歲八周니라.

잠깐 동안 따라 좋아하기만 해도
그 복덕은 한량이 없다 하시니
부처님께서 이 경을 설하신 기간은
인간의 햇수로 여덟 해 동안이다.

경에서는 다음과 같이 말한다. "비유컨대 힘센 전륜왕이 이웃나라와 싸워 공이 있는 이에게는 상으로 모든 물건과 말과 수레와 논밭과 집을 하사하거나 혹은 의복과 노비와 재물을 기쁜 마음으로 하사하고, 만일 용맹하고 건강한 이가 매우 어려운 일을 해내면 왕은 상투 속의 밝은 구슬을 풀어서 준다. 여래도 그러하여서 세간(世間)[86]의 법왕이 되어서 대자대비로서 법다이 세상을 교화하실 때, 모든 사람이 온갖 고뇌를 받다가 해탈을 구하고자 마구니들과 싸우는 것을 보시면 그들을 위하여 갖가지 법을 설해 주신다. 큰 방편으로 이들 여러 경을 설해 주시고, 그 중생들이 힘 얻은 것을 보신 뒤에야 비로소

이 법화경을 설해 주시니, 마치 왕이 상투 속의 밝은 구슬을 풀어 주는 것과 같다. 이 경은 실로 존귀하여서 뭇 경의 윗등급이라 내가 잘 간직하여 함부로 열어 보이지 않았었는데, 지금이 바로 그대들을 위하여 이 경을 설해 줄 때이다."

원만함 중에도 원만함(圓中圓)이라 함은, 종전 세 때에서 말하는 원만함의 이치가 법화의 원만함과 둘도 없고 차별도 없거니와 저들은 겸(兼)과 단(但)과 대(對)와 대(帶)의 거친 법이었는데,[87] 법화에 이르러 열고(開) 회통하고(會) 폐지한(廢了) 뒤에야 바야흐로 묘하다 하겠으니, 거친 법을 바꾸어 묘함을 이루는 공은 법화에만 있는 줄 알아야 한다는 것이다. 그러므로 "원만함 중에도 원만함이며, 묘함 중에도 묘함이라" 한다.

왕 중에도 왕이라 함은, 《묘락기(妙樂記)》에서 다음과 같이 말한다. "지난날 회통하기 전에는 마치 한 나라에 두세 명의 작은 왕이 각기 백성을 다스리는지라 큰 나라로 돌아가지 못했거니와, 회통한 뒤에는 다 함께 한 덕화를 받는지라 백성에게는 두 임금이 없고 나라에는 두 왕이 없는 것과 같다. 이제야 비로소 모든 작은 왕을 폐지하고 오직 한 왕을 세웠는지라, 그러므로 방편교주(方便敎主)에게도 왕이라는 명칭이 없을 수 없다."

---

86) 세간(世間): 범어 loka의 번역. 略해서 世라고도 하고, 路迦라 음역함. 깨지고 부서지게 될 것, 또는 그렇게 될 세상이란 뜻. 世間에 속하는 것도 世間(범어 laukika)이라고 하는데, 이런 경우는 世俗 또는 凡俗의 뜻. 세상의 事物과 번뇌에 얽매여 헤어나지 못하고 있는 존재의 모든 현상을 가리킨다. 《俱舍論》에서는 '世間'을 일차적으로 有情世間(살아 있는 것, 衆生世間)과 器世間(有情을 살 수 있게 하는 山河大地 등, 物器世間)의 2종 世間으로 나누고 있다.

87) 하엄시에는 兼別說圓, 즉 별교에 곁들여 원교를 설했고, 녹원시에는 但說三藏, 즉 다만 삼장교인 소승만을 설했고, 방등시에는 對半說滿, 즉 반교에 대비하기 위해 만교를 설했고, 반야시에는 帶通別二 正說圓敎, 즉 통교와 별교 두 가지를 아우른 자리를 원교라 했다.

제호(醍醐)라 함은, 《현의(玄義)》에서 "소는 부처님에 비유하고, 젖은 화엄에 비유하고, 낙(酪)은 삼장교에 비유하고, 생소(生酥)는 방등교에 비유하고, 숙소(熟酥)는 반야교에 비유하고, 제호는 법화와 열반에 비유한다" 하였다.

병에 좋은 약이라 함은, 경에서 "이 경은 염부제 사람들의 병에 좋은 약이다. 어떤 사람이 병이 났을 때 이 경을 들으면 병이 곧 소멸하여 늙지도 죽지도 않는다" 하였는데, 《문구(文句)》에서는 "늙지 않는다 함은 즐거움이며 죽지 않는다 함은 항상함이니, 다시 말하면 이 경을 들은 이는 항상하고 즐거운 견해를 얻어 탄연(坦然)히 품에 간직하여 두려워하거나 꺼릴 일이 없다"라고 풀이하였다.

따라 좋아하다[隨喜] 함은, 경에서 다음과 같이 말한다. "만일 어떤 사람이 이 경을 듣고 좋아한 끝에 법회에서 나와 다른 곳, 즉 성(城)·읍(邑)·항맥(巷陌)·취락(聚落)·전리(田里)에 가서 자기가 들은 바대로 힘에 따라 연설하면, 그 사람이 들은 뒤에 역시 좋아하면서 다시 교화하고, 이렇게 거듭거듭 전해서 50번째에 이르거든 그 50번째 사람이 좋아한 공덕도 한량없고 끝없어서 산수와 비유로도 미칠 수 없다. 그러나 어떤 사람이 복을 구하기 위하여 4백만억 아승지 세계의 6취중생들에게 그들이 좋아하는 오락기구를 모두 베풀어 주고, 낱낱 중생에게 염부제의 가득한 칠보와 그리고 보배로 이루어진 궁전과 누각 등을 보시하여, 이와 같이 80년을 채우고, 또 법을 펴 교화해서 동시에 모두가 수다원도와 나아가서는 아라한도를 얻게 한다 해도, 이 사람의 공덕을 앞의 50번째 사람이 법화경의 한 토막 게송을 듣고 좋아한 공덕에 견주건대 백천만억분의 하나에도 미치지 못한다."

천태 지자 선사가 공덕을 비교하는 말씀에 다음과 같이 자세히 부연하셨다. "염부제에 가득한 사람들의 복이 서구야니주 한 사람의 복에 미치지 못하고, 서구야니주에 가득한 사람들의 복이 동불바제 한 사람의 복에 미치지 못하고, 세 천하에 가득한 사람들의 복이 북울단월 한 사람의 복에 미치지 못하고, 네 천하에 가득한 사람들의 복이 한 사천왕의 복에 미치지 못하고, 네 천왕 모두의 복이 한 제석천왕의 복에 미치지 못한다. 이렇듯 나아가서는 욕계 여섯 하늘의 복이 한 범천(梵天)의 복에 미치지 못하고, 범천 모두의 복이 소성(小聖: 聲聞)의 복에 미치지 못하고, 소성의 복이 체성(體聖: 緣覺)의 복에 미치지 못하고, 체성의 복이 소살타(小薩埵: 小菩薩)에 미치지 못하고, 소살타의 복이 대살타(大薩埵: 大菩薩)의 복에 미치지 못하고, 대살타의 복이 여기서 말한 50번째 법화경을 듣고 기뻐한 공덕에 미치지 못하니, 무슨 까닭인가? 저들은 불법이 아니기 때문이며, 진실이 아니기 때문이며, 원만함이 아니기 때문이다. 비록 (자기들 나름대로는) 최후의 과위에 머물렀으나 우리의 초발심에도 미치지 못하니, 그 이치가 이러하다.

우선 저 50번째 사람의 경우, 처음인지라 다만 한 생각 간절한 이해만 있어 스스로 기뻐하고 남에게도 치하할 뿐, 아직은 아무런 실천 수행이 없어서 남에게 준 은혜가 없더라도 얻은 공덕이 이러하다. 그러므로 '호견(好堅)'[88]이 땅에서 솟을 때 그 싹은 이미 백 아름이며, **빈가**(頻伽)[89]가 아직 알 속에 있더라도 뭇 새들보다 수승하다' 하거늘 하물며 처음 만난 법회에서 듣고 따라 기뻐한 사람이겠는가?" 하셨다.

또 경에서는 "억억만겁부터 불가사의한 겁을 지나고서야 비로소 이

---

88) 호견(好堅): 나무의 이름. 땅속에서 백년을 묵었다가 가지와 잎이 나온다는 전설의 나무.

89) 빈가(頻伽): 범어 kalaviṅka의 소림 옮김으로, 歌羅頻伽·迦陵頻라 음역하고 好聲이라 번역한다. 꿩류의 새로서 아름다운 울음소리를 가지고 있으며, 迦陵頻의 춤은 佛供養의 법회 때 행하는 고대의 舞樂 가운데 으뜸으로 친다.

법화경을 들을 수 있으니, 가령 겁화〔劫燒〕의 불 속에 마른 풀을 지고 들어가 타지 않게 하는 일이라면 오히려 어렵지 않거니와, 내가 열반에 든 뒤에 나쁜 세상에서 잠시만이라도 이 경을 읽기란 실로 어려울 것이다. 이 경은 지니기 어려운지라 만일 잠시만 지니더라도 이런 사람은 여러 부처님께 찬탄을 받을 것이며, 이를 일러 '계행을 잘 지키는 수행자〔頭陀者〕라 하리라" 하였다.

【게송 116】

化緣旣云畢하사　　　　涅槃時已至하니
末後壬申歲　　　　　二月十五日이라.

교화하실 인연이 다하여
열반에 드실 때가 이르니
마지막 임신(壬申)년
2월 15일이더라.

【게송 117】

卽趣拘尸城의　　　　　沙羅雙樹間하사
叮寧誨衆云하사대　　　我今當入滅하리니.

곧장 구시나성의
사라나무 네 쌍 사이로 가셔서
간곡히 무리를 깨우치시고 다시 이르셨네.
내가 곧 열반에 들려 하노라.

【게송 118】

諸有所疑者를　　　　　應當來問耳라 하시니

承勅競諮問을 　　　　　——隨決答하시다.
의문나는 일은 무엇이든
와서 물으라 하시니
분부받고 앞다퉈 여쭌 일
낱낱이 풀어서 대답하셨네.

【게송 119】
一切天人衆이 　　　　　爭陳最後供이어늘
餘皆默不許하시고 　　　　唯受純陀供하시다.
이때 인간과 하늘무리가
앞다퉈 마지막 공양을 올렸으나
나머지는 다 허락치 않으시고
오직 순타의 공양만 받으셨다.

《열반경(涅槃經)》에서는 다음과 같이 말한다. "세존께서 2월 15일 이른 아침에 광명을 놓아 대천세계를 비추시니 시방의 6취중생에 이르기까지 광명에 쏘인 이는 모두 죄를 소멸하였고, 또 54종류의 무리가 동시에 구름같이 모여서 동시에 '애달프구나! 어찌하여 지혜의 해가 하루 아침에 떨어지시는가' 하며 외쳤다.

그때 모든 하늘왕과 인간왕이 앞다투어 공양을 준비했거늘 모두 허락치 않으시고, 오직 순타 장자의 공양만 받으셨다."

《경율이상(經律異相)》[90]에서는 다음과 같이 말한다. "부처님께서 열반에 드시려 할 때, 순타라는 장자가 있었는데, 그가 울면서 세존께

---

90) 《결률이상》 권2 〈현반열반〉.

'저희들이 오늘부터는 주인도 없고 의지할 곳도 없으며 가난하고 고 단하게 되었사옵기에 부처님께 장래의 음식을 청하오니, 바라옵건대 저희들의 변변치 않은 공양을 드신 뒤에 열반에 드소서' 하니, 부처 님께서 '내가 이제 그대의 빈궁을 끊어 버리고 위없는 법우(法雨)를 그대의 몸밭〔身田〕에 뿌려서 법의 싹이 돋고 그대의 단바라밀을 구족 케 하리라' 하셨다.

　이때 인간과 하늘무리들이 모두 와서 공양을 올렸건만 부처님께서 는 모두 받지 않으시니 대중이 모두 '이상하도다. 순타는 큰 공덕을 성취했거늘 우리들의 공양구는 헛탕이 되었도다' 하고 외쳤다. 그러 자 부처님께서 대중의 소망을 채워 주시기 위해 낱낱 털구멍에서 한 량없는 부처님을 변화해 내셨는데, 낱낱 변화하신 부처님은 각기 한 량없는 비구를 거느리고 그들의 공양구를 다 받으셨으며, 석가부처 님 자신은 순타의 공양을 받으셨다."

【게송 120】

佛慮末代衆이　　　　　　於法起斷見하야

夭傷其慧命하고　　　　　亦亡失法身일까 하사

부처님께선 말세 중생들이

부처님 법에 단견(斷見)을 내어

지혜의 수명을 요절케 하거나

법신마저 잃을까 저어하시어

【게송 121】

更設三種權하사　　　　　以扶一圓實하사대

一切有佛性이요　　　　　一切法常住라 하시니

다시 세 가지 방편을 베푸사
일원실(一圓實)의 진리를 부추기시되
모든 중생에게 불성이 있고
모든 사물은 영원히 머문다 하시니

【게송 122】

屠兒廣額者는	立地頓成佛하고
五逆阿闍王은	罪滅而妙證하니

광액(廣額)이란 백정은
선 자리에서 성불하고
오역죄를 지은 아사세왕은
죄가 소멸해 묘한 깨달음 얻었다.

【게송 123】

是知涅槃法은	罪福本平等이라
若欲疾成佛인댄	應須學此法이니라.

이것으로 알라, 열반의 법은
죄와 복에 본래 평등한지라
빨리 성불키를 원하는 이 있다면
모름지기 이 법을 배울지니라.

열반경의 이치는 전에 이미 설명했기에 다시 수록치 않는다.

광액이란 백정은 모든 물건에 불성이 있다는 말을 듣고 당장에 성불한 자이다.

또 **아사세왕**은 조달(調達)[91]의 꼬임에 빠져 그의 아버지 병사왕(瓶

沙王)을 죽이고는 마음이 번거로워 온몸에 종기가 돋았는데, 천하의 명의라도 고치지 못했다. 기바(耆婆)라는 큰의원이 있었는데, 왕에게 나아가 "이 병을 고치고 싶으시거든 부처님께 귀의하는 길밖에 없습니다" 하였다. 왕은 그 말에 따라 함께 부처님의 처소에 나아가 "죄의 성품이란 것이 본래 공하다"는 말씀을 듣고 보리심을 내자 몸의 종기가 모두 나았다 하였다.

여래께서 세상에 출현하셔서서 다섯 때[五時]에 설법하신 차례가 이와 같다.

모든 부처님·여래께서는 뭇 근기에 맞추어 갖가지 법을 설하셨으나, 그 법들은 네 문[四門]에서 벗어나지 않는다. 네 문이란 첫째 유문(有門: 있다는 주장), 둘째 공문(空門: 비었다는 주장), 셋째는 역유역공문(亦有亦空門: 있기도 하고 비기도 하다는 주장), 넷째는 비유비공문(非有非空門: 있지도 않고 비지도 않았다는 주장)이다.

유(有)에 집착된 이를 교화하기 위하여 공문을 말씀하시고, 나아가 역유역공에 집착된 이를 교화하기 위하여 비유비공문을 말씀하신다. 그러므로 부처님에게는 정해진 말씀이 없으시고, 법 또한 정해진 것이 없건만 다만 근기에 맞추어 말씀으로 보여 주실 뿐이다.

오호라! 지금은 부처님과 이미 멀어져서 바야흐로 투쟁뇌고(鬪爭牢固)의 시절에 해당하니, 중생들의 집착하는 마음이 아교같이 굳어서 너와 나를 다투기만 하고 여래 방편의 대의는 전혀 살피지 못한 채 한 근원인 법에서 가지를 쳐서 서로 다투다가 마침내 서로 해치기에

---

91) 조달(調達): 범어 Devadatta의 소리 옮김이니, 곧 提婆達多를 말한다. 그는 斛飯王의 아들로 아난의 형이며, 부처님의 從弟이다. 利養을 탐하다 三逆罪를 지어 살아서 지옥에 떨어졌다 전하지만, 엄격한 규율을 주장했던 인물로 재평가되고 있다. 그는 本地가 深位의 보살로 법화에 天王如來의 別記를 받았다고 한다.

이르렀으니 애달픈 일이로다.

이제 나(不肯)는 조사님 말씀에 의해 비유 하나를 들어 불교 전체를 풀이함으로써 뭇 시비를 끊어 주리라.

바닷물이 땅속으로 스며들어 사주천하 어디에도 이르지 않는 곳이 없으므로 높은 언덕 위나 혹은 산꼭대기를 파면 어디서나 물이 나오고, 간혹 돌 틈새를 만나면 치솟아 샘이 된다. 뭇 샘이 합해서 하나의 강이 되고, 뭇 강이 바다로 흘러들어서는 다같이 한맛이 되니, 이를 일러 근원으로 돌아갔다 한다.

그 여러 물들에게 각기 이름이 있어서 어느 샘이다, 어느 개울이다, 어느 강이다 하거니와 그 근원은 오직 하나의 바다일 뿐이다. 그러나 이들 여러 물이 한번 바다로 돌아가면 어찌 크다, 작다, 깊다, 얕다 하는 차별된 이름이 있겠는가?

법문도 그러하여서 여래께서 처음 정각을 이루시자 먼저 화엄을 설하셨으나 작은 근기들은 벙어리같이 아무런 이익이 없었다. 이에 자비심을 내서서 이런 무리를 인도하기 위하여 우선 방편을 베푸사 아함(阿含)을 말씀하시고, 다음에 반야(般若)를 설하시고, 다음에는 법화(法華)와 열반(涅槃)을 말씀하시니, 이러한 법문들이 명칭은 비록 다르나 이치는 하나이다. 무슨 까닭인가? 마지막 영산회상에서 권문(阿含)을 열고 실상(實相)을 드러내 모든 법을 한 맛으로 만들어 평등하고 차별없게 하셨기 때문이다. 그러므로 경에서 "모두 법 그대로가 실상이며, 세간의 모습이 항상하다" 하셨으니 이것으로써 천차만별한 현상이 묘법 아닌 것이 없음을 알겠다. 그렇다면 화엄을 기준하면 모두가 화엄이며, 법화를 기준하면 모두가 법화며, 반야나 방등을 기준하면 역시 모두가 그렇다 할 것이다.

슬프다. 어떤 사람들은 이러한 도리를 알지 못하므로 화엄에 의지

하는 이는 "화엄이 근본이고 나머지는 모두가 지말이라" 하고, 법화를 좋아하는 이는 "이것만이 왕이고 나머지는 모두가 백성이라" 하며, 나머지 경론에 집착된 이들도 모두 이렇게 말하면서 자기만 옳고 남은 그르다 하여 자신도 속고 남도 홀리니 매우 미혹되었다.

만일 대승의 종지(宗旨)를 기준한다면 응당 국집을 떠나서 걸림없이 융통해야 하거늘, 만일 이런 집착을 버리지 못한다면 어찌 대승을 배우는 사람이라 하겠는가? 옛부터 여러 대종사들이 이런 도리를 모르신 바는 아니지만 법을 펴는 면에서 구태여 시비를 나누어 나와 남을 억제하고 부양하신 것은, 대권(大權: 大方便)보살로서 남을 교화하기 위해 쓰신 방편이었다. 하물며 부처님의 경전에도 곳곳에서 모두 이 경만이 제일이라 하셨으나, 다만 경교(經敎)를 널리 퍼트리기 위해서 그러셨을 뿐이다.

또 간혹 선을 숭상하는 이는 "선은 경교 밖에 따로 전하는 법이라" 하면서 수승한 법이라 여기고 경교를 깎아내린다. 이들은 경교 속에 주로 마음 밝히는 요체가 있음을 알지 못하기 때문에 이런 실수를 범하는 것이므로, 진작부터 경을 보지 않은 것이 허물이지 괴상히 여길 바가 아니다.

우리 부처님께서 널리 모든 경교를 설하신 것은 다른 까닭이 아니라 오직 진리를 드러내기 위해서였다. 경에서도 말씀하셨듯이 비로자나의 묘한 본체가 온갖 곳에 두루하고, 모든 법은 불성 아닌 것이 없다. 그러므로 문자를 떠나서 진리가 따로 있는 것이 아니니, 만일 문자를 여의고 진리를 구하면 마치 그릇을 떠나 금을 찾는 격이다. 만일 진리가 문자를 여읜 것이라 한다면 이는 소승〔三藏〕을 배우는 학자이며, 문자와 진리가 둘이 아닌 줄로 관하면 비로소 대승을 배우는 수행자라 할 것이다.

그러므로 우리 천태 지자 대사께서는《법화현의(法華玄義)》에서 경(經) 한 글자를 풀이하시되 모두 6진(六塵) 그대로를 경이라 하셨다. "예컨대 한 점의 검은 먹빛이 무량한 교(敎)와 무량한 행(行)과 무량한 이(理)를 표현한다. 그러므로 글자〔字〕가 글자 아님〔非字〕을 알고, 글자 아님이 글자 아님도 아님〔非字非非字〕을 알아 어느 한쪽에 치우침이 없으면 청정함〔淨〕이며, 청정하면 업이 없어 자유로움〔我〕이며, 자유로우면 괴로움이 없어 즐거움〔樂〕이며, 괴로움이 없으면 생사가 없어 항상함〔常〕이다.

무슨 까닭인가? 글자는 **속제**(俗諦)이며, 글자 아님은 **진제**(眞諦)이며, 글자 아님이 글자 아님도 아님은 하나의 **실제**〔一實諦〕니, 일제가 곧 삼제(三諦)요 삼제가 곧 일제이다.

이와 같이 글자를 이해하면 손에 경을 들지 않아도 항상 이 경을 읽는 것이며, 입에서 아무런 소리를 내지 않아도 뭇 경전을 두루 읊는 것이며, 부처님이 세상에 나시지 않아도 항상 범음을 듣는 것이며, 마음으로 생각하지 않아도 법계를 두루 비추는 것이다. 그러므로 분명히 알아야 한다. 검은 글자는 모든 법의 근본이며, 청황적백도 이와 같다. 그렇다면 빛〔色〕으로 경(經)을 삼고, 소리·냄새·맛·촉진·법진도 그렇다."

또《관심송경법(觀心誦經法)》에서는 다음과 같이 말한다. "무엇이 경인가? 두루마리〔經卷〕인가? 두루마리의 축대〔標軸〕인가? 또 읽는다 함은 마음으로 읽어야 하는가? 입으로 읽어야 하는가? 아니면 아랫턱과 윗턱이 부딪쳐서 나오는가? 또 외우는 내 몸은 있는 것인가? 내 몸이 없는 것인가? 누가 읽는가? 추궁해 보아도 끝내 경을 읽는 내가 없고, 비록 읽는 경이 없다고 하나 경권을 이룬 종이·먹·문자가 없지는 않고, 비록 읽는 이를 찾을 수 없으나 내 몸이 있고, 비록 안팎이 아니나 안팎을 여의지도 않았고, 비록 경권이 아니나 경권을 여의지도 않았고, 비록 마음도 입도 아니나 마음과 입에서 벗어나지도 않아서 처음부터 끝까지 조금도 어긋남이 없으니, 이를 일러 부사의하고도 미묘한 **삼관**(三觀)[92]이라 한다.

삼세의 모든 부처님치고 이 관법에 의해 나오지 않은 분이 없으니, 이 이치를 통달하면 글자마다 구절마다 모두 삼덕(三德)의 비밀한 곳간이며, 읽고 외워서 마음에 익히면 원융삼제(圓融三諦)가 그 곳에서 훈습되어 일어난다. 그러니 어찌 문자를 떠나서 묘한 이치를 깨닫겠는가.”(이상은 조사의 말씀)

이것으로 미루어 보건대 마음과 경교가 의당 둘이 아님을 알 수 있거늘 경교 밖에 따로 전한다는 것은 도대체 어떤 마음인가? 만일 세존께서 꽃을 들어 보이신 것을 두고 따로 전했다고 한다면, 이것 또한 경교에서 벗어나지 않는다. 나아가 달마도 혜가(慧可) 대사에게 “마음을 가지고 오라, 편안케 해주리라” 하셨고, 또《혈맥론(血脈論)》이나《관심론(觀心論)》을 통해서 보여 주셨으니 이들이 어찌 경교(經敎)가 아니겠는가? 하물며 육조 혜능 대사께서는《금강경》을 듣고 도를 깨달으신 뒤 종풍(宗風)을 크게 드날리셨거늘, 어찌 경교 밖에 따로 전했다 하겠는가?

그밖에도 경교에 의해 진리를 증득한 이들의 전기가 실린 서적이

---

92) 삼관(三觀): 곧 空觀 · 假觀 · 中觀을 말한다. 삼관을 四敎에 배열하면, 공관은 藏敎와 通敎요, 가관은 別敎요, 중관은 圓敎에 속한다. 즉 장교에서는 모든 物心의 존재를 분석하여 實體的인 것은 없다고 하여 空理에 돌아가게 하는 析空觀이요, 통교에서는 모든 존재는 환상처럼 있는 그대로가 空이라고 하여 空理에서 일으키는 體空觀을 쓰며, 별교에서는 空 위에서 건립된 현상 그대로를 관하여 이것에 의해 塵沙의 惑을 끊으며, 원교에서는 空 · 假의 둘을 지양하여 하나라고 관함으로써 이것에 의해 무명의 惑을 끊는다.

산더미 같다. 그 중에는 게송 하나를 보자 성품을 회복한 이도 있고, 경을 읽어서 묘한 깨달음을 얻은 이도 있고, 혹은 경을 쓰다가 지혜가 열린 이도 있고, 혹은 글줄과 자구를 더듬다가 꿰뚫은 이도 있고, 혹은 그저 머리에 이기〔頂戴〕만 하고도 진실에 도달한 이가 있으니, 이렇게 이익을 얻은 이의 수는 헤아릴 수 없다. 만일 마음 그대로가 경교이고, 경교 그대로가 마음인 도리가 아니라면 어찌 이런 일이 가능하겠는가? 저 **기바**(耆婆)[93]가 독약을 만지면 모두가 묘약이 되고, **마하남**(摩訶男)[94]이 만진 것은 모두가 보배가 되었으니, 안목 있는 사람은 비록 거친 언행을 하더라도 아무것도 진리에 어긋남이 없다. 그러므로 옛 어른이 비록 경교를 낮추는 말씀을 했더라도 모두가 일시적인 집착을 덜어 주기 위한 방편일 뿐 진정한 이치는 아니니, 스스로가 생맹(生盲)이 되어서 옛 어른이 방편으로 하신 말씀은 굳게 믿으면서 본사세존의 진실한 경교를 도리어 헐뜯는 따위의 짓은 본받지 말라. 모든 미혹한 무리들이여, 고치기를 바란다. 만일 고칠 수 없다고 한다면 나도 어쩔 수 없다.

【게송 124】

佛說是經已에	一期能事畢하시니
法付妙吉祥하시고	背東右脇臥하사

---

93) 기바(耆婆): 덕차시라국 빈가라에게 7년 동안 의술을 배운 뒤 여러 곳에서 의술을 펼쳤으며, 부처님께 귀의한 후 세존의 풍병과 아나율의 귀머거리 및 아난의 창병을 치료하여 醫王으로 존경을 받았다. 특히 아사세왕이 부왕을 살해한 후에 뉘우치는 모습을 보고는 부처님께 귀의케 한 사실로 유명하다.

94) 마하남(摩訶男): 부처님의 제자로 최초의 교화를 받은 5비구 가운데 한 사람. 다섯 비구로는 교진여(憍陳如)·알비(頞鞞)·발제(跋提)·십력가섭(十力迦葉)·마남구리(摩男俱利)이다.

부처님께서 이 경을 다 말씀하시자
한평생 하실 일이 모두 끝나니
법을 묘길상(妙吉祥)에게 전하시고
동쪽을 등지고 오른 겨드랑이로 누우셔서

【게송 125】

安詳入涅槃하시니　　　　　如薪盡火滅이라

住世七十九에　　　　　　設會三百餘샷다.

조용히 열반에 드시니

마치 땔감이 다하자 불이 꺼지듯

세상에 머무시기 79세에

법회는 3백여 차례나 여셨다.

【게송 126】

應身雖示滅이나　　　　　眞身本常住하니

如月墮淸晝에　　　　　孤光留古躔하시니라.

응신(應身)은 비록 열반에 드는 모습을 보이셨으나

진신(眞身)은 본래의 자리에 영원하시니

마치 달그림자가 맑은 못에 비치매

본래의 달은 옛자리에 여전한 것 같으시다.

【게송 127】

爾時大地震하고　　　　　諸天雨香花하고

一切四部衆이　　　　　失心皆躄地하니라.

그때 땅덩이는 크게 진동하고

하늘에서는 온갖 꽃비가 내리고
사부대중 모두모두는
실신하여 땅에 쓰러졌다.

《열반경》에서는 다음과 같이 말한다. "(부처님께서) '선남자들아, 스스로 자기 마음을 닦아서 행여라도 방일치 말라. 나 이제 등창〔背痛〕이 예사 환자와 같으니 너희들은 문수(文殊)로 하여금 대중에게 설법케 하라. 나 이제 큰 법을 너 문수와 가섭과 아난에게 전하노라' 하시고, 이어 동쪽을 등지고 서쪽을 향하여 오른 어깨를 땅에 대고 누워서 열반에 드셨다.

그때 땅덩이가 진동하여 개울이 모두 마르고 초목이 부러지고 어두운 곳이 크게 밝아졌으며, 하늘에서 향기로운 꽃비를 내려 대중의 머리 위에 뿌렸다. 그때 대중 중에는 부처님을 따라 열반에 든 이도 있고, 혹은 실신한 이도 있고, 혹은 까무러쳐 쓰러진 이도 있었다. 이에 전륜왕의 법도에 따라 부처님의 시신을 관곽(棺槨)에 모셨다."

《주서이기(周書異紀)》에서는 다음과 같이 말한다. "목왕(穆王) 52년 임신 2월 15일에 폭풍이 홀연히 불어닥쳐 집이 쓰러지고 나무가 부러지며 산천이 무너져 덮치고 진동하며 하늘에는 검은 구름이 덮였는데, 서쪽에는 흰 무지개 열두 가닥이 남북으로 뻗어 밤이 되어도 사라지지 않았다. 왕이 태사 호다(扈多)에게 이게 무슨 징조냐고 묻자, 서쪽나라에서 성인이 열반에 드시느라 쇠퇴한 모습이 나타나는 것이라고 대답하였다."

【게송 128】

摩耶下天來하야　　　　　　唯見金棺泣하니

佛自棺中起하사　　　　　說偈以慰之하시니라.

마야부인께서 하늘에서 내려와

금관(金棺)만 보며 슬피 우니

부처님은 관에서 일어나

게송을 설해 위로해 주셨다.

　부처님께서 열반에 드실 때 마야부인에게 **오쇠상(五衰相)**[95]이 나
타나거늘, 이때 **아나율(阿那律)**이 하늘로 올라와 사실을 아뢰었다.
마야부인이 곧 내려와 부처님의 관과 의발과 주장자를 보자 붙들고
슬피 우니, 부처님께서 관에서 일어나 울지 말라 하시고 게송을 설해
위로하셨다.

【게송 129】

拘尸城中人이　　　　　移棺欲入城하야

力士十六人이　　　　　挽而無少動이러니.

구시나성 사람들이

관을 성 안으로 모시려고

역사 60명이 모여와

메려 했으나 조금도 요동치 않으시더니

---

95) 오쇠상(五衰相): 天人이 죽을 때가 되어 나타나는 5종의 衰相. 경론에 따라 일
치하지는 않지만, 첫째 의복에 때가 묻는다, 둘째 머리에 쓰고 있는 花冠이 시든다,
셋째 몸이 威光을 잃는다, 넷째 겨드랑이에 땀이 난다, 다섯째 本座에 있는 것을 즐
거워하지 않는 것 등을 말한다.

【게송 130】

棺自擧昇空하야　　　　　出入城四門하야
繞城七市下하니　　　　　大衆交悲喜러라.

관이 스스로 허공으로 떠올라

성의 네 문을 들락날락하시고

다시 성을 일곱 번 돌고 내리시니

대중 모두가 슬픔과 기쁨이 엇갈렸더라.

구시나성 사람들이 모두 모여 의론할 때, 역사 60인이 "부처님의
관을 모시고 성 안으로 들어와 공양하리이다" 자청하고는 있는 힘을
다하여 메었는데 조금도 움직이지 않았다. 이때 **아니루두**(阿尼樓豆)
가 "설사 온 성 안 사람이 다 오더라도 들지 못할 것이니, 세존께서
평등하게 인간과 하늘을 복되게 하시려는 뜻이다" 하고 외치니, 관이
저절로 떠올라 일곱 **다라수**(多羅樹)[96] 높이로 올라가서 구시나성의 서
문으로 들어왔다가 동문으로 나가고, 다시 남문으로 들어왔다가 북
문으로 나가서 성을 일곱 번 돌고는 본래 자리로 내려와 7일을 지나
고는 희련강〔熙連河〕을 건너 천관사(天冠寺)에 멈추셨다.

　대중이 부처님의 시신을 부축하여 관에서 모셔내서 평상 위에 무시
고, 향수로 씻은 뒤에 도라면(兜羅綿)[97]으로 싸고 겉에는 묘한 담〔妙

---

96) 다라수(多羅樹): 범어 tāla. 인도나 미얀마 등 열대 지방에 나는 종려과에 딸린
식물. 나무의 높이는 장성한 것이 80척에 이른다. 인도에서는 이 나무를 尺度의 단
위로 삼는데, 1다라수의 높이를 49척이라 한다. 나무의 잎인 패엽(부채꼴의 8척 길이)
을 종이 대신 사용하였으며, 줄기를 자르면 다시 움이 나지 않는 것을 인용하여 경
전에서는 비구가 중죄를 지어 선근을 잃으면 知見을 회복하지 못함에 비유하였다.
　97) 도라면(兜羅綿): 兜羅는 범어 tūla의 소리 옮김. 白楊樹나 楊柳 등 초목의 꽃에
서 나는 부드러운 綿.

氈]으로 싸서 법다이 묶고는 원래대로 관에다 모셨다. 향유(香油)를 가득 부은 뒤, 전단나무 더미 위에 모시고 다비(茶毘)[98]를 봉행코자 불을 붙였으나 모두 꺼졌다. 이에 대중이 "부처님께서 무슨 못다한 사연이 계실까?" 하고 의심하자 제석이 "가섭을 기다리시기 때문이요" 하였다.

【게송 131】

迦葉在他國이라가　　　　晩知急急來하야
欲見懇三請하니　　　　乍現雙趺示라.

가섭이 딴 곳에 있다가
늦게야 알고 바삐 와서
뵙고자 세 번 간청하니
잠깐 두 발꿈치를 내보이셨다.

이때 가섭이 파파국(波波國)에 있다가 니건자(尼乾子) 무리가 하늘 꽃을 가진 것을 보고서 부처님의 입멸을 알고는 급히 천관사로 왔다. 부처님의 시신을 뵙고자 세 번 간청하였으나 허용되지 않더니 홀연히 관이 열리면서 두 발을 나투어 보이시더니 이내 숨으셨다.

【게송 132】

將欲闍維時에　　　　三加火輒滅이러니
如來三昧火가　　　　從胸出自焚하니라.

---

98) 다비(茶毘): 파리어 jhāpeti의 소리 옮김. 闍維·耶維 등으로도 쓰고, 燒燃·燒身 등으로 번역하며, 곧 火葬을 말한다. 茶毘를 하는 화장장을 茶毘場이라 한다.

사유(闍維: 다비)를 봉행하려고
세 차례 불을 댔으나 모두 꺼지더니
여래의 삼매 불이
가슴에서 솟아 스스로 태웠다.

【계송 133】

所有設利羅는　　　　　其數不可計라
天龍及人王이　　　　　爭分各起塔하니라.

나투신 설리라(設利羅)는
그 수를 헤일 수 없는데
하늘과 용과 인간의 왕들이
앞다퉈 나누어다 탑을 세웠다.

　이때 역사가 횃불을 들어 다비하고자 했으나 불은 이내 꺼졌다. 이
렇게 세 번을 거듭했으나 끝내 태우지 못하더니, 가섭이 "큰 성자의
보관(寶棺)은 삼계의 불로도 태울 수 없거늘 하물며 너희들의 힘으로
태울 수 있겠는가?" 하자, 이 부처님의 가슴으로부터 저절로 삼매의
불이 나와서 관 밖으로 내뿜으며 차츰차츰 다비해서 7일이 지났다.
　설리라(設利羅)는 **사리**(舍利)[99]라고도 하니, 신골(身骨: 시신의 유골)
이라 번역한다. 다비가 끝난 뒤 영골(靈骨)을 나누어 부수니 낱알만
한 것이 오색을 갖추었는데 그 수효가 한량이 없었다. 제석은 오른쪽
치아 하나와 사리를 얻어서 하늘로 올라가 탑을 세웠고, 여덟 큰 나
라 왕들은 균등하게 나누어 가지고 제각기 본국으로 돌아가서 탑을
세워 공양했고, 아직 남은 숯과 재는 회탑(灰塔)과 탄탑(炭塔)이라 해
서 영원히 공양하고 있다.[100]

【게송 134】

後有阿育王이   分布成金塔하니

數八萬四千이   遍安一天下하니라.

뒤에 아육왕(阿育王)이 있어

곳곳에 나누어 금탑을 세우니

그 수효는 8만4천이어서

온 천하에 두루하였네.

---

99) 사리(舍利): 범어 śarīra의 음역으로 實利·設利羅라고도 쓰며, 身體·遺身이라 번역한다. 범어의 원의미는 단순한 '屍體'를 일컫는 말로서 특히 火葬을 한 遺骨을 가리켰으나, 불교의 흥기와 더불어 부처님의 유골을 의미하게 되었다. 釋尊의 입멸 후 화장된 유골은 숭배의 대상으로 爭取의 움직임이 있었으나, 바라문 도오나의 중재로 여덟 부족(마가다국의 아자타샤트루왕, 카필라바스투의 샤카족, 알라캅파의 부리족, 라마그라마의 콜랴족, 베타두비파의 바라문, 파바의 말라족, 쿠쉬나가라의 말라족)에게 골고루 나눠지고 도오나에게는 유골을 담았던 병이 주어졌으며, 분배가 끝나고 도착한 모오리야족에게는 화장터의 재가 전해졌다. 돌아간 여덟 부족은 유골 즉 舍利塔을, 도오나는 瓶塔을, 모오리야족은 灰塔을 건립하였다고 한다. 후에 아쇼카왕 때 상징물에 대한 폭넓은 숭배 풍조가 만연되면서 왕은 불교의 전파를 위해 포교사를 각지로 파견하고, 아울러 여덟 곳의 불사리탑 가운데 라마그라마塔을 제외한 나머지 일곱 곳에 매장되어 있던 佛舍利를 粉骨하여 전 인도에 수많은 사리탑을 세움으로써 불교 사상 전파에 큰 몫을 하게 하였다. 이렇게 佛舍利는 아쇼카왕 시대에 무수히 분골되었으므로 아주 미세하게 되었을 것이니, 따라서 미립의 粉骨을 세속적으로 '舍利'라 부르게 되었다.

100) 탑(塔): 범어 stūpa로, 바르게는 塔婆라 음역하고, 또는 兜婆·蘇偸婆라고도 하며, 方墳·圓塚 등으로 번역한다. 《十誦律》에는 이미 釋尊時에 수달다 장자가 부처님이 여러 곳을 순례하고 계신 동안 대신 공양드리기 위해 손톱과 머리카락을 받아 爪塔과 髮塔을 건립하였다고 기록되어 있으나, 이 또한 佛像의 造像緣起와 마찬가지로 大乘佛敎의 흥기 때 경전에 삽입된 것으로 여겨진다. 단순한 분묘가 아닌 숭배 대상으로서의 佛塔은 부처님 입멸 후 여덟 부족이 佛舍利를 나눠 가지고 가 세운 舍利塔이 그 역사적 기원이다. 그후 아쇼카왕 때 佛塔의 건립이 매우 활발하였으니, 이때의 탑은 半球形으로 쌓아 꼭대기에서 수직으로 구멍을 뚫어서 지평면에 이르게 하고 그 밑바닥에 舍利 등의 유물을 장치하였으며, 탑 주위로 예배하는 길을 만들고 그 바깥에는 돌로 난간을 두른 형태였다. 그후 北傳되며 가옥 형태의 塼塔과 木塔 등 다양한 형태로 발전하다가 목탑의 형태를 지닌 채 축소된 조형물로서의 石塔이 생겨나기도 하였으니, 중국은 塼塔, 한국은 石塔, 일본은 木塔이 특수하게 발달하였다.

여덟 큰 나라 왕이 함께 사리를 나눌 때, 아사세왕이 8만4천 과(顆)를 얻어서 금함(金函)에 넣고 백세등(百歲燈)을 켜서 항하 중류에 감추었다.

《아육왕경(阿育王經)》에서는 다음과 같이 말한다. "세존이 성에 들어가 걸식(乞食)[101]하실 때, 두 동자가 흙장난을 하다가 부처님을 뵙고 반가워하면서 흙으로 국수 만드는 시늉을 하여 부처님께 바치고는 '제가 장차 하늘과 땅에 가득히 널리 공양을 베풀게 되어지이다' 하고 발원하는 것을 보셨는데, 이런 인연으로 부처님께서 열반에 드신 지 1백 년 뒤에 그가 전륜왕이 되니 이름이 아육이다.

염부제를 통일할 때 질투심 때문에 8만4천 명의 궁녀를 죽였고, 나중에는 성 밖에다 지옥을 마련하고 모든 죄인을 다스렸다. 이때 소산비구(消散比丘)가 나타나 왕을 감화시키니, 왕이 믿고 깨달아 비구에게 '8만4천 명의 궁녀를 죽인 죄를 속죄받을 수 있겠습니까?' 하고 묻자, 도인이 '사람 하나씩을 위해 탑 하나씩을 세우고 부처님의 사리를 모시면 죄를 면할 수 있습니다' 라고 대답하였다.

왕은 바로 사리를 찾는데 (아사세왕이 숨긴 백세등의) 등불이 여전히 밝더니 사리를 꺼낸 뒤엔 등불도 꺼졌다. 왕이 이상히 여겨 **연화비구**(蓮花比丘)에게 물었더니, 연화비구가 '아사세왕이 등의 기름을 조절하되 사리를 꺼내고 나면 (등불이) 꺼지게 한 것입니다' 하였다.

---

101) 걸식(乞食): 산스크리트어 'pinda-pata'를 意譯한 것이 '乞食'이다. pinda는 쌀 따위로 만든 경단 같은 것을 가리키는데 그 뜻이 변하여 일반적인 음식이나 식량 또는 施食 등을 의미하게 되었으며, pata는 '떨어지다'의 의미이다. 그러므로 본래 '음식이 그릇 속으로 떨어짐'을 의미하기에 '음식물을 준 것'의 의미가 되고, 나아가 수행승이 바루에 얻은 '음식'을 가리키게 되었다. 결국 pinda-pata에는 施食이 위주가 될 뿐 '구걸한다'는 의미는 없지만, '乞食'으로 漢譯되며 '구걸'의 의미가 강해지게 되었다.

다시 도인에게 '어디에다 탑을 세워야 되겠습니까?' 하니, 도인이 신통력을 써서 왼손으로 해를 가리워 8만4천 가닥이 염부제에 두루 비추이게 하고는 빛이 비추는 곳엔 모두 탑을 세우라 하였다.

왕은 그 말에 따라 8만4천 개의 금·은·유리·파리로 광주리를 만들어 부처님의 사리를 담고, 다시 8만4천의 보배병을 만들어 이 광주리를 담고, 다시 한량없는 백천 가지 공양구를 장만해서 모든 귀신에게 명하여 염부제 안에 1억 호(戶)가 되는 성·읍·마을마다에 탑 하나씩을 세우게 하였다."

지금 중국의 낙양·팽성·부풍·촉군·임치와 고려국의 정주(定州)와 안주(安州)와 금강산에 탑이 남아 있는데 모두 신이(神異)한 영험이 있다.

또 (아육왕경에서는) "아육왕이 삼보를 소중히 공경하여 염부제 모두를 삼보에게 바쳤으니, 그러기에 염부제의 땅이 겨자씨만큼이라도 삼보의 몫이 아닌 것이 없다" 하였다.

【게송 135】

尊者大飮光이　　　　　　受佛僧伽梨하신대

今入鷄足山하야　　　　　以待彌勒尊하시고

존자 대음광(大飮光)이

부처님의 승가리(僧伽梨)를 받으셨는데

지금껏 계족산에 들어가

미륵존자를 기다리시고,

음광(飮光)은 범어 가섭(迦葉)의 번역이다.《전등록(傳燈錄)》에서는 다음과 같이 전한다. "부처님께서 가섭에게 '나에게 **정법안장**(正法

眼藏)[102]이 있는데 그대에게 전해 주나니, 그대는 잘 퍼뜨려서 끊이지 않게 하라' 하시고, 이어 금루승가리(金縷僧伽梨)를 주시거늘 가섭이 받고서 **계족산(鷄足山)**[103]에 드시니, 산이 합하면서 몸이 숨겨졌는데 이는 미륵불이 하생하시거든 전해 주기 위함이다."

미륵(彌勒)은 정확히 말하면 매달려(梅怛麗)로서 자씨(慈氏)라 번역하니, 세세에 인자함을 닦으셨기 때문이다.

【게송 136】

侍者慶喜尊이　　　　　受佛法寶藏하야

與一千羅漢으로　　　　結集流於世하시니라.

시자 경희(慶喜) 존자는

부처님의 법보장을 이어받고

천명의 아라한들과

결집하여 퍼뜨리니라.

경희(慶喜)는 범어 **아난(阿難)**의 번역이다. 부처님께서 열반에 드신 뒤에 욕계와 색계의 하늘무리가 함께 가섭 존자에게 와서 절을 하고는 "부처님해〔佛日〕가 이미 져서 법의 등불이 꺼지려 하니 존자(尊

---

102) 정법안장(正法眼藏): 진리를 볼 수 있는 지혜의 눈〔正法眼〕으로 깨달은 비밀의 법〔藏〕이란 뜻. 또 불타의 內心의 깨달음은 표현을 초월한 것으로서 釋尊으로부터 순차로 達磨에 이르듯이 師의 마음에서 弟子의 마음으로 전해진다고 하는데 그 깨달음을 가리키니, 이것을 '正法眼藏 涅槃妙心'이라고 하며 간략하게 正法妙心이라고도 한다.

103) 계족산(鷄足山): 범어 **Kukkutapāda**의 번역. 또는 尊足·狼跡이라고두 한다. 중인도 마갈타국에 있는 산 이름. 지금은 **Kurkhiār**라 부른다. 부다가야의 동북쪽 20리쯤에 있다. 그 모양은 세 봉우리가 나란히 솟아 마치 닭의 발과 같으므로 이같이 이름하였다.

者)[104]께서는 대자비로 불법을 세워서 중생들을 이롭고 복되게 하셔야 합니다" 하고 사뢰었다. 대가섭이 그들의 청을 받아들여 법장을 **결집(結集)**[105]하고자 천명의 무학(無學)들을 **칠엽암굴(七葉岩窟)**로 불러모았는데, 오직 아난만이 결(結: 번뇌)이 다하지 못했다. 그러므로 가섭이 참예치 못하게 막았다.

또 가섭이 여섯 가지 죄목으로 그를 꾸짖었는데, 하나는 여인의 출가를 허락하시도록 도움으로써 부처님의 정법이 5백 년 줄게 한 것이며, 둘은 부처님께서 등창을 앓으실 때 물을 찾으셨는데 드리지 않은 것이며, 셋은 부처님께서 신족통을 닦으라 분부하셨는데 못 들은 체 대꾸도 않은 것이며, 넷은 부처님의 승가리 자락을 밟은 것이며, 다섯은 부처님의 음장상(陰藏相: 男根)을 여자들에게 보여 준 것이며, 여섯은 전생의 번뇌가 아직 다하지 않은 것이다.

그때 아난이 이 말을 듣고 금강정(金剛定)에 들어 모든 번뇌를 몽땅 깨뜨리니, **삼명**(三明)[106]과 육통(六通)이 구족해서 해탈의 경지에 들어갔다. 바로 그 밤으로 문고리 구멍을 통하여 들어가니 가섭이 그의

---

104) 존자(尊者): 범어 āyusmat의 번역으로, 직역하여 具壽라고도 한다. 또 범어 sthavira의 번역이기도 하며, 上座·長老로도 번역된다. 尊者란 거룩한 有德者, 존귀한 덕행을 가진 者라는 뜻으로 佛弟子에 대한 경칭이며, 후세에는 祖師나 高德에게도 쓰였다.

105) 결집(結集): 범어 saṃgīti의 번역으로 合誦한다는 뜻을 갖는다. 佛滅後 불제자들이 모여서 불타의 遺敎의 散失을 막고, 아울러 敎權의 확립을 위해 불타의 가르침을 외워내어 정리하고 집성함으로써 교법을 傳承하는 데 도움이 되도록 한 일을 말한다. 제1회의 결집은 佛滅 당년 王舍城 부근에 5백 인의 제자가 모여서 행했고, 그 뒤에 여러 가지 異議가 생겨서 제2·제3등의 결집이 차례로 행해졌다. 초기 결집은 특정인이 그 내용을 암송해 내고, 그렇게 誦出된 내용을 정정하여 확인한 후 모두 함께 合誦(saṃgīti)함으로써 이루어졌으니, 곧 結集이란 暗記에 의한 내용의 확인일 뿐 문서로 기록한 것은 아니다. 경전이 글로써 확실하게 쓰여진 것은 스리랑카에서의 기원전 1세기 중엽이었다는 증거가 남아 있으며, 인도에서도 대체로 이와 비슷한 시기였을 것으로 추측된다.

머리를 쓰다듬으며 "그대가 속히 도를 얻도록 내가 일부러 그랬으니, 그대는 원망하지 말라" 하였다.

아난이 법좌에 오르자 대중이 세 가지 의심을 일으켰는데, 하나는 '부처님이 다시 살아나셨는가?' 둘은 '딴 세계에서 부처님이 오셨는가?' 셋은 '아난이 성불했는가?' 하는 점이었다. 바로 이때 아난이 "이와 같이 내가 들었노라〔如是我聞〕" 하고 외치니 세 가지 의심이 모두 풀렸다. 이로부터 시작하여 처음부터 끝까지 40여 년 동안 설하신 법장을 빠짐없이 모두 결집하였다.

【게송 137】

繼有三七聖과　　　　　及餘諸應眞이
造論釋其義하야　　　　轉次廣宣揚하니라.

뒤를 이어 서른일곱 성자와
그밖의 여러 응진(應眞)들이
논(論)을 짓거나 뜻을 풀이하여
더더욱 널리 퍼뜨렸다.

음광과 경희가 법장을 결집하여 유통시키다가 열반에 들자 상나화수(商那和修) 등 스물한 명의 성자가 대를 이어가며 유통시켜 중생들을 이롭게 하셨으니, 여러 성자들께서 활동하신 사실은 번거로워서 다 수록하지 못하거니와, 그 여러분의 명호와 **전등**(傳燈: 포교)하신 햇수만을 간략히 기록하리라.

---

106) 삼명(三明): 自他의 宿世의 相을 밝게 아는 지혜인 宿住智證明, 미래 중생의 死生의 相을 밝게 아는 지혜인 死生智證明, 불교의 진리를 밝게 증득하여 알아서 번뇌를 단멸하는 지혜인 漏盡智證明을 말한다.

　제1세는 가섭(迦葉)인데 45년 동안 전등하셨다. 제2세 아난(阿難)은 37년을, 제3세 상나화수(商那和修)는 62년을, 제4세 우바국다(優婆鞠多)는 65년을, 제5세 제다가(提多迦)는 49년을, 제6세 미차가(彌遮迦)는 55년을, 〔제7세 바수밀다(婆須密多)는 46년을〕[107] 제7(8)세 불타난제(佛陀難提)는 55년을, 제8(9)세 불타밀다(佛埵密多)는 48년을 전등하셨다. 제9(10)세 협존자(脇尊者)는 45년 동안 전등하면서 《대비바사론(大毘婆沙論)》 2백 권을 지어 삿된 계교를 쳐부수고 정종(正宗)을 붙들어 세워 현풍(玄風)이 다시 일게 하였다. 제10(11)세 부나야사(富那夜奢)는 60년을 전등하셨고, 제11(12)세 마명대사(馬鳴大師)는 56년 동안 전등하면서 《기신론(起信論)》을 지어 정법을 중흥시키셨다. 제12(13)세 가비마라(迦毘摩羅)는 58년을 전등하셨다. 제13(14)세 용수대사(龍樹大士)는 57년을 전등하셨는데, 처음에 범지(梵志: 바라문교도)였다가 나중에 불교에 귀의하여 비근(鼻根)이 청정해짐을 얻고는 용궁에 들어가서 《화엄경(華嚴經)》을 냄새 맡고 나와 퍼뜨리셨고, 또 《대지도론(大智度論)》 1백 권을 지어서 《반야경(般若經)》을 해석하셨다. 제14(15)세 가나제바(迦那提婆)는 51년을, 제15(16)세 나후라다(羅睺羅多)는 48년을, 제16(17)세 승가난제(僧伽難堤)는 39년을, 제17(18)세 승가야사(僧伽耶舍: 伽耶舍多)는 61년을, 제18(19)세 구마라타(鳩摩羅馱)는 34년을, 제19(20)세 사야다(闍耶多)는 52년을, 제20(21)세 바수반두(婆須槃頭)는 43년을, 제21(22)세 마나라(摩拏羅)는 48년을, 제22(23)세 학륵나(鶴勒那)는 44년을, 제23(24)세 사자존자(獅子尊者)는 50년을 전등하셨다.

---

107) 일반 전기에는 바수밀다가 제7세인데, 여기에는 빠져 있어 삽입하였다. 이하 ( ) 안은 일반 전기의 세수이다.

이상의 여러 성자는 모두가 부처님의 분부를 받자와 대를 이어가
면서 조사가 되어 법을 펴 중생을 이롭게 하였다. 그러다가 학륵나 존
자에 이르러 사자 존자에게 예언하기를 "내가 열반에 든 지 50년에
반드시 환란이 일어날 것인데 재앙이 네게 떨어지리라" 하였다.

때가 되자, **계빈국왕**(罽賓國王)[108]이 과연 불법을 없애려 하여 사자
존자에게 와서 "스님은 온(蘊: 五蘊)이 공한 이치를 깨달으셨는가?"
하매, 사자 존자가 "온이 공한 도리를 이미 얻었소이다" 하였다. 다
시 "생사를 여의셨는가?" 하매, "생사를 이미 여의었소이다" 하였다.
다시 "이미 생사를 여의었다면 나에게 머리를 줄 수 있겠소이까?" 하
매, "몸도 내 것이 아니거늘 어찌 머리를 아끼리요" 하였다. 왕이 곧
검을 날려 존자의 목을 치니 흰 젖이 몇 자 높이 솟았고, 왕의 팔은
저절로 떨어졌다가 7일 만에 죽었다. 이때가 부처님께서 열반에 드
신 지 1천2백8년째가 된다.[109]

이뒤를 이어 네 성인이 출현하시니, 첫째는(24(25)세) **바사사다**(婆
娑舍多), 둘째(25(26)세)는 **불여밀다**(不如蜜多), 셋째(26(27)세)는 **반
야다라**(般若多羅), 넷째(27(28)세)는 **보리달마**(菩提達磨)니, 이 네 분

---

108) 계빈(罽賓): 범어 Kasmira의 번역. 고대 중국과 인도 사이에 존재했던 소국 가
운데 하나로서 지금의 아프가니스탄 동남부와 파키스탄의 북부 및 카슈미르 서북부
에 위치하였으며, 세력이 강대했을 시기에는 카불河와 印度河까지 그 판도를 넓혀
지금의 기불市 등이 중요 도시였다. 그 경내에 힌두쿠시 신맥과 기불河 및 印度河 상
류의 거대한 협곡으로 말미암아 교통이 매우 험난하여 실크로드 가운데 유명한 險路
가운데 하나이다. 阿育王이 보낸 傳道者가 처음으로 이곳에 불교를 펼친 것은 2세기
경 카니시카왕.

109) 《傳燈錄》에 의하면 제8세가 婆須密인데 이 대본에는 빠져 있다. 이곳에 기록
된 전등 연수를 합산하면 1천1백62년에 불과한데 1천2백8년이라 하였으니 46년이
부족하다. 통설에 의하면 達磨가 제28세인데, 이 대본에 의하면 제27세 조사가 된
다. 이 세 가지 사실로 미루어 볼 때 '제8세 바수밀다는 46년을 전등하셨다'는 내용
을 삽입하고, 제7세 이하 제23세까지는 1세씩 올려야 한다.

성자는 부처님의 현기(懸記)에는 들지 않았으나 대대로 깨달음을 전해 부처님의 혜명을 이어가면서 끝없는 복과 이익을 주었으니, 모두가 범상치 않으신 분들이다.

무엇으로 그런 줄 아는가? 옛날 달마가 처음 이 땅에 오셨을 때, **양무제**(梁武帝)가 보지공법사(寶誌公法師)에게 달마는 어떤 사람이냐고 묻자, 법사가 "그분은 관음대사(觀音大士)인데 부처님의 심인(心印)을 전하기 위해 서쪽에서 온 것입니다"라고 답하였다. 또 어디선가 본 일인데, "반야다라 존자는 대세지보살(大勢至菩薩)의 화현이다……" 하였으니, 나머지 두 성자도 미루어 알 수 있을 것이다.

아! 달마가 9년 동안 벽을 향해 앉았는데 **신광**(神光: 慧可)은 '할' 한마디에 심인(心印)을 전해 받고, 이로부터 등불을 이어나온 분은 이루 다 셀 수가 없으니, 최고 성자의 행적이 아니고는 어찌 이 경지에 이를 수 있겠는가? 만일 역대 여러 성자의 근본과 지말, 정맥(正脈)과 방전(傍傳), 그리고 여러 성자의 소속 종파를 더 자세히 알고자 한다면《전등록》을 살펴보기 바란다.

《석씨회요(釋氏會要)》에서는 다음과 같이 말한다. "부처님께서 열반에 드신 뒤 4백 년쯤에 건타라국(健馱羅國)의 가니색가왕(迦尼色迦王)은 만기(萬機)의 여가에 항시 불경을 익히되 날마다 스님네 한 분씩을 궁중으로 청해서 설법케 했는데, 여러 법사(法師)의 주장이 제각기 달랐다. 왕은 깊은 의심을 일으켜 협존자(脇尊者)에게 '어찌하여 그렇소?' 하고 물으니, 존자께서 '부처님께서 세상을 뜨신 세월이 멀어지면서 스승과 제자의 주장이 달라졌고, 제각기 자기 소견에 굳게 매달리기 때문입니다' 하였다. 이 말을 들은 왕은 매우 걱정하면서 존자에게 '바라건대 법사께서는 **삼장**(三藏)을 자세히 해석해서 모두의 의혹을 끊어 주시오' 하니, 존자께서 '그렇게 하오리다' 하였다. 왕은 바로 영을 내려 성현을 널리 모아 놓고 여러 스님들께 이렇게 외쳤다. '삼명(三明)과 육통(六通)을 구족히 갖추고 안팎의 삼장과 오명(五明)을 깊이 통달한 이는 남고, 이 경지에 이르지 못한 이는 물러가라' 하니, 모두 물러간 뒤에 남은 이는 5백 명이었다.

이때 여러 성자들이 먼저 《오바제약론(鄔波弟鑠論)》을 지어 소달람(素怛覽: 수다라, 경장)을 풀이하고, 다음에는 《비나야비바사론(毘奈耶毘婆沙論)》을 지어 비나야장(毘奈耶藏: 율장)을 풀이하고, 뒤에는 《아비달마비바사론(阿毘達磨毘婆沙論)》을 지어 아비달마장(阿毘達磨藏: 논장)을 풀이하시니, 모두 3백만 송(頌)에 9백60만 구절〔言〕이다. 그 성자들은 삼장을 두루 해석하면서 그 지엽(枝葉: 세부적인 이론)까지 끝까지 규명했고, 깊고 얕음을 모두 밝혔다. 그리하여 큰 진리가 거듭 밝아지고 미묘한 말씀이 다시 드러나서 널리 퍼지자 후진들이 여기에 의지하게 되었다.”

釋迦如來行蹟頌(下)

浮庵山人 無寄 撰集

【게송 138】

此法行彼土　　　　　一千餘許載에

東流至震旦하니　　　後漢明帝時라.

이 법이 저 땅에 퍼지기

천년 남짓 지난 뒤

동으로 흘러 진단(震旦)에 이르니

후한(後漢)의 명제(明帝) 때라.

【게송 139】

賷來者是誰오　　　　摩藤竺法蘭이니

君臣及士庶　　　　　皆信受奉行하니라.

법을 가지고 오신 분이 누구던가?

마등(摩藤)과 축법란(竺法蘭)이니

군신(君臣)과 사서(士庶) 모두가

믿고 받아들여 봉행하였다.

【게송 140】

因建白馬寺하야　　　安舍利經像하니

此土諸塔寺가　　　　由玆始興起하니라.

그 일로 백마사(白馬寺)를 짓고

사리와 경전과 불상을 봉안하니

이 땅의 모든 탑과 절들이

이로부터 비로소 시작되니라.

《파사론(破邪論)》에서 다음과 같이 말한다.

후한 명제 영평(永平) 3년(서기 60) 경신에 상(上: 왕)이 꿈을 꾸었
는데, 키가 장육(丈六)이나 되고 목에는 햇빛을 두른 황금빛 사람이
대전 앞으로 날아오기에 기꺼이 반겨 맞았다.

조회 때, 여러 신하에게 "이게 무슨 신(神)일까?" 하니, 통사사인
(通事舍人: 사물에 통달한 비서) 부의(傅毅)가 "제가 듣자오니 천축에
도를 깨친 분이 계셨는데 이름이 부처〔佛〕라 하였습니다. 아마도 그
신인가 하옵니다" 하였다. 국자화박사(國子華博士) 왕준(王遵)이 대
답하되, "《주서이기(周書異記)》에 소왕(昭王) 때 성인이 서쪽에 탄생
하셨다 하였는데, 이에 대해 태사(太史) 소유(蘇由)가 천년쯤 뒤에는
그 교법의 혜택이 이 땅에 입혀질 것이라 하였으니, 폐하께서 꾸신
꿈은 분명 그 일인가 하옵니다" 하였다.

황제가 그럴 것이라 믿고 바로 중랑장 채암(蔡諳)과 박사 왕준(王
遵) 등 18인을 파견하여 서역(西域)[1]에 가서 불법을 맞아 구해 오게
하였는데, 월지국(月支國)까지 갔다가 흰 담〔白氎〕에 그린 석가여래

---

1) 서역(西域): 중국 서쪽 葱嶺의 동서에 있던 여러 나라의 총칭. 곧 지금의 중앙아
시아 일대. 즉 중국의 서북쪽에 위치한 新疆省에 있는 天山山脈의 남쪽 타크라마칸
사막을 중심으로 한 곤륜산맥·천산산맥·총령산맥 등에 의해 남·북·서의 3면이
둘러싸인 지역으로서 漢代에 있어서는 서역 3역으로도 불렸던 동서 교통의 요로에
위치하고 있었다. 그러므로 동서의 문명은 반드시 일단 이곳을 통해서 상대쪽으로
전하여지게 되어 있었기 때문에 자연히 여기에 서역 문명의 발달을 촉진하게 되었다.
주요 국가로는 高昌·鄯善·龜慈·疏勒·車師·于闐·康居 등의 나라가 있었다.

성상과 사리와 그리고 《42장경》을 모아 흰 말에 싣고 오는 **가섭마등** (迦葉摩藤)과 **축법란**(쓰[2]法蘭) 두 범승(梵僧: 서역 스님)의 일행을 만 났다. 그들을 맞아 낙양(洛陽)으로 돌아오니, 때는 영평(永平) 10년(서 기 67)이다. 황제가 매우 기뻐하여 《42장경》을 번역케 하고, 이어 정 사(精舍)를 세워 **백마사**(白馬寺)[3]라 하여 그들을 머무르게 하니, 이 땅에 삼보라는 명호는 이로부터 시초를 삼는다.

【게송 141】

是時於此方에	道法廣興布어늘
五岳諸道士	六百九十人이

이때 이 지방에는
도교의 법이 널리 성하게 퍼져 있어
오악(五嶽)의 모든 도사(道士)
6백90명이

---

2) 축(쓰): 성씨이니, 중국에서 道安法師 이전에는 흔히 인도 태생이거나 인도의 스 님을 스승으로 한 이도 쓰姓을 많이 썼다. 인도 태생의 스님은 쓰曇摩騰·쓰曇無蘭 등이 있으며, 인도 스님을 스승으로 한 이는 쓰佛念·쓰道生 등이나. 또 月支國 사람 이면 支를 썼으니 支妾迦識·支曜 등이 있으며, 그 나라 스님을 스승으로 삼은 이도 支를 썼으니 支法領·支道林 등이 그들이다. 그러나 道安이 釋으로 승려의 성씨를 삼아야 한다고 주장하며 '彌天釋道安'이라 일컫은 뒤부터 주로 釋을 쓰게 되었다.

3) 사(寺): 중국에서 寺는 본래 공공 기관을 의미하였으니, 兩漢 때는 官署나 官舍 를 일컬어 '寺'라 하였다. 그러한 寺가 지금의 寺刹을 의미하게 된 것은, 漢나라 때 외국인의 접대를 맡은 관사로 鴻臚寺(寺의 발음은 '시')가 있었는데, 처음으로 西域 에서 스님들이 왔을 때 여기에 묵게 되었고, 그후에 白馬寺를 건립하여 묵게 한 것 으로 인해 寺가 곧 佛寺로서 寺院의 의미를 지니게 되었다. 寺院에 해당하는 범어로 는 vihāra와 saṃghārāma가 있으니, 앞의 것은 毘訶羅라 음역하고 住處·遊行處라 번 역하며, 뒤의 것은 僧伽藍摩·伽藍이라 음역하고 衆園이라 번역하는데, 어떤 것이 나 흔히 精舍라고 번역하니 精舍는 수행을 精練하는 자가 있는 집을 의미한다.

【게송 142】

僉議上疏云_{호대}　　　　莫信胡神說_{하소서}
聖上若信此_{하면}　　　　華俗盡歸邪_{하리니}

모두 의논 끝에 상소하기를
오랑캐신의 말을 믿지 마소서
성상께서 이들을 믿으시면
화속(華俗)은 모두 삿되어지리니

【게송 143】

彼我法眞僞_를　　　　願須火試之_{하소서 하니}
帝卽頷其言_{하야}　　　　命集白馬寺_{하니}

저들과 우리들 중 누가 참이고 거짓인지
바라건대 불로 시험하소서 하니
황제는 그 말을 받아들여
곧 백마사로 모이라 명하였다.

【게송 144】

爾時道士衆_이　　　　各賷道經來_{하야}
分置於兩壇_{하니}　　　　威儀甚嚴潔_{이요}

그때 도사의 무리들이
제각기 도경(道經)을 가지고 와서
양쪽 단에다 나누어 장치하니
위의(威儀)가 매우 엄결(嚴潔)하였고

【계송 145】

舍利與經像은　　　　　　別安於道西하니라

道衆爇名香하고　　　　　　遶壇而泣曰

사리와 그리고 경과 불상은

따로 도교의 서단(西壇)에 안치하였다.

도사들이 좋은 향을 사르고

단을 돌면서 울부짖기를

【계송 146】

我道之興替가　　　　　　但在於今日이라 하야

向天陳願志하고　　　　　　便縱火焚之하니

우리 도교의 흥망성쇠가

오직 오늘에 달렸다고 하면서

하늘을 향해 소원을 빈 뒤에

불을 놓아 붙이니

【계송 147】

道經盡爲灰나　　　　　　梵經完不燒하고

舍利直上空하야　　　　　　放五色光明이라.

도교의 경은 모두 재가 되었으나

범경(梵經)은 전혀 타지 않고

사리는 곧장 하늘로 솟아올라

오색의 광명을 뿜었다.

【게송 148】

映蔽白日光이요　　　　　旋環如盖覆할새
摩藤涌在空하야　　　　　廣現諸神變하고
그 빛은 햇빛을 가려 버리고
다시 일산같이 둥글게 서리매
마등법사는 허공으로 솟아올라
갖가지 신변(神變)을 나투고

【게송 149】

出大梵音聲하야　　　　　歎佛功德海하고
又說出家德호대　　　　　諸善中第一이라 하니라.
우렁찬 범음성(梵音聲)을 내어
부처님의 바다 같은 공덕을 기리고
출가의 공덕을 찬탄하시되
모든 선행 중에 제일이라 하셨다.

【게송 150】

帝聞大忻悅하고　　　　　群疑亦皆息하니
爾時諸大臣과　　　　　尊卑士女等
황제가 듣고 매우 기뻐하였고
모든 의혹도 모두 멈추니
모였던 모든 대신들과
높고 낮은 선비 숙녀들 중에

【게송 151】

| 一千三百人이 | 一時俱出家하고 |
| 彼諸道士衆도 | 亦順伏出家하니라. |

1천3백 사람이

한꺼번에 출가하고

모든 도사들도

승복하고 출가한 이가 많았다.

영평 14년(서기 71) 신미 정월 초하루, 오악(五嶽) 여러 산의 모든 도사들이 조정(朝正: 황제께 합동으로 세배드리는 모임) 끝에 "천자께서 우리 도법(道法: 도교의 법)을 버리시고 멀리 오랑캐의 교법을 구하시니, 지금 조정에 모인 김에 항의하자"라고 의논하고는 다음과 같은 표(表)[4]를 올렸다.

"오악 18산의 도관(道觀: 도교의 절)에 있는 태상삼동(太上三洞: 도교 최고의 신)의 제자 저선신(褚善信) 등은 죽을 죄를 무릅쓰고 사뢰나이다. 저희들이 듣잡기로는 태상(太上)은 형상도 이름도 없으시고 이길 이도 높을 이도 없으시며 텅 비었으되[虛無] 자연스러워서 큰 도[大道]가 조화(造化: 천지가 생겨남) 이전부터 나왔으니, 오랜 옛[上古]부터 함께 받들었고 백 왕이 바꾼 적이 없었습니다.

하온데 이제 폐하께서는 희황(羲黃)[5]과 요순(堯舜)[6]을 능가하는 도와 덕을 지니셨거늘 근본을 버리고 끝을 좇으시면서 교법을 서역에

---

4) 표(表): 高位者에게 올리는 글을 表라 한다. 《文選》의 李善注에 의하면 表는 일의 순서를 밝혀 主上을 깨우쳐서 충성을 다할 수 있는 것이라 하였다. 夏・殷・周 3대에는 敷奏라 하였는데, 秦에서 고쳐 表라 하였다. 秦과 漢代에는 表와 上書를 竝稱하였는데, 漢・魏 이후는 오로지 表라 하였다.

서 구하시니, 섬기시는 바는 오랑캐의 신이요, 말하는 내용은 중국
〔華夏〕⁷⁾에 맞지 않사옵니다.

바라옵건대 신 등의 죄를 용서하시고, 그들과 더불어 시험할 것을
허락해 주옵소서. 신 등 여러 산의 도사들은 대부분 꿰뚫어 보고 멀

---

5) 희황(羲皇): 太昊 伏羲氏와 黃帝 軒轅氏.

1. 太昊 伏羲氏: 상고 시대의 제왕. 복희를 또는 伏戲·虙戲·宓犧·包犧·庖犧
라고도 한다. 風씨 성이다. 처음으로 八卦를 짓고 書契를 만들었으며, 사냥하고 고기
잡으며 목축하는 것을 백성에게 가르쳤다. 陳에 도읍하여 재위 115년에, 뒤로 15대를
전하여 무릇 1260년 동안 이어졌다고 한다.

2. 黃帝 軒轅氏: 상고 시대의 제왕. 少典氏의 아들. 성은 公孫이며, 姬水에서 자
랐기에 또한 姬를 성으로 삼는다. 土德으로 임금이 되었고, 흙은 누런색인 까닭에
黃帝라고 부르게 되었다. 大撓에게 명하여 甲子를 짓게 하였으며, 倉頡에게 명하여
六書를 짓게 하였으며, 伶倫에게 명하여 律呂를 정하게 하였으며, 隸首에게 명하여
算數를 정하게 하였다. 또한 岐伯에게 자문하여 內經을 지어 처음으로 의약 처방의
길을 열었다. 그의 아내 螺祖는 또한 누에를 치고 실을 잣는 것을 가르쳐 의상의 제
도를 처음으로 열었다고 한다. 100년을 재위에 있었다고 한다.

6) 요순(堯舜): 唐堯와 虞舜.

1. 唐堯: 옛 성인으로 帝嚳의 둘째아들이다. 伊에서 태어나 耆로 옮겼으므로 伊耆
氏라고 하고, 처음에 陶에 피봉되었다가 후에 唐으로 옮겼으므로 陶唐氏라고도 일
컬어지며, 호는 堯이다. 역사가들은 唐堯 또는 放勳이라 일컫는다. 그의 형 摯를 이
어 제위에 올라 덕스러운 정치를 베풂에 백성들이 康衢歌와 擊壤歌 등을 지어 불렀
다. 아들 丹朱가 어리석어 夷人인 舜에게 임금자리를 물려 주었다. 재위 98년이었
다고 한다.

2. 虞舜: 옛 성인으로 성씨는 姚이다. 처음에는 畎畝에 머무르니 그의 지극한 효성
에 감화받아 많은 백성들이 따랐다. 唐堯가 그를 발탁하여 섭정을 시켰더니 四凶(驩
兜·共工·鯀·三苗)을 제거하고, 일을 잘 처리하는 여덟 현인인 八元과 사물에 잘 화
합하는 여덟 현인인 八愷를 등용하여 천하를 크게 다스렸다. 섭정 30년에 제위의 선
양을 받으니 有虞氏라 일컬어지게 되었다. 호를 舜이라 하며, 역사가들은 虞舜 또는
重華라 일컫는다. 후에 남쪽으로 순행을 하다가 蒼梧의 들녘에서 돌아가시니 임금
의 자리에 있은 지 18년 만이었다. 아들 商均이 어리석어 禹에게 자리를 전하였다.

7) 화하(華夏): 고대 황하 유역에 한정되어 거주하였던 민족을 '華夏'라 불렀으며,
漢나라가 건립되어 화하족이 보다 다양한 계열의 종족과 결합하여 역사상의 漢族으
로 성립된 후로는 현대에 이르기까지 '漢族'이란 명칭이 이를 대신하여 중국 민족을
통칭하게 되었다. 이에 '華夏'라 함은 지역적으로는 漢族의 발원지를 중심으로 일컫
는 협의의 중국을, 민족적으로는 다소 순수한 漢族의 혈통을 강조하는 말로써 쓰여
진다.

리 들으며 경전을 널리 통달하여 원황(元皇: 옥황상제) 이래의 태상군록(太上群錄)과 대허부주(大虛符呪)를 익숙히 단련해서 극진한 경지에 도달하지 않은 이가 없습니다. 혹은 귀신을 다그쳐 부리며, 혹은 불에 들어가도 타지 않으며, 혹은 물에 들어가도 빠지지 않으며, 혹은 한낮에 하늘에 오르기도 하며, 혹은 몸을 숨기는 기술이 헤아릴 수 없으며, 나아가서는 방술(方術: 몸을 조련하는 방법과 기술)이나 약이(藥餌: 약을 만들어 먹는 기술이니, 주로 신선이 되기 위한 방법)에 이르기까지 못하는 것이 없사옵니다.

바라옵건대, 그들과 겨룰 기회를 주신다면 첫째 성상의 뜻이 편하실 것이요, 둘째 진실과 거짓을 가릴 수 있을 것이요, 셋째 대도(大道)의 실체가 드러날 것이요, 넷째 중화의 풍속을 어지럽히지 않을 것이옵니다. 신 등이 만일 진다면 마음대로 중한 꾸지람을 내려 주시고, 만일 이긴다면 허망한 무리를 제거해 주소서.”

황제는 칙서(勅書)로 상서령 송상(宋庠)을 장락궁(長樂宮)으로 불러 그 달 15일을 기하여 백마사에 모이게 하였다.

도사들은 세 단(壇)을 꾸미고 서른네 문(門)을 연 뒤에 남악도사 저선신(褚善信)과 화악의 유정념(劉正念)과 북악의 환문도(桓文度)와 동악의 초득심(焦得心)과 중악의 여혜통(呂慧通)과 곽산·천목산·오대산·백록산 등 18산의 도사 기문신(祈文信) 등 도합 6백90명은 제각기 영보진문(靈寶眞文)과 태상옥결(太上玉訣)과 삼원부록(三元符籙) 등 5백9권을 가지고 와서 서쪽 단에 모시고, 모성자(茅成子)·허성자(許成子)·노자(老子) 등 27명의 경서 3백15권은 중앙의 단에 모시고, 모든 신께 공양할 음식은 동쪽 단에 올리고, 부처님의 사리와 경과 불상은 도교의 서쪽에 모셨다.

도사들은 침향(沈香)으로 횃불을 만들어 들고 경을 돌면서 울음 섞어 고하였다. "신들은 태극(太極)이시며 대도(大道)이시며 원시(元始)이신 천존(天尊)과 중선(衆仙)과 백령(百靈)에게 사뢰나이다.

이제 호신(胡神)이 중화를 어지럽히니 인주(人主)가 삿됨을 믿어 정교(正敎)가 자취를 잃고 현풍(玄風)의 맥이 끊이게 되겠기에, 신들은 감히 경전을 단 위에 모시고 불로 증명해 보여 어리석은 무리들의 마음을 일깨워 참과 거짓을 가릴 줄 알게 하고자 하옵니다" 하고는 그들의 경에다 불을 지르니 경은 불길을 따라 사라졌다.

그러나 불경은 엄연히 남아 있었고, 사리는 공중으로 솟아올라 오색 광명을 뿜으면서 고리 모양으로 돌아 대중의 머리 위를 덮었고, 마등법사는 허공으로 솟아올라 널리 신통 변화를 나투었다.

그때 하늘에서는 보배꽃을 뿌리고, 또 하늘 음악이 울려 사람들의 마음을 감동시키니, 대중이 모두 기뻐하여 축법란 법사를 돌면서 설법(說法)[8]해 주시기를 청하였다.

이때 법사가 우렁찬 범음(梵音)으로 부처님의 공덕을 찬양하고, 또한 대중으로 하여금 삼보의 명호를 찬탄케 하고, 다시 모든 요긴한 법을 설하신 뒤에 "출가하는 복이 가장 높고, 처음으로 절을 세우면 범천과 같은 복을 받느니라" 하셨다.

이때 사공 양성후 유준(劉峻)은 궁인(宮人)·선비·민간인 등 1천여 명과 함께 출가했고, 오악의 여러 산의 도사 여혜통 등 6백28명이 출가했고, 여러 궁전의 비빈과 시중들 2백30명이 출가했다. 도사 저

---

8) 설법(說法): 부처님의 가르침을 여러 방법에 의해 사람들에게 說해 전하는 것. 《思益梵天所問經》 권2에 다섯 종류의 說法을 말하고 있으니, 진리에 꼭 맞는 말씀에 의한 言說說法, 상대의 능력과 성질에 따른 隨宜說法, 깨달음에 이르게 하기 위하여 구체적인 방법을 마련한 方便說法, 위대한 진리를 설하여 깨달음의 길을 보이는 法門說法, 중생을 구원하기 위하여 큰 자비와 불쌍히 여기는 마음을 일으키는 大悲說法 등이 그것이다.

선신은 기절하여 죽었고, 그밖에 승복치 않고 혀를 물고 죽은 이가 50
여 명이었다.

이때 황제가 크게 기뻐하여 열 곳에 절을 지었는데, 성 밖의 일곱
곳은 비구를 살게 하고 성 안의 세 곳은 비구니를 살게 하였다.[9]

【계송 152】

自漢至於唐히　　　　　貝牒多出來어늘
譯之成部裘하니　　　　六千有餘軸이라.

한(漢)나라부터 당(唐)나라까지
패엽(貝葉: 牒)이 많이 나왔는데
모두 번역하여 책을 만드니
6천여 축(軸: 권)에 이르니라.

서진(西晉)[10] 때 번역한 경이 2백60부며, 세운 절이 1백80곳이며,
승니(僧尼)는 3천7백 명이다. 동진(東晉)[11] 때 번역한 경이 2백60부
며, 세운 절이 1천7백68곳이며, 승니는 2만4천 명이다.

---

9) 城內女尼: 부처님 낭시 코살라국의 수도 사밧티에 사는 장자의 딸로 태어난 웃
파라반나(Utpalavarṇā, 蓮華色尼)는 뛰어난 미모로 인해 혼기에 접어들자 수많은 구혼
으로 곤란을 겪다가 부친의 권유로 출가하여 곧 깨달음을 얻고 신통력을 갖춘 아라
하이 되었다 사밧티 근교 안다바나(어두운 숲이라는 뜻)라는 숲 속에 머물며 탁발로
생활하던 그는 평소 사모하던 사촌오빠인 아난다에게 음욕을 강제당하는 일을 겪게
되자, 부처님께서 코살라국의 파세나디왕에게 요청하여 王城 내에 園林을 개방해 비
구니들을 머무르게 하였으니, 이때부터 비구니들은 숲 속이 아닌 마을 안에 머물면서
수행하게 되었다 한다.
10) 서진(西晉): 중국의 朝代名. 265~316. 司馬炎이 洛陽에 도읍하였으며, 흉노에
의해 멸망하기까지 모두 4帝 52년의 통치.
11) 동진(東晉): 중국의 朝代名. 317~420. 司馬睿가 동진에 이어 建康에 도읍하였
으며, 宋 武帝에 의해 멸망하기까지 모두 11帝 104년의 통치.

송(宋)[12] 때 번역한 경이 1백10부며, 세운 절이 1천9백13곳이며, 승니는 3만6천 명이다. 제(齊)[13] 때 번역한 경이 72부며, 세운 절이 2천10곳이며, 승니는 3만2천5백 명이다. 양(梁)[14] 때 번역한 경이 2백30부며, 세운 절이 2천8백46곳이며, 승니는 8만3천2백여 명이다. 후량(後梁)[15] 때 세운 절이 1백80곳이며, 승니는 3천2백 명이다.

진(陳)[16] 때 번역한 경이 11부며, 세운 절이 1천2백32곳이며, 승니는 3만2천 명이다. 원위(元魏)[17] 때 번역한 경이 49부며, 지은 절이 3만8백50곳이며, 승니는 2백만 명이다. 고제(高齊)[18] 때 번역한 경이 14부며, 세운 절이 43곳이며, 승니의 수는 전하지 않는다. 주(周)[19] 때 번역한 경이 16부며, 세운 절이 9백31곳이다. 수(隋)[20] 때 번역한 경

---

12) 송(宋)→유송(劉宋): 중국의 朝代名. 420~479. 司馬氏의 東晉을 대신하여 建康에 건국하여 宋이라 이름하였으니 南朝 최초의 왕조로서, 蕭道成의 齊에 의해 대치되기까지 모두 8帝 60년의 통치.

13) 제(齊): 중국의 朝代名. 479~501. 劉宋을 대신하여 蕭道成이 개국하니 南齊라고도 하며, 高帝 蕭道成으로부터 和帝 蕭寶融에 이르기까지 모두 7帝 23년의 통치.

14) 양(梁): 중국의 朝代名. 502~557. 蕭씨의 南齊를 대신하여 蕭衍이 개국하여 梁이라 일컬으니, 敬帝 蕭方智에 이르기까지 모두 4帝 56년의 통치.

15) 후량(後梁): 중국의 朝代名. 907~923. 唐의 절도사였던 朱溫이 唐 哀帝를 폐하고 국호를 梁이라 하여 開封에 도읍하니 역사에서는 後梁이라 부르며, 後唐에 멸망하기까지 모두 3帝 17년의 통치.

16) 진(陳): 중국의 朝代名. 557~589. 梁의 관리였던 陳覇先이 侯景을 토벌하는 과정에서 힘을 키워 梁을 대신하여 建康에 도읍하였으니, 隋에 멸망하기까지 모두 5帝 33년의 통치.

17) 원위(元魏): 중국의 朝代名. 386~409. 鮮卑族인 拓跋珪 道武帝로부터 孝武帝 拓跋脩에 이르기까지 12帝 149년의 통치, 역사에서는 三國의 魏와 구별하여 北魏 또는 後魏라 일컫는다.

18) 고제(高齊): 중국의 朝代名. 550~577. 高洋이 北魏를 이어 稱帝하고 齊를 건국하니 역사에서는 高氏의 齊라는 의미로 高齊 또는 北齊라 일컬으며, 北周에 멸망하기까지 6帝 28년의 통치.

19) 주(周): 중국의 朝代名. 557~581. 宇文覺이 西魏를 대신하여 국호를 周라 하고 長安에 도읍하니 역사는 이를 北周라 부르며, 隋에 멸망하기까지 모두 5帝 25년의 통치.

이 82부며, 세운 절이 3천9백85곳이며, 승니는 23만6천2백 명이다.

한(漢)의 영평(永平)으로부터 진(晉)의 영가(永嘉)에 이르기까지[21] 겨우 42개소의 절밖에 없더니, 후위(後魏)가 낙양에 도읍한 뒤로 세운 절이 1천여 곳이며, 후조(後趙)가 업(鄴)에 도읍을 정하고 세운 절이 8백여 곳이었으니, 이들 1천6국에서도 경을 번역하고 절을 세우고 승니를 기른 일이 없지 않으나 이들은 거짓나라[僭僞]이기 때문에 수록하지 않는다. 또 당(唐)과 오대(五代)로부터 대송(大宋)과 금(金)에 이르기까지는 기록에서 빠졌다. 그러나 불교가 융성하기로는 당·송·금의 세 왕조 같은 때가 없었으니, 비록 그 기록이 없더라도 위의 일에 준하면 (그때의 모습을) 알 수 있을 것이다.

《대장음의(大藏音義)》 서(序)에서는 다음과 같이 말한다.

"부처님의 일대시교[一代經藏]를 《전법륜경(轉法輪經)》부터 《대열반경(大涅槃經)》까지, 처음에서 마지막까지를 추심하건대 통틀어 1백여 부며, 각 부마다에 권수는 몇곱이나 되어 헤아리기 어렵다.

금관(金棺)이 광채를 거두신 뒤로 천년 뒤에 때마침 나한보살[羅漢開士]과 삼장비구[三藏除饉: 獅子 존자 때의 일][22]가 같은 시대에 대

---

20) 수(隋): 중국의 朝代名. 581~604. 北周의 공신으로 隋國公에 책봉된 楊忠의 아들 楊堅이 北周를 이어 隋를 선국하고 선국을 통일하였으니, 제3대 恭帝에 이르기까지 모두 3帝 37년의 통치.

21) 東漢 제2대 明帝 永平 원년은 58년이며, 西晉 제3대 懷帝는 永嘉 7년(313)까지 재위하였으니, 도합 2백50여 년에 이르는 기간을 말한다.

22) 나한보살[羅漢開士]과 삼장비구[三藏除饉]는 제5조 제다가(提多迦) 존자 때 교단이 상좌부와 대중부 두 좌로 나뉘어 싸운 일로 보이는데, 그 근거는 아직 보지 못했다. 단 짐작컨대 나한보살은 나한, 즉 소승이면서 보살, 즉 대승인 사람이니 진보성향이 대중부요, 삼장비구는 삼장은 소승이란 뜻이요, 원어의 제근(除饉)은 범어 비구의 여러 번역 중의 하나이니, 철저한 소승비구라는 뜻으로서 상좌부를 가리킨다고 본다. 이 법난으로 교단이 약해져서 경전이 용궁으로 들어갔다는 것이다. 그러나 불멸 후 천년이라 한 것을 보면 제24조 사자 존자 때의 법난으로 보아야 할 것이나, 그때의 법난의 주체는 외도였기에 역시 꼭 맞지 않는다.

립하여 두 문하의 제자들이 서로 비방하고 그 스승을 죽이기까지에 이르니, 이로부터 사마외도가 번성하여 정교(正敎)를 침손(侵損)시켰다. 이에 사갈대용(沙竭大龍)이 부처님의 유촉(遺囑)에 따라 경과 율을 싸가지고 용궁으로 들어가 봉안하니 이것이 해장(海藏)이다.

그뒤 마등과 법란 등 여러 대덕들이 제각기 서축(西竺)에서 용장에 넣고 남은 경전들을 가지고 동진(東震)에 와서 번역하여 여러 대에 전파한 것이 4천4백여 권이며, 잡록(雜錄)과 전기를 겸하면 도합 6백39함(函)이다. 아! 이것이 바로 부처님해〔佛日〕의 남은 빛이요, 깨달음바다〔覺海〕의 한 방울이니, 마치 가는 먼지 하나로 땅덩이를 알고, 한 줄기 풀로 수미산을 짐작하는 격이다.”

또《석씨회요》에서는 “한 명제 정묘(67)년에서 당나라 개원 경오(735)년까지 세상에 유포된 대승의 삼장은 모두 6백86부로서 도합 2천7백62권이며, 소승의 삼장은 모두 3백30부로서 도합 1천7백62권이니, 이를 모두 합산하면 4천5백7권[23]이 된다” 하였다.

【계송 153】

歷代諸帝王과	及與臣僚衆이
同心大弘闡하니	國泰亦身安이라.

역대의 모든 제왕과
그리고 신료들이
마음을 모아 크게 천양하니
나라도 태평하고 일신도 편안하다.

---

23) 일곱 권의 차이가 나니 板刻이나 傳寫의 잘못인 듯.

【게송 154】

其有毁謗者는　　　　　現世便招殃하고

後苦亦應大니　　　　　悔之何所及이리요.

만일 헐뜯고 비방한 이는

현세에 당장 재앙을 받고

후세의 고통도 응당 크리니

그때에 뉘우친들 어찌 미치랴?

　아! 위에 나열한 바와 같이 역대 여러 나라에서 왕공과 대신이 경을 번역하고 절을 세워 성화(聖化)를 빛내고 중생을 널리 이롭게 하였으니, 부처님의 유촉을 받은 홍법 대사가 아니라면 어찌 이럴 수 있었겠는가? 간혹 비방을 해서 재앙을 받은 이가 있으니 딱하기도 하여라. 어찌하여 적은 미혹을 버리지 못하고 영원토록 받는 큰 고통에 걸려드는가? 이런 사례는 전기(傳記)에 많이 수록되었는지라 다 수록할 수 없기에 여기에 몇 가지만 간략히 인용하여 보인다.

　위(魏)의 태무제(太武帝: 446)가 초기에는 불법을 존중하고 공경하여 항상 고승을 청하여 이야기를 나누고, 불상을 많이 모시고 갖가지로 공양하였다. 그러다가 불교를 싫어하던 사도(司徒) 최호(崔浩)[24]라는 이가 황제와 이야기할 적마다 자주 불교를 비방하였는데, 황제는 그의 말재주를 아껴 그를 신임하면서 차츰 불교를 멀리 대하게 되었다.

---

24) 사도(司徒) 최호(崔浩): 司徒는 관직명으로 周代에는 六官의 하나로서 禮節로 백성을 교화하는 관직이었으며, 漢代에는 大司徒라 하여 大司馬·大司空과 나란히 三公에 나열되었고, 북위 때는 재상의 직이었다. 崔浩는 국가 정책을 좌우했던 군정의 최고 고문의 지위에까지 올랐던 인물로서, 寇謙之와 함께 북위 때의 폐불을 주도하였다.

그뒤 황제가 서쪽 지방을 돌다가 장안에 이르러 어느 절에 들어가서 구경을 하는데, 사문들이 모임을 열어 술을 마시고 있었다. 그 방에 들어가서 보니 재물과 무기〔弓矢〕와, 그리고 관리〔牧守〕나 부자들이 맡겨둔 귀중한 물건들이 있었다.

황제가 이로 인해 미움이 생겨 장안의 사문을 다 죽이고 불상을 모두 파괴하라고 당장에 영을 내리고, 다시 천하에 영을 내려 "장안에서와 같이 시행하되 만일 사문을 숨겨 주는 자가 있거든 그 가문까지 모두 베라" 하였다. 그는 또 다음과 같은 조서를 내렸다.

"옛날 한후(漢後: 후한 명제)가 미쳐서 삿되고 거짓된 것을 믿고 홀려서 천상(天常)을 어지럽혔기 때문에 바른 교법이 시행되지 않고, 예의가 크게 무너져서 귀신의 도만 번성하고 왕을 대하는 법도가 씻은 듯이 없어졌다. 그로부터 대를 이어가면서 환란이 일고 천벌이 극심하게 퍼져 백성들이 거의 다 죽었고, 영토〔五服〕[25] 안이 차츰 빈 터로 변하고 천리 안이 황량해서 사람의 자취를 볼 수 없게 되었으니 그것은 모두 이 때문이다.

짐(朕)이 천서(天緖: 天子의 법통)를 이어받았는데 때마침 궁색한 운수의 폐단을 만났다. 그러므로 거짓을 제거하고 진실을 확정지어 희농(羲農: 복희씨와 신농씨)의 정사를 회복하고 호신(胡神)을 쫓아내어 그 자취를 소멸코자 하노라. 오늘 이후에 만일 호신을 섬기는 자와 그 형상을 진흙이나 구리인형으로 만드는 자가 있거든 가문까지를 모두 베도록 하노니, 이는 모두가 한(漢) 시대의 유원진(劉元眞)과 여백강(呂伯强)[26] 등이 거지오랑캐의 허탄한 말을 받아들이고는 장로(莊

---

25) 오복(五服): 왕이 다스리는 王畿를 중심으로 천하를 순차적으로 다섯으로 나누어 甸服·侯服·綏服·要服·荒服이라 일컫는다. 한 服은 각각 5백 리이다.

老)의 허무하고 거짓된 주장으로써 덧붙이고 보탠 것이나 모두가 진실이 아니므로, 마침내 왕법(王法)으로 폐지시켜 시행치 못하게 하는 바이다. 세상에는 뛰어난 사람이 있어야 뛰어난 일을 하는 것인데, 짐이 아니면 누가 이 여러 대를 전해 온 거짓된 물건을 제거해낼 수 있으리요. 모든 불상과 호경(胡經)은 모두 쳐부수거나 불에 태우고 사문은 노소를 막론하고 모두 묻으라” 하니, 이해는 진군(眞君) 7년 3월이었는데, 13년 2월에 이르러 태무제는 문둥병에 걸려 죽었다.[27]

북주(北周)의 무제(武帝: 574)가 불교를 파괴하려 할 때 정애(靜藹)라는 사문이 있었는데, 젊고 덕이 높아 도속(道俗)의 귀의를 받고 있었다. 그가 이 소식을 듣자 “이미 부처님의 제자가 되었을진대 어찌 이런 몰락을 보고서도 이 몸뚱이를 주저앉혀 태연스러이 자신만의 고요함을 누리리요” 하고는 곧 표를 올려 항의하였더니, 황제가 비록 그 말은 받아들였으나 마음에는 이미 결정된 바가 있는지라 짐짓 허용하지 않았다.

정애는 마침내 남산으로 들어가 돌 위에다 “원컨대 이 몸을 버린 뒤에 이 몸이 자유로워져서 이익을 줄 수 있는 곳마다에서 법을 지키고 중생을 구제하여지이다……”라는 게송을 쓰고는 스스로 자신의 살을 베어 돌 위에 늘어놓고 창자를 꺼내 나무에 건 뒤 가슴에 손을 얹고 죽었다.

또 의주(宜州)의 사문 도적(道積)이 뒤이어 나서서 간했으나 그의

---

26) 유원진과 여백강에 대한 자세한 전기는 전하지 않는다. 다만 《위서》 〈석로지〉에 의하면 漢代부터 北魏까지의 봉불자로서 유명하다. 특히 유원진은 쓷法心(286~374)이 사사할 정도로 심오한 경지를 체득하였다고 한다.

27) 역사에서는 太武帝의 태자 晃〔恭宗〕이 太平眞君 12년(451)에 죽고, 이듬해엔 태무제도 宗愛 등의 폭동으로 살해되었으며, 태자의 장자가 제4대 文成帝로 즉위하여 그해 11월에 復佛을 단행한 것으로 기록되어 있다.

말을 받아들이지 않거늘, 드디어 동지 일곱 명과 미륵상 앞에 나아가 먹지 않고 예참하기 칠일 만에 한꺼번에 서거하였다.

제(齊)의 승광(承光: 578)[28] 춘분에 황제가 사문들을 모아 놓고 이렇게 말하였다.

"짐이 천명을 받들어 천하를 편안케 하거늘 세상에는 삼교(三敎)가 퍼지고 있으니, 이제 모두 폐지하노라. 그러나 유교는 문장으로써 정술(政術)과 예의와 충효를 넓히므로 세상에 이익되는 점이 있으므로 남겨두어야 되겠다. 그러나 우선 참부처〔眞佛〕는 형상이 없는지라 멀리서 공경하는 마음을 표시하면 되거늘, 불경(佛經)에는 부도와 탑을 높이 세우기를 널리 찬탄해서 장려(壯麗)하게 축조해서 복을 부르는 일이 지극히 많으나 이들은 실로 무정물(無情物)인데 어찌 복을 줄 수 있으리요. 어리석은 사람은 무조건 믿어서 소중한 재물을 탕진하기까지 헛된 낭비만 있으므로 모름지기 소탕해야겠으니, 모든 경상(經像)은 다 부수어 없애라. 부모의 은혜가 막중하거늘 사문은 공경치 않으니 매우 패역한 무리들이다. 모두 집으로 돌려보내 효도와 생업〔治〕을 숭상케 하라. 짐의 뜻이 이러한데 여러분의 생각은 어떠한가."

이때 사문 상통(上通) 등 5백여 명이 모두가 겁에 질린 얼굴을 마주보면서 고개를 떨구고 눈물만 흘리고 있었는데 **혜원**(慧遠)이라는 법사가 나서서 대답하였다. "참부처는 형상이 없다 하심은 진실로 천지(天旨)와 같습니다. 하오나 눈과 귀에 의존하는 중생들은 경을 의지하여 부처님의 말씀을 듣고 불상을 의지해서 참모습을 표현하는데, 이제 모두 폐지하시면 불교가 일어날 길이 없사옵니다." 황제가 대꾸

---

28) 2년 北齊 제5대 後主의 隆化 2년에 幼主 恒이 즉위하여 연호를 承光으로 改元하였으나 같은 해 나라가 망한 까닭에 그 2년은 있을 수 없다. 이 두번째의 법난은 북주 武帝 建德 6년(577)의 일이다.

하되 "허공이 참부처라 함은 모두가 아는 터이니 경이나 불상을 의지할 필요가 없느니라" 하자, 혜원이 다시 "한 명제 이전, 경과 불상이 이 땅에 오기 전에는 어찌하여 허공이 참부처인 줄 몰랐습니까. 만일 경교(經敎)를 의지하지 않고도 스스로가 법을 알 수 있다면 삼황(三皇) 이전 아직 문자가 생기기 전에 문자가 없어도 사람들은 응당 스스로 오상(五常) 등의 법을 알았어야 하거늘, 그때 사람들은 어찌하여 어미만 알고 아비를 몰라서 마치 새나 짐승과 같았나이까" 하니, 황제가 대답이 없었다.

혜원이 다시 "만일 형상이 무정물이라 해서 복이 없다고 폄하하신다면, 국가의 칠묘(七廟)에 모신 형상은 유정물이라서 허망되게 높여 섬기십니까" 하니, 황제가 이 물음에는 대답치 않고 "불경은 외국의 법이라 이 땅에는 필요치 않으므로 폐하려는 것이요, 칠묘는 옛날에 세운 것이나 짐도 그것을 옳다고 여기지 않으므로 함께 폐하려 하노라" 하였다.

혜원이 다시 말하였다. "만일 외국의 법이어서 이 땅에 필요치 않다면 중니(仲尼)의 말씀은 노국(魯國)에서 나왔으니 진(秦)이나 진(晉) 지방에서는 시행되지 않아야 할 것이며, 또 칠묘가 그르다 하여 폐하려 한다면 이는 조(祖)와 고(考)를 높이지 않는 것이니, 조와 고를 높이지 않는다면 높고 낮음[昭穆]의 질서를 잃을 것입니다. 그렇다면 앞에서, 유교는 남겨둔다 하신 말씀은 어디로 갔으며, 만일 삼교를 함께 폐지하신다면 무엇으로 나라를 다스리시겠습니까?" 황제가 "노나라와 진·진은 비록 구역은 다르나 모두 한 왕의 교화에 속하므로 불경에 대한 비난과는 다르니라" 하니, 혜원이 대답하되 "만일 노나라와 두 진나라가 한 왕의 감화를 받는다 하여 경교(經敎: 가르침)가 통용될 수 있다면, 진단(震旦: 중국)과 천축도 나라 경계는 다르나 모두가 염부제(閻浮提)의 사해(四海) 안에 한 윤왕(輪王)[29]의 감화에 놓였거늘 어찌 불경을 함께 준봉(遵奉)치 않고, 지금 그것만 폐하려 하십니까?" 하니, 황제는 또 대답이 없었다.

혜원이 다시 "승가에서 물러나 집으로 돌아가야 효도를 숭상할 수 있다면 공자님의 경에도 '출세〔立身〕하고 도를 행하여 부모의 (명예를) 드러내야 곧 효행이라' 하셨거늘, 어찌 기어이 집으로 돌아가야 하옵니까" 하니, 황제가 "부모의 은혜는 막중하여 물자를 바치면서 평화로운 안색으로 봉양해야 할 것이거늘 친한 이는 버리고 성근 쪽을 향하니, 그것은 완전한 효도가 아니니라" 하였다.

혜원이 다시 "만일 분부대로라면 폐하의 주변 사람들에게도 모두 양친이 있거늘 어찌하여 풀어 주지 않고 길게는 5년 동안이나 역사를 시켜 부모를 찾아뵙지 못하게 하십니까" 하니, 황제가 "짐도 역시 그들을 순번에 따라 고향에 보내서 봉양케 하느니라" 하였다.

혜원이 다시 "부처님께서도 역시 승니들로 하여금 인연 따라 도를 닦다가 봄과 가을에는 집에 돌아가 봉양케 하셨습니다. 그러므로 목련(目連)이 걸식을 해다가 어머니를 봉양하였고, 여래께서는 관(棺)을 메고 장례에 임하셨으니,[30] 이 이치가 하나로 트였는지라 이것만을 폐지할 수 없습니다" 하였으나, 황제가 대답이 없거늘 혜원이 소리

---

29) 윤왕(輪王): 범어 Cakra-varti-rājan의 번역으로, 斫迦羅伐辣底遏羅闍遮加越 등으로 음역하며, 轉輪王・轉輪聖王・轉輪聖帝・飛行轉輪帝・飛行皇帝 등으로 불린다. 輪寶(현재의 戰車에 해당)를 굴리는 왕이라는 뜻. 七寶(輪・象・馬・珠・女・居士・主兵臣)를 가지고 四德(長壽: 번민이 없음, 용모가 뛰어남, 보배가 곳간에 그득함)을 갖추었으며 正法으로 須彌四州의 세계를 통솔한다고 생각된 신화적 이상적인 왕. 佛典에서는 가끔 불타와 비교되기도 하고, 또 불타의 설법을 輪寶를 굴리는 것에 비유하여 轉法輪이라고 한다.
30) 부처님의 부친인 정반왕이 세상을 뜨자 아난과 난다 등이 왕의 관을 멜 것을 희망하였으나, 부처님은 중생에게 예법을 펴기 위해 몸소 부왕의 관을 메었다.

를 버럭 지르면서 "폐하께서 지금 세력을 믿고 마음대로 삼보를 파괴하시니, 이는 삿된 소견을 가진 사람입니다. 아비지옥은 귀천을 가리지 않거늘 폐하는 어찌하여 두려워하지 않으십니까" 하였다.

황제가 발끈 얼굴빛을 고치고 혜원을 쏘아보며 "백성들을 편안케 할 수 있다면 짐은 지옥의 고통도 두려워하지 않는다" 하니, 혜원이 "폐하께서 삿된 법으로 사람들을 교화하여 현세에 괴로움의 씨앗을 심게 하신다면 반드시 폐하와 함께 아비지옥에 떨어지리니 무슨 즐거움이 있겠습니까" 하였으나 황제는 역시 대답치 않고, 다만 "승려들은 우선 돌아가라" 하였다.

이때 모든 사원을 헐고는 모두를 왕공(王公)에게 주어 저택을 삼게 하고 승려 3만 명을 퇴속시켜 모두 군인이나 평민으로 복귀시키는 한편 호적에 편입시켰으며, 불상을 깨뜨려 녹이고 경전을 불태우고 삼보의 재물은 왕궁 재산으로 편입시키더니, 황제는 한 달이 지나기 전에 염병 기운이 속에서 끓어오르는지라 운양궁(雲陽宮)에 은거하다가 이내 사망하였다.

당(唐)의 《명보기(冥報記)》에서는 다음과 같이 말한다. "천원황제(天元皇帝: 北周宣帝 578년 즉위)가 즉위하여 천하의 퇴속당한 승니들을 모아 놓고 '머리를 깎되 수염만 남기라'고 영을 내리고, '전에 왕공에게 주었던 모든 사찰들은 되돌려서 절을 만들어 사문들에게 주어 살게 하라' 하고, 또 '궁으로 들어간 삼보의 재물은 불상을 조성하여 제각기 원자리에 모시되 모두 옛 모습과 똑같게 하라' 하니, 이로 인하여 대교(大教)가 다시 세상에 퍼졌다."

당의 《명보기》에 또 다음과 같은 이야기가 나온다.

수(隋)나라 개황(開皇) 8년에 수도의 장관 두기(杜祈)가 죽은 지 3일 만에 살아나서 자신이 염라왕을 뵈었는데, 왕이 "그대의 아버지는 무슨 관직을 지냈는가?" 하기에 "신의 아비는 주나라의 조정에서 사명 상사(司命上士)를 지냈습니다" 하였다. 염라왕이 "그렇다면 그대를 잘 못 데려왔으니 속히 방면하리라" 하고, 다시 "그대는 주제(周帝: 北 周 武帝)를 아는가?" 하기에 "매우 잘 압니다" 하자, 왕이 "가서 구경 하라"고 하였다.

이때 어떤 관리가 한 곳으로 인도하였는데 문과 창과 서까래와 기 와가 모두 무쇠로 되어 있었다. 그 철창 안에 어떤 사람이 있는데 극 심하게 야위어 몸은 무쇠빛이 되고 무쇠칼〔鐵枷鎖〕을 쓰고 있는 것 이 보였다.

두기가 이를 보자 울면서 "어르신께서는 어찌 이다지 고통을 당하 십니까?" 하니, "나는 위원숭(衛元崇)의 말을 믿고 불교를 탄압했으 므로 이런 고통을 받는 것이다" 하였다. 두기가 다시 "어르신께서는 어찌하여 위원숭의 일을 진술하셔서 불러들이지 않으십니까" 하니, "내가 이내 진술하였다. 그러나 저승관리가 그를 찾아 삼계를 다 뒤 져도 끝내 볼 수 없다고 하는구나. 만일 그가 아침에 온다면 나는 저 녁에 풀려날 것이다" 하고는 다시 "대수(大隋)의 천자는 옛날에 나 와 무관〔倉庫〕의 녹을 함께 먹었고, 문관〔玉帛〕이실 때엔 또 내가 부 관이었으니, 그대가 지금 돌아가거든 이 사실을 자세히 천자께 아뢰 어서 나를 위해 큰 공덕을 지어서 구제해 주십소사 하라. 또 위원숭 을 위해 복을 지어서 빨리 와서 나를 구원하게 해주십소사 하라. 만 일 그가 오지 않으면 벗어날 기약이 전혀 없다" 하였다.

두기가 살아 돌아와서 이 일을 자세히 이야기하니, 문제(文帝)가 듣 고 바로 영을 내려 천하 사람이 모두 한푼씩 내어 그의 명복을 빌게 하였다 한다.

당(唐) 무종(武宗: 842)의 이름은 염(炎)인데, 회창(會昌) 5년에 조

귀진(趙歸眞)과 유현정(劉玄正) 등의 말에 따라 크게 불교를 도태시켰다. 천하에 사원을 폐하라는 영을 내려 "상주(上州)에는 각각 한 곳씩만 남기고, 대도(大都)와 하도(下都)에는 가(街)마다 절 두 곳씩만 남기고, 절마다 승니 30명씩만 남기라. 천하에 폐지된 사원의 구리 불상은 염철사(鹽鐵使: 전매청)에 맡겨 돈을 붇게 하고, 막쇠로 된 불상은 녹여서 농기구를 만들고, 금이나 은으로 된 불상은 녹여서 탁지부(度支部: 재무부)에 맡기고, 귀족이나 서민들이 가지고 있는 금과 은 등의 불상은 영이 내린 지 한 달 이내에 위의 영에 따르라. 만일 어기는 자가 있으면 금고법(禁錮法)에 의하여 처분할 것이니라" 하였다.

그때 천하에 폐지된 큰 절이 4천6백여 곳이며, 아란야(阿蘭若)가 4만 곳이며, 쫓겨나서 속인이 된 승니가 26만5백 명이더니, 6년 3월에 이르러 황제가 무슨 병을 만났는데 웃었다가 성냈다가 일정치 않았다. 병이 더욱 심해지자 10여 일 동안 말문이 막혀 대신들이 뵙기를 청하여도 허락치 않으므로 안팎이 그의 안부를 알 수 없었다. 그러다가 그 달 23일에 죽으니, 그때 나이 33세였다.

선종이 즉위하여 연호를 대중(大中)이라 고치고, "파괴된 사원에 덕높은 대덕이나 명승이 있거든 복구하고 수리하여 머물게 하라"고 영을 내리고, 이어 도사 유현정 등 12명을 베니, 이로부터 삿된 바람이 당장 멈추고 부처님해가 거듭 빛나서 뭇 백성에게 의지할 곳이 생겼고, 황제의 덕은 더욱 드높아졌다.

후주(後周)의 세종 영(榮)은 현덕(顯德) 2년 을묘(955)에 영을 내려 "천하의 사원 중에 사액(賜額: 왕이 寺名을 지은 것)이 아닌 것은 모두 헐라" 하니, 계산하건대 절이 3만3백36개소이며, 불상을 헐어 돈을 붇고 퇴속시킨 비구가 4만2천4백40명, 비구니가 8천7백56명이

더니, 황제가 머지않아 심상치 않게 죽었다.

우선 위(魏) 무제와 당(唐) 무제와 주(周) 세종은 불교를 박멸하고
는 이내 심상치 않은 병을 얻어 천년(天年)을 누리지 못하고 죽은 행
적이 전기에 분명히 드러나 있으되, 후세에 죄를 받았다는 글은 전
하지 않는다. 그러나 주 무제의 예를 살피건대 알 수 있는 일이다.

또 경에서 "어떤 사람이 오역죄를 지으면 이승의 목숨이 다한 뒤에
는 창이 손을 떠나듯 아비지옥에 떨어져서 한량없는 고통을 받으며
무량겁을 지나도 벗어날 기약이 없으리니, 무엇이 오역죄(五逆罪)인
가. 첫째는 부처님의 몸에 피가 나게 하는 것이요, 둘째는 바른 법을
헐뜯고 비방하는 것이요, 셋째는 절과 탑을 파괴하는 것이요, 넷째는
아사리(阿闍梨)[31]를 죽이는 것이요, 다섯째는 화합한 승단을 깨뜨리
는 것이다. 이 다섯 가지에서 어느 한 가지만 범하더라도 지옥에 떨
어지느니라" 하였으니, 이 말씀을 믿는다면 저 여러 암주(暗主)들은
모두가 극도의 악심으로 탑과 절을 파괴하고 불상을 깨뜨려 녹이며
경전을 불태우고 모든 사문을 생매장하고 승려를 퇴속시켜 속인을
만들었으니, 이렇듯 오역죄를 골고루 짓고도 죽은 뒤에 아비지옥에
떨어져서 큰 고통을 받지 않는다면 옳지 않다. 아! 슬픈 일이로다.

또 불법을 박해하고 현전에 재앙을 부른 신료들도 한둘이 아니니,
예컨대 《천태지관론보주(天台止觀論補註)》에 다음과 같은 일을 인용
하고 있다.

북주의 재상 위원숭(衛元崇)이 불교를 박멸하기 위하여 천화(天和)

---

31) 아사리(阿闍梨): 범어 ācārya의 소리 옮김. 軌範師 또는 正行이라 번역한다. 제
자를 교수하고 제자의 행위를 바르게 하여 그 궤범이 될 수 있는 스승을 말한다. 원
래 婆羅門에서 제자에게 儀則을 가르치는 자를 말하는데, 불교 교단에서도 이 명칭
을 준용하였다.

2년에 다음과 같은 표(表)를 올렸다.

"당(唐)과 우(虞) 때는 불교가 없어도 나라가 편안했고, 제(齊)와 양(梁) 때는 절이 있어도 왕통이 끊겼으니, 나라와 백성에게 이익을 줄 수만 있다면 그대로가 불심(佛心)에 부합되옵니다. 부처란 대자비로 근본을 삼는지라 백성들을 고생스럽게 다그쳐서 흙덩이나 나무토막에 공경을 다하라는 것은 끝내 하지 않을 터이니, 청하옵건대 평영대사(平迎大寺)를 세워서 사해(四海)의 백성을 수용하실지언정 잘못된 소견의 가람을 세우고 이승(二乘)과 오전(五典)만을 봉안하는 일은 권장치 마옵소서.

평영대사라 함은 도속(道俗)을 묻지 않고 원친(怨親)을 가리지 않으며, 성황(城隍)으로 탑사(塔寺)를 삼으니, 황제가 곧 여래이십니다. 곽읍(郭邑)으로 승방(僧坊)을 삼고, 개개의 부부(夫婦)로 성중(聖衆)을 삼고, 덕 높은 이를 뽑아 삼강(三綱)[32]을 삼고, 나이 많은 이를 추대하여 상좌(上座)로 삼고, 어질고 지혜로운 이를 골라 집사(執事)로 삼고, 지략과 용맹이 있는 이를 찾아서 법사(法師)[33]로 삼습니다. 이렇게 하시면 육합(六合)에 걸주(桀紂)를 원망하는 소리가 없고 팔방(八方)에 대주(大周)를 구가하는 노래가 넘칠 것이며, 날벌레 길짐승까

---

32) 삼강(三綱): 사원의 대중을 거느리고 사무를 맡은 3인의 役僧을 말한다. 그 구분에 있어 異說이 많으니, 上座·寺主·都維那, 寺主·知事·維那, 上座·維那·典座, 已講·內供·阿闍梨 등으로 나누며, 우리나라에서는 住持·首僧·書記를 말하기도 한다.

33) 법사(法師): 佛塔(스투파, 塔寺)을 중심으로 불탑 공양을 통하여 불타를 찬미하고 숭배하는 재가 신자들을 주로 하는 집단에 의해 일어난 새로운 운동인 大乘佛敎에서 그 지도자를 法師(dharma-bhānaka)라 불렀다. 法師의 기원은 아마도 출가수행자 중에서 재가 신자들에게 불타의 전기나 비유를 설하던 전문가였던 것 같은데, 大乘의 자료에 의하면 재가 신도 중의 지도자나 혹은 출가자라도 정식의 具足戒를 받지 않은 사람들을 法師라 한다고 하였으며, 후대에 와서 불법에 통달하고 언제나 청정한 수행을 닦아 남의 스승이 되어 사람을 이끌어 가는 이를 法師라 말하게 되었다.

지도 둥지와 굴에서 편안할 것이며, 물짐승 땅짐승까지도 장생을 누릴 것이옵니다.”[34]

이런 식으로 도합 열다섯 가지 일을 진언했는데, 상소한 뒤 몸에 악창이 생겨 끝내 사망하였다.

《명보기(冥報記)》에서는 “부혁(傅奕)[35]이 무덕(無德) 초기부터 정관(貞觀) 14년까지 계속하여 부처님과 승가를 헐뜯더니, 그해 가을에 급사해서 월주(越州)의 지옥에 들어갔고, 사도 최호(崔浩)는 위(魏) 무제(武帝)를 도와 대교(大敎)를 파괴하면서 오형(五刑)의 죄를 끝까지 채우더니 죽어서 발설지옥(拔舌地獄)에 빠졌다”라고 하였다.

《법원주림전(法苑珠林傳)》에서는 다음과 같이 전한다.

“동진(東晉) 대원(大元) 19년에 도안법사(道安法師)가 양양(襄陽) 서도(西都)에서 장팔(丈八) 무량수불상 한 구를 조성했는데 자못 영험하더니, 주 무제가 불법을 파괴할 때 양주의 진장(鎭將) 손철지(孫哲志)가 불법을 좋아하지 않아 우선 이 불상을 파괴하려 하니 읍 안에 울부짖는 남녀가 길거리에 넘쳤다. 손철지가 애석해하는 이들을 보자 분노가 더 복받쳐서 시종들을 다그쳐 빨리 헐어 버리려고 밧줄로 불상의 목을 묶고 1백 명에게 당기게 하였으나 꿈쩍도 하지 않으니, 힘을 쓰지 않았기 때문이라며 일 감독한 사람의 볼기를 쳤다. 다시 1백 명을 더하여 끌게 했으나 여전히 꼼짝도 않았고, 다시 3백 명을 더

---

34) 위원숭의 상소는 三武一宗의 法難 가운데 두번째인 北周 武帝에 의한 폐불의 빌미가 되었다.

35) **부혁(傅奕: 554~639)**: 隋에서 唐에 걸쳐 활약한 도교의 道士. 北周의 폐불 때 通道觀學士가 되었으며, 후에 道士가 되었다. 무덕 4년(621)에 〈寺塔僧尼沙汰十一條〉를 올려, 국가와 국민을 이롭게 하기 위해서 사탑과 승니를 삭감해야 한다고 진언했을 때 고조가 듣지 않자 表의 내용을 널리 유포시켰으며, 후에도 지속적으로 斥佛의 상소를 올렸다. 또한 불교를 배척한 25인의 전기를 모아 《高識傳》이란 제목으로 출간하여 폐불의 기운을 높였다.

해도 여전히 움직이지 않자 다시 5백 명을 더해 끌고서야 비로소 쓰
러지는데, 그 소리가 울려 땅이 흔들리니 사람들이 모두가 두려움에
떨었다. 손철지만이 기뻐 뛰면서 '당장 부수어 녹여라' 하고, 또 '장
한 일을 해냈도다' 라고 외치고는 돌아가는데, 1백 걸음쯤 가서 갑자
기 말에서 떨어져 말문이 막혀 앞만 보고 사지를 움직이지 못하다가
그날 밤 죽으니 대중이 모두 기뻐하였다.”

이부시랑(吏部侍郎) 한유(韓愈: 한퇴지)[36]는 《간불골표(諫佛骨表)》
를 올려 “부처에게 영험이 있어 능히 화복을 준다면 모든 재앙은 저
〔臣〕에게 내려져야 마땅하옵니다” 하였다. 왕이 크게 진노하여 죽이
려 하거늘 급사중(給事中) 최식(崔植)과 여러 간관들이 연이어 상소
하여 구제해 주기를 청했고, 자신 또한 뉘우쳐서 죄를 청하니, 왕이
죽음을 면하게 하는 관대한 은전을 하사하고, 멀리 조주(潮州)로 귀
양보내니라 하였다. 이러한 종류가 그 수를 헤아릴 수 없다.

【계송 155】

法住於世間이   一萬二千年이니
正像各千歲요   末法一萬年이라.
불법이 세상에 머무는 시기가
도합 1만2천 년인데

---

36) 한유(韓愈: 768~824): 唐 중기의 문학자이자 철학가로서 唐宋八大家 가운데
한 사람. 憲宗 元和 14년(819)에 불사리를 궁중에 맞이하는 것에 반대하여 《論佛骨
表》를 상소하고 천자의 미움을 사 潮州의 자사로 좌천되었지만, 후에 이부시랑 등의
직에 임명되었다. 그후에도 《原道》《原人》《原性》의 3편을 지어 유교에 대한 양도의
확립을 지향하여 불교배척론에 힘을 기울였다. 이 가운데 《原道》와 《논불골표》 및
《與孟簡書》 등 3편은 佛敎史上 유명한 배불론이고 당시나 그 이후의 학자의 주목을
모았으며, 또한 이것에 대한 반론도 많다.

정법(正法)과 상법(像法)은 각기 천년이요
말법(末法)은 만년이라

【게송 156】

中分五牢固하니 　　　　各歷五百年히
機根漸變移하야 　　　　法亦隨減滅하니라.

그 중에서 오뇌고(五牢固)가 나뉘니
각기 5백 년을 지날 적마다
근기가 차츰 약하게 변하고
법 또한 차츰차츰 쇠멸해진다.

【게송 157】

第一解脫牢니 　　　　此時人根利하야
會正取道易하야 　　　　與佛世無異요.

첫째는 해탈뇌고(解脫牢固)니
이때 사람들은 근기가 명리하여
바른 법 만나기와 도 얻기가 쉬워서
부처님 세상과 다름이 없고

【게송 158】

二名禪定牢니 　　　　人根稍微劣하야
久久習禪那하야사 　　　　乃得三達智요.

둘째는 선정뇌고(禪定牢固)니
사람들 근기가 약간 미열해져서
오래도록 선나(禪那)를 닦아야

비로소 삼달지(三達智)[37]를 얻고

【게송 159】

三曰多聞牢니　　　　　　　情識漸愚鈍하야
雖得多聞法이나　　　　　　慧擇未能明이요.

셋째는 다문뇌고(多聞牢固)니
정식(情識)이 차츰 우둔해져서
비록 법문을 많이 들어도
지혜로 결택함이 분명치 않고

【게송 160】

四稱塔寺牢니　　　　　　　人爭起佛廟하고
處處設道場이나　　　　　　修證者萬一이요.

넷째는 탑사뇌고(塔寺牢固)니
사람들 앞다퉈 탑묘(塔廟)를 세우고
곳곳에 도량을 시설하나
닦아 증득하는 이는 만에 하나요.

【게송 161】

五爲鬪諍牢니　　　　　　　但諍論諸法하고
未了深密義하야　　　　　　驕己慢他宗하나니라.

다섯째는 투쟁뇌고(鬪爭牢固)니

---

37) 삼달지(三達智): 아라한과를 얻은 성자가 갖는다는 과거·현재·미래를 다 아
는 지혜. 이는 불타와 아라한이 얻는 3종의 신통인 三明과 같은 말이다.

모든 법을 토론〔諍論〕만 하고
깊고 비밀한 이치는 알지 못한 채
자신을 꾸미고 남의 주장을 꾸짖기만 한다.

도선율사(道宣律師)는 다음과 같이 말하였다.

"부처님께서 멸도하신 뒤 첫번째 천년을 **정법시대**(正法時代)라 하
는 이유는, 바른 진리를 알아 성인의 지위를 이루되 근기와 깨달음
이 (부처와) 다르지 않기 때문이다. 두번째 천년을 **상법시대**(像法時代)
라 하는 이유는, 교리에 의해 수행하되 정신이 차츰 둔해져서 진리
를 이해하는 데까지는 전진치 못하고 정신차려 조용히 있어야 거룩
한 진리와 조금이나마 통하는데, 그러나 지혜로 결택(決擇)[38]하는 일
을 닦아 밝힐 줄 몰라서 도법(道法)과 비슷할 뿐이기 때문에 상법이
라 한다. 세번째 천년 이후를 **말법시대**(末法時代)라 하는 이유는, 처
음부터 만년까지는 정혜(定慧)의 도를 여의고 세속의 계에만 힘쓰고
위의(威儀)와 겉모습 챙기는 모습이 선객〔禪蹤〕 같으나 마음씀〔心用〕
이 들뜨고 흔들려서 정수(正受: 三昧)에 완전히 어긋나기 때문에 이
모두를 말법이라 한다."

《선견비바사론(善見毘婆沙論)》에서는 "정법시대가 천년, 상법시대
도 천년인데, 여인을 출가시켰기 때문에 정법이 5백 년 줄었다. 그러
나 만일 여인들이 팔경법(八敬法)을 준수해서 법다이 수도하면 정법
이 다시 천년을 머무를 수 있다" 하였다.

---

38) 결택(決擇): 澤斷簡擇의 뜻. 곧 無漏의 聖智로서 의심을 決斷하여 四諦의 相等
을 分別簡擇하는 것. 《俱舍論》第23에 "決은 決斷이요, 簡은 簡擇이다. 決斷簡擇은
모든 聖道를 일컫는 것이니, 모든 聖道는 능히 의심을 끊기 때문이요, 또한 四諦의
相을 分別하기 때문이다"라고 하였다.

또 "불법이 세상에 머무는 시기가 만년인데, 처음 5천 년에는 출가 수도하면 삼달영지(三達靈智)를 얻지만 뒤의 5천 년에는 출가 수도하여도 삼달영지를 얻지 못한다……" 하였다.

비구니가 행할 **팔경법**(八敬法)은 이렇다. 첫째는 비구가 대계(大戒: 비구계)를 받았다면, 비구니는 그에게 정법을 배우되 가벼이 얕보거나 놀리지 말아야 한다는 것이다. 둘째는 비구가 대계를 받은 지 보름 이상이 되었다면, 비구니는 그에게 절하고 섬겨 새로 발심한 이의 뜻을 소란치 않게 해야 한다는 것이다. 셋째는 비구와 비구니가 한 곳에 함께 살지 말아야 한다는 것이다. 넷째는 서로서로 살펴 주면서, 만일 삿된 말이 있거든 듣기는 하되 대꾸하지 말고 들어도 듣지 않은 듯, 보아도 보지 않은 듯하라는 것이다. 다섯째는 허물을 스스로 반성하여 높은 소리, 큰 말로 탐욕스러운 자태를 드러내지 말아야 한다는 것이다. 여섯째는 비구에게는 경률에 관한 일만 묻고 급하지 않은 세간사는 이야기하지 말라는 것이다. 일곱째는 만일 법률을 범했거든 보름을 기해 대중에 나아가 참회해야 한다는 것이다. 여덟째는 비구니가 비록 백년 동안 대계를 받아지녔더라도 그날 새로 대계를 받은 비구 밑에 앉아서 겸손하고 공경스럽게 예를 올리라는 것이다. 만일 비구니가 목숨이 다하도록 이 팔경법을 잘 지키면 정법이 천년을 더 세상에 머물게 되리라는 것이다.

【게송 162】

最後五百年에는   亦有修證者어니와
自後至萬年에는   多修無一得이라.
마지막 5백 년에는
닦아 증득하는 이가 없지는 않거니와

이로부터 만년까지는
닦는 이는 많으나 증득하는 이는 없다.

《법화경(法華經: 普賢菩薩勸發品)》에서 보현보살이 부처님께 사뢰되 "세존이시여, 여래께서 멸도하신 뒤 마지막 5백 세 오탁악세(五濁惡世) 가운데 만일 어떤 비구·비구니·우바새·우바이가 이 법화경을 익히고자 하여 삼칠일 동안 일심으로 정진하여 삼칠일이 차거든 제가 6아백상(六牙白象)을 타고 무량한 보살과 함께 그의 앞에 나타나서 설법해 줄 것입니다. 그 사람은 저를 본 인연으로 삼매와 다라니를 얻을 것이니, 그것을 선다라니(旋陀羅尼)라 할 것이며 백천만억 선다라니(百千萬億旋陀羅尼)가 있을 것입니다" 하였으니, 이로써 마지막 5백 년에도 역시 닦아 증득하는 이가 있는 줄을 알 수 있다.

이 5백 년은 말법의 첫머리이니 《묘승정경(妙勝定經)》에서 "부처님께서 세상을 뜨신 뒤 1백 년 동안에는 10만 명이 출가하여 9만 명이 득도하고, 2백 년 동안에는 10만 명이 출가하여 1만 명이 득도하고, 나아가 5백 년 때에는 10만 명이 출가하여 겨우 한 사람이 득도한다" 하였다.

또 《월장경(月藏經)》에서도 "나의 말법시대에는 억억(億億: 億의 제곱) 중생이 수행을 시작하여 도를 닦되 하나도 얻는 이가 없으리라" 하셨다. 이것으로 보건대 말법시대에는 설사 많은 사람이 닦더라도 현전에 증득하는 이가 적은 것은 다만 미래의 씨앗을 심을 뿐이기 때문이다.

【계송 163】

此時所生人은   福薄障濃厚하야

多行不善事라가　　　　死當墮惡道하나니.

이때 태어난 사람은

복은 얇고 업장이 두터워서

불선한 일을 많이 행하다가

죽어서는 악도에 떨어지리라.

【게송 164】

雖是依敎人이나　　　　其心貪利養하야

曾無一念信이라　　　　法豈染其神이리요.

비록 교법에 의지한 사람이라 하나

그 마음이 이양(利養)에 빠져 있어

잠깐의 신심도 낸 적이 없거니

법이 어찌 그 마음을 물들여 주랴.

【게송 165】

譬如師子蟲이　　　　乃自食其肉인달하야

法中人亦爾하야　　　　依之還自破하나니라.

비유컨대 사자의 몸에서 생긴 벌레가

스스로 자기 살을 먹는 것같이

불법 안의 사람들도 그러하여서

의지해 있으면서 자신이 파괴한다.

《칠몽경(七夢經)》에서 "사자가 죽은 지 여러 날이 지나도 뭇 중생
이 여전히 겁을 내어 아무도 감히 접근을 못하다가, 더 여러 날이 지
난 뒤에 몸 안에서 저절로 벌레가 생겨 사자의 살을 다 먹어치운다"

하였으니, 여래께서 세상에 출현하시매 외도가 승복해 오는 것은 마치 사자가 두려움 없이 돌아다닐 때 뭇 짐승이 숨는 것과 같고, 여래께서 열반에 드신 뒤에 남겨진 교법은 마치 사자의 시체와 같고, 여러 날 동안 뭇 짐승이 두려워서 감히 접근하지 못함은 마치 부처님의 정법 1천7백 년 이내에 외도와 천마(天魔)가 감히 헐뜯지 못한 것과 같고, 여러 날 뒤에 사자의 몸 안에서 벌레가 생겨 사자의 살을 먹어 치움은 부처님께서 열반에 드신 지 1천7백 년 이후에 부처님의 제자들이 파계하고 악행을 해서 스스로가 불교를 파괴하는 것과 같다.

【게송 166】

又有天魔王이　　　　作佛弟子形하야
現怪而惑衆하고　　　毁佛讚魔法하니.

또 하늘의 마왕(魔王)이 있어
불제자의 모습으로 꾸미고 나와
괴이한 짓 나투어 대중을 홀리고
불법을 헐뜯고 마의 법을 찬양하니.

【게송 167】

佛法迸其心하야　　　棄之如脫屣하고
魔法順於情하야　　　從之如渴飮이라.

불법은 마음에 거슬리므로
헌신짝같이 버리고
마법은 마음에 맞기 때문에
목마른 자 물 찾듯 따른다.

《능엄경(楞嚴經)》에서는 "이들 열 종류의 마구니가 말법시대에 나의 법 안에서 출가수도하면서 스스로 '이미 정변지각(正遍知覺)을 이루었다' 외치고, 음욕을 찬탄하며 부처님의 율의를 깨뜨리리라" 하였다.

또 《열반경(涅槃經)》에서는 "말세에 마의 권속이 비구와 나한 등의 형상을 나투어 정법을 모조리 파괴하고, 율의를 그르다고 헐뜯으리라" 하였다.

【게송 168】

佛滅七千年에   人壽止三十이요
從玆到十歲히   三災次第起라.

부처님이 멸도하신 7천 년에는
인간의 수명이 겨우 30세이고
이로부터 수명이 10세 되기까지에
삼재(三災)가 차례로 일어나리라.

【게송 169】

飢劫諸穀滅하니   何處得精味리요
人唯煎骨飮하니   飢羸多滅亡하고

기근겁〔飢劫〕에는 곡식들이 없어지니
어디서 맛좋은 음식을 얻을 수 있으랴.
사람들 뼈만 삶아 마시니
주리고 지쳐서 죽는 이 많으리라.

【게송 170】

病劫非人盛하야   吐毒如猛燄하니

遇者卽殞命하야　　　　　屍遍一天下하고
질병겁〔病劫〕에는 비인(非人: 鬼神)이 많아서
사나운 불꽃같이 독기를 토하니
쏘이는 자 즉석에 죽어서
시체가 온 천하에 두루하리라.

【게송 171】
刀劫人多恚하야　　　　　隨執皆成刃이니
父子互相殘하야　　　　　人民皆略盡이니라
도병겁〔刀劫〕에는 사람들 성냄이 많아서
손에 잡히는 것 모두가 무기가 되니
부자간에도 서로서로 해쳐서
백성의 태반이 모두 없어지리라.

《유가론(瑜伽論)》[39]에서는 다음과 같이 말한다. "인간의 수명이 30세일 때 기검재(飢儉災)가 있으니, 이때에는 사람들이 악을 많이 행하여 하늘과 용이 분노하고 꾸짖어서 단비〔甘雨〕가 내리지 않고, 더 이상 좋은 음식을 얻을 수 없다. 오직 썩은 뼈를 삶아서 함께 잔치하듯 먹고, 간혹 한 톨의 벼나 보리나 조나 피를 얻으면 마니〔末尼〕같이 소중히 여겨 굳게 갈무리하여 지킨다. 그 중생〔有情〕들은 대체로 기력이 없어서 쓰러지면 일어나지 못하여 (그대로) 죽어 (인종이) 다 할 지경이 된다. 이러한 흉년〔儉災〕은 7년 7월 7일 7야(夜)를 지나서야 그친다.

---

39) 《유가론》〈본사분〉.

인간의 수명이 20세일 때 **질역재**(疾疫災)가 있으니, 이때의 백성은 착하지 못한 짓을 많이 해서 모든 죄악을 골고루 지었으므로 비인(非人)들이 독기를 뿜으면 질병이 퍼진다. 걸리면 그대로 죽건만 치료할 길이 없어, 의원이나 약이란 이름조차 듣지 못하고 죽음이 당장 모두를 멸망으로 몰고 간다. 이러한 병재(病災)는 7월 7일 7야를 지나서야 멈춘다.

인간의 수명이 10세일 때 **도병재**(刀兵災)가 있으니, 그때의 유정들은 업력 때문에 부자나 형제도 서로 알아보지 못해서 제각기 맹렬한 살생심을 내어 초목와석(草木瓦石)을 닥치는 대로 잡으면 모두 무기가 되는데 (이것으로) 서로서로 죽인다. 이러한 도재(刀災)는 7일 7야를 지나서야 멈추니, 도병재가 지난 뒤에 이 염부제에 남은 이는 1만여 명이다……."

《바사론(婆沙論)》[40]에서는 "만일 어떤 이가 하룻낮 하룻밤이라도 불살계(不殺戒)를 지키면 도병겁을 만나지 않고, 한 알의 아리륵과(阿梨勒果)[41]라도 승중(僧衆)[42]에게 보시하면 질역겁을 만나지 않고, 한 덩이 밥이라도 굶주린 중생에게 보시하면 기근겁을 만나지 않는다……" 하였다.

지금 석존께서 세상에 나타나심은 인간의 수명이 1백 세 때에 해당되는데, 입적하신 뒤로 지금 대원(大元) 천력(天曆) 무진년(戊辰年:

---

40) 《아비달마대비바사론》〈대종온〉.

41) 아리륵(阿梨勒): 범어 harītakī의 소리 옮김, 訶梨勒이라고도 한다. 인도에서 나는 교목의 果樹로서 그 열매는 달걀형의 쓴맛이 나는데 약용으로 쓰인다.

42) 중(衆): 범어 saṃgha의 번역으로 僧伽라 音譯한다. 舊譯家는 4인 이상의 和合으로, 新譯家는 3인 이상의 화합으로 대중을 해석하였다. 〈法華玄義〉 1에서 天台는 "衆은 僧이다. 理事의 두 가지가 和合하므로 衆이란 이름을 얻으며, 3인 이상이므로 僧이다"라 하였다. 僧衆은 漢梵雙擧의 병칭이며, 또 禪宗에서는 같은 절에 있는 雲水僧을 衆僧 또는 大衆이라 한다.

1328)까지는 2천2백77년이며,[43] 다시 4천7백23년을 지나면 인간의 수명이 겨우 30세가 된다. 그렇게 되는 까닭은 1백 년을 지나면 한 살씩 줄고, 1천 년을 지나면 10세가 줄기 때문이다.

【게송 172】

經像雖存世나	無一崇奉者요
比丘行俗行하고	聖賢亦不興이라.

경전과 불상이 세상에 있으나

한 사람도 우러러 받드는 이 없고

---

43) 大元 天曆 戊辰年(1328)을 불멸 후 2천2백77년으로 보면 불멸은 기원전 949년이 된다. 佛滅年日에 대해서는 그 정확한 관련 기록의 부재로 異見이 적지않아 佛紀의 산출에 최근까지 혼재를 거듭하였다. 다음은 佛滅年日에 관한 대표적인 세 가지 설이다.

1. 불기 3000년설(北方佛敎說): 주로 중국과 한국 및 일본 등에서 오랫동안 사용해 온 대승불교권의 한 說이다. 이 설의 근거는 중국의 僞書인《周書異記》에 두는데, 석존의 탄생을 周 昭王 24년(甲寅, B.C.1107) 4월 8일로 기록하고 있고, 그 입멸을 周 穆王 52년(壬申, B.C.1027) 2월 15일로 기록하고 있으므로 입멸을 기준하는 佛紀는 서기 2000년인 금년이 불기 3027년이 된다. 그러나 이는 중국에서 道佛相諍時 도교의 시조 노자(B.C.431~404)보다 그 誕滅年代를 높여 노자가 세존의 후신임을 주장하기 위해 조작된 것임이 밝혀지고는 아무런 설득력이 없는 연대기가 되고 말았다.

2. 불멸 544년설(南方佛敎說): 현재 우리나라에서 쓰고 있는 佛紀로서 남방불교에 전해 내려오는 '佛滅544年說'에 근거를 두고 있으므로 금년은 佛紀 2546년이 된다. 그러나 이 설 또한 남방의 전설에 의지하고 있기 때문에 지금으로선 실증적인 세존 연대라고 볼 수 없으나, 1956년 네팔 카트만두에서 열린 제4차 세계불교도대회에서 정해진 이후로 현재 통용되고 있는 불멸 연도이다.

3. 입멸 486년설(宮楠順次郎說): 다까구스준지로우의 설이기도 하며, 전세계 公佛紀인 入滅486년설은 이를 뒷받침하는 두 가지의 유력한 자료가 있어 참고할 가치가 있다. 하나는 아쇼카왕(즉위 B.C.268)의 돌비석이며, 하나는 중국 齊나라(478~501) 때 인도 승려 승가바드라가 가져온《衆聖點記》를 들 수 있다. 아쇼카의 돌비석에 따르면 세존의 입멸은 왕의 즉위(B.C.268) 前 218년설과 즉위 前 100년설이 있으므로 佛滅은 각각 B.C.486년과 B.C.368년이 된다. 그런데 상가바드라가 가져온《중성점기》에 따르면 A.D.489년 그가 광동에 와서《善見律毘婆沙》18권을 번역할 때 석존이 입멸하신 지 975년이 되었다 하였으니 B.C.486년이 입멸 연도가 되는 셈이다. 이 설은《獅子洲古傳》의 483년설 및《緬順傳》의 485년설과 비슷하다.

비구는 속인의 짓만을 행하니
성현 또한 나타나지 않는다.

【게송 173】

爾時像自頹하고　　　　　經盡歸龍宮이어든
唯有彌陀法이　　　　　　百年留世間하야.
그때 불상은 저절로 무너지고
경전은 모두 용궁으로 돌아가는데
오직 아미타불의 교법만이
백년 동안을 세상에 남아

【게송 174】

導諸有緣衆하야　　　　　盡生極樂國하니
是知彌陀佛의　　　　　　悲願最深切이로다.
모든 인연 있는 무리를 인도하여
모두가 극락에 태어나게 하시니
이로써 아미타불의 비원(悲願)이
가장 깊고도 간절한 줄 알리라.

　정법과 상법시대에는 사람들의 마음이 순수하고 소박하기 때문에
많은 성현들이 범부의 모습으로 화현해 화광동진(和光同塵)해서 법
을 펴 중생을 이롭게 하더니, 말법의 끝에 가서는 사람들이 대부분 아
첨과 거짓을 일삼으며, 바른 법을 등지고 삿됨을 좇아해서 감화를 받
는 자가 없다. 그러므로 성현들이 숨어서 나타나지 않는다. 《바사론
(婆沙論)》에서는 "부처님께서 멸도하신 지 만년 뒤에는 불상이 저절

로 무너져내리고 경전은 용궁으로 돌아가거든, 모든 비구들은 세속의 무리와 꼭 같아서 다만 가사를 입고 머리를 깎았을 뿐이다”하였고, 또《무량수경(無量壽經)》에서는 “말세에 법이 멸해서 용궁으로 들어가더라도 유독 이 경만은 백년 동안 남겨두어 중생들을 인도해서 그 나라에 왕생케 한다”하였다.

이상에서는 부처님의 일대시교(一代時敎)가 일어나고 사라지는 대강을 간략히 보였거니와, 이뒤로는 권하고 경계하는 뜻을 대강 서술하겠다.

【게송 175】

咄我等衆生이　　　　　　無始業障濃하야

晩生濁惡世하니　　　　　　聞法不生信이로다.

애달프다. 우리들 중생은

무시이래로 업장이 두터워서

느지막에 오탁악세에 태어나니

법을 듣고도 믿음을 내지 않는구나.

【게송 176】

雖然亦可快는　　　　　　幸及未墮時하야

人身固難得하고　　　　　　作男子亦難하고

그러나 기뻐할 일이 있으니

다행히 불법이 없어지기 전에

사람으로 태어나기 어렵고

남자로 태어나기 더 어렵고

【게송 177】

出家最甚難하고　　　　　　聞法難復難이어늘

如今獲四難하니　　　　　　此誠非小緣이라.

출가하기는 매우 어렵고

법문 듣기는 더더욱 어렵거늘

네 가지 어려움을 이제 모두 얻으니

이는 진실로 작은 인연이 아니로다.

사람으로 태어나기 어렵다〔人身難得〕함은, 경에서 "예컨대 어떤 사람이 배를 타고 바다에 들어갔다가 바늘을 잃고서 찾아도 찾지 못하더니, 뒤에 다시 배를 타고 지나는 길에 홀연히 그 바늘을 찾았다면, 사람으로 태어나기는 이보다 더욱 어렵다" 하였다.

남자로 태어나기 어렵다〔丈夫難得〕함은, 경에서 "적은 선근과 복덕의 인연으로 남자의 몸을 얻을 수 없다. 그러므로 우리 석가세존께서도 보살도를 행하실 때 7만50부처님을 만나 항상 범행(梵行)[44]을 닦고서야 비로소 여자 몸을 여의었다" 하였다.

또 이 지방의 선묘(善妙) 비구니는 여자 몸을 여의기 위하여 72생 동안 매양 그 몸을 버려 중생에게 보시하고, 나아가서는 산보께 공양하여 마지막 몸에 이르러서도 여전히 여자의 몸을 여의지 못한 채 초과(初果)를 증득했으니, 이것으로 관찰하건대 장부로 태어나기 어

---

44) 범행(梵行): 범어 brahma-carya의 번역으로 淨行이라고도 번역하며, 淸淨한 행위를 말한다. 梵天(色界에 포함)은 음욕을 떠났으므로 음욕을 여의는 것을 梵行이라고 한다. 반대로 음욕의 規法을 지키는 것을 非梵行이라 한다. 또 戒를 지키는 것, 넓은 의미로는 탐욕을 떠난 八聖道와 같은 행위도 梵行이라 한다. 婆羅門의 생애를 四期로 구분하는데, 그 중 제1기를 梵行期라 한다. 그 생활은 不婬을 지키고 베다 등을 배우는 수행의 시기이기 때문이다.

럽다 함이 어찌 의심할 일이겠는가?

출가하기 어렵다〔出家難得〕 함은, 중생이 여러 겁 동안 육취(六趣)에 윤회(輪廻)[45]하면서 갖가지 고통을 골고루 받는 까닭은 실로 무시(無始)[46]이래로 탐애(貪愛)에 속박되었기 때문이다. 탐욕의 근본은 처자(妻子)니, 만일 처자가 없다면 번뇌가 제거되어 세속을 벗어나기 쉽다.

옛날에 제(齊)나라의 왕 고(高)씨가 숯을 지고 가는 사람들을 보았는데 겉모습이 초라한지라, 그들의 노고를 가엾이 여겨 출가하기를 권했더니 오직 한 사람만 즐거이 떠나기에 제왕(齊王)이 "사람들은 모두가 사랑하는 권속이 있기 때문에 벗어 버리지 못하는구나!" 하고 탄식하였다. 더구나 일찍 출가한 이도 오히려 물러가서 세속의 업에 종사하는 이가 많으니, 출가하기 어려운 이유를 알겠도다.

법문 듣기 어렵다〔聞法難〕 함은, 경에서 "예컨대 애꾸 거북이가 바다 밑에 잠겨 백년을 지내가다 물 위로 떠오르는 것은 뜬 나무를 만나서 몸을 바꾸려 하기 때문이다. 그런데 나무가 서쪽에 떴을 때 거북이가 동쪽에서 나오거나 남쪽에 떴을 때 북쪽에서 나오고, 이렇듯이 서로 어긋나서 정확하게 만나지 못하면 다시 바다 밑으로 잠겨서 백년을 더 지나야 바다에서 나와 또 이렇게 하여 다음다음 무수한 겁에 이르니, 불법을 듣기란 그보다 곱이나 더 어렵다" 하였다.

---

45) 윤회(輪廻): 범어 saṁsāra의 번역으로 僧娑洛이라 音譯하고 淪廻라고도 쓰며, 또 生死라고도 번역한다. 수레바퀴가 굴러서 끝이 없는 것과 같이, 중생이 번뇌와 業에 의해서 三界六道의 미혹한 生死世界를 거듭하면서 돌고돌아 그치지 않는 것. 이 윤회설은 사람이 죽은 후 영혼이 그 몸에서 떨어져 草木鳥獸 등에 깃들인다는 轉住說로부터 발달한 것이다.

46) 무시(無始): 범어 anādi 또는 anādikāla의 번역. 아무리 거슬러 올라가도 그 비롯하는 始點을 알 수 없는 상태를 나타내는 말. 일체 世間의 중생과 법이 모두 처음이 없는 것과 같이 금생은 전생의 인연을 따라 존재하고, 전생은 또한 전생을 따라 존재하는 것처럼 이같이 추구해 들어가면 중생과 법은 원래 얻을 수 없으므로 無始라고 한다.

　아아, 위에 인용한 네 가지 어려움은 어려움 중에도 어려운 일인
데, 우리들은 이미 벗어나서 석가문중에 발을 디뎠으니 실로 천만다
행한 일이다. 제각기 용맹심을 내어 부낭(浮囊)[47]을 잘 지키고 큰 바
다를 건너서 저쪽 언덕에 이를지언정 보배동산에 왔다가 빈 손으로
돌아가는 후회는 하지 말아야 하겠다.

【게송 178】

勸諸新學輩하노니　　　　應生忻慶心하고
又念無常身이　　　　　　猶如石火光하라.

모든 신학자(新學者)들께 권하노니

기쁘고 반갑다는 마음을 내라.

그리고 무상(無常)한 이 몸이

마치 부쇳불〔石火光〕 같다고 생각하라.

【게송 179】

井枯魚少水요　　　　　　象逼鼠侵藤이니
念念命隨減이어늘　　　　嚊吸安容保리요.

우물이 마르면 고기에겐 물이 적어지고

코끼리에 쫓기고 쥐가 등나무 줄기를 갉나니

잠깐잠깐 사이에 목숨이 줄어들거늘

이 목숨〔嚊吸〕을 어떻게 보장하리요.

---

47) 부낭(浮囊): 구명대와 같은 것. 물을 건널 때 빠지지 않기 위해 띄우는 큰 주머
니. 곧 戒律이 生死의 바다에서 열반의 저 언덕으로 사람을 건네 주는 구명대와 같으
므로 계율을 부낭이라고도 한다.

【게송 180】

時時愼三業하야　　　　莫與惡相交하고
歸依三寶戒와　　　　　五戒與八戒와

때때로 삼업(三業)을 삼가서

악한 이와 사귀지 말고

삼보를 공경하는 삼귀의 계와

오계와 그리고 팔관재계(八關齋戒)와

【게송 181】

十重六八輕과　　　　　乃至八萬戒하야
雖未具堅持나　　　　　但可日誦念이니라.

십중대계(十重大戒)와 사십팔경계(四十八輕戒)와

나아가 8만계에 귀의하여라.

비록 견고하게 지키지는 못하나

날마다 정성껏 독송해도 좋으니라.

《출요경(出曜經)》에서는 "이날이 지나가면, 줄어드는 물속의 고기 같이 내 목숨도 줄어들 텐데 무슨 즐거움이 있으리요……" 하였는데, 우물은 사람의 몸을 비유하고, 물은 세월을, 고기는 사람의 목숨을, 마르고 적어짐은 무상함을 비유하였다.

또 《빈두로위우타연왕설법경(賓頭盧爲優陀延王說法經)》에서는 다음과 같이 말한다. "옛날에 어떤 사람이 광야를 지나다가 대악상(大惡象)을 만나 미칠 듯이 무서우나 숨을 곳이 없더니, 어느 언덕 밑의 우물을 보았습니다. 이내 (우물로 드리워진) 나무 뿌리를 찾아 우물로 들어가 숨으니, 위에는 검고 흰 쥐 두 마리가 어금니로 나무 뿌리를 갉고 있고, 우물 네 벽에는 독사 네 마리가 있어 그 사람을 물려 하고 있고, 우물 바닥에는 독룡 세 마리가 있었습니다. 곁으로는 네 마리 뱀이 두렵고, 밑으로는 세 마리 용이 무섭고, 붙들고 있는 나무 뿌리마저 흔들리는데, 그 위에 꿀이 있어 두세 방울 그 입으로 떨어졌습니다.

그때 나무가 흔들려 벌집을 건드리면 벌들이 달려들어 그 사람을 쏘아댔었고, 들불이 일어나서 그 나무를 태워 들어왔습니다. 대왕이시여, 아옵소서. 그 사람의 괴로움은 헤아릴 수 없거늘 얻는 맛은 매우 적고 고통과 근심은 심히 많습니다. (대왕이시여) 광야는 생사를 비유하고, 사람은 범부를, 코끼리는 죽음〔無常〕을, 우물은 인간의 육체를, 뿌리는 목숨을, 희고 검은 쥐 두 마리는 밤과 낮을, 나무 뿌리를 갉는다 함은 잠깐잠깐 사이에 줄어드는 것을, 네 마리 뱀은 사대(四大)를, 꿀은 오욕(五欲)을, 벌은 나쁜 지식〔惡覺〕을, 세 마리 용은 삼악도(三惡道)를 비유합니다.”

삼업(三業)이라 함은 몸과 입과 뜻으로 짓는 것이니, 온갖 죄와 선(善) 중에 이 삼업으로 짓지 않는 것이 없다. 말하자면 몸의 업은 살(殺)·도(盜)·음(淫)이며, 입의 업은 기(綺)·망(妄)·양(兩)·악(惡)이며, 뜻의 업은 탐·진·치다. 삼업을 방종하면 십악(十惡)이 되고 조심하면 십선(十善)이 되는데, 십악은 삼도의 괴로운 과보를 받거니와 십선은 인천의 즐거운 과보를 받고, 또 세속을 벗어나 성불하는 인(因)이 되기도 한다.

삼귀의(三歸依)라 함은, 시방삼세에 항상 머무시는 불·법·승 삼보에 돌아가 의지하는 것이다. 삼보에는 **동체삼보**(同體三寶)와 **별체삼보**(別體三寶)와 **주지삼보**(住持三寶)의 세 가지가 있다. 동체삼보라 함은 하나의 진여(眞如)를 셋으로 나누어 말한 것이다. 첫째 진여는 깨달음의 성품〔覺性〕으로서 불보(佛寶)이며, 둘째 진여에는 궤(軌:

궤범)와 지(持: 유지)의 뜻이 있으니 법보(法寶)이며, 셋째 진여에는
화합(和合)의 뜻이 있으니 승보(僧寶)이다.

별체삼보라 함은 소승(小乘)에서는 장육금신(丈六金身)을 불보로,
사제(四諦)와 십이인연과 생공(生空: 我空)의 도리를 법보로, 사과(四
果)와 연각(緣覺)을 승보로 보는 데 비해, 대승에서는 삼신여래를 불
보로, 이공(二空: 我空·法空)의 도리를 법보로, 삼현(三賢)과 십성(十
聖)을 승보로 보는 것이다.

주지삼보라 함은 쇠나 나무에 새기거나 그런 것이 불보이며, 삼장
의 문구가 법보이며, 머리를 깎고 물들인 옷을 입은 이가 승보이다.

그러나 그 근본은 하나이니, 범부가 발심하여 귀의할 때는 별체삼
보만한 것이 없다. 무슨 까닭인가? 부처님께 귀의할 때는 "법(法)·
보(報)·응(應) 삼신이 한 바탕이어서 차별이 없는 것이 대자부(大慈
父)이신지라 뭇 아들들의 모든 고통을 덜어 주고 무량한 즐거움을 주
신다"고 생각하고, 법보에 귀의할 때는 "경률론 삼장이 대소승에 차
별이 없는 것이 좋은 양약인지라 중생들의 삼혹(三惑) 병을 치료하여
열반락(涅槃樂)을 증득케 하신다"고 생각하고, 승보에 귀의할 때는
"성인과 현인과 범부, 세 종류의 무리가 높고 낮음에 차이가 없는 것
이 큰 복밭인지라 중생들의 빈궁과 고통을 덜어내고 온갖 복과 낙을
주신다"고 생각하기 때문이다.

성인·현인·범부라 함은, 대승에서는 등각(等覺)으로부터 초지(初
地)까지를 성인이라 하고, 십회향(十廻向)과 십행(十行)과 십주(十住)
를 현인이라 하고, 십신(十信)과 오품(五品)을 범부라 한다. 소승에서
는 벽지불(辟支佛)과 사과(四果)가 성인이며, 칠방편(七方便)[48]이 현인
또는 범부가 된다.

《대방편경(大方便經)》에서는 "삼보가 귀의할 곳이 되는 까닭은 (중

생을) 구호하는 것으로 주의(義)를 삼기 때문이다. 비유컨대 어떤 사람이 (포악한) 왕에게 죄를 받자 다른 나라로 도망가서 구호를 청했더니, 딴 나라 왕이 '그대 왔으니 두려워 말라. 나의 경계를 벗어나지 않고 나의 영을 어기지 않으면 반드시 구호해 주리라' 하는 것과 같이, 정성스러운 마음으로 삼보를 믿어 다른 쪽으로 향하지 않고 부처님의 가르침을 어기지 않으면 마왕의 사악함도 어찌할 수 없으리라" 하였다.

또 《절복나한경(折伏羅漢經)》에서는 다음과 같이 말한다. "옛날에 도리천자(忉利天子)가 수명이 다하려 할 때 다섯 가지 쇠약해지는 모습[衰相]이 나타나거늘 관(觀)에 들어 자신이 목숨이 다한 뒤에는 돼지의 태에 들 것을 알고는 수심에 들어 웃음을 잃었다. 그때 어떤 하늘사람이 "부처님이라야 능히 그대의 죄를 벗겨 주시리라" 하였다. 그가 바로 부처님께 가서 예를 올리니, 묻기도 전에 부처님께서 "모든 것이 모두 무상한 줄을 그대 익히 알면서 어찌 근심하는고?" 하셨다. 천자가 전후 사연을 구족히 사뢰자 부처님께서 '돼지의 몸을 면하려면 삼귀의계를 염송하라' 하셨다.

그는 바로 부처님의 분부에 따라 조석으로 귀의했더니, 7일 만에 목숨이 다하여 유야리국(維耶離國)에 하생하여 장자(長者)의 아들로 점지되었다. 어머니의 태에서도 날마다 삼귀의계를 염송하고, 태어나서 땅에 떨어지자마자 역시 꿇어앉아 스스로 귀의하니, 온 집안이 몹시 괴이하게 여겨 요괴[燮惑]라 하면서 죽이려 했다.

---

48) 칠방편(七方便): 천태종에서는 諸敎에 2종의 7방편이 있음을 말한다. 《법화경》의 〈藥草喩品〉에 의하면 人乘 · 天乘 · 聲聞乘 · 緣覺乘 · 藏敎의 보살승, 通敎의 보살승, 別敎의 보살승을 말한다. 또한 見思二惑을 끊는 데 있어서의 階位로서 藏敎의 성문과 연각의 2人, 通敎의 성문과 연각과 보살의 3人, 그리고 別敎의 보살과 圓敎의 보살을 말한다.

그러나 아버지만은 식견이 있어 "이 아이는 범상한 무리가 아니다. 세상 사람들은 백 살이 되어도 스스로 삼보에 귀의할 줄 모르는데 하물며 갓태어나 땅에 떨어지지마자 나무불을 부를 줄 아는 일이겠는가? 잘 보살피고 기르라" 하였다.

그 아기가 일곱 살이 되자 부모에게 "부처님과 스님들께 공양을 올리고자 하옵니다" 하니, 부모는 이상히 여기면서 승낙하고 곧 공양구를 장만해 주었다. 부처님과 스님들이 왕림하여 공양을 받으시고, 이어 그들을 위해 설법해 주시니, 아들과 부모 모두가 아유월치(阿惟越致: 불퇴전)를 얻었다."

오계(五戒)라 함은, 첫째는 불살(不殺), 둘째는 부도(不盜), 셋째는 불사음(不邪婬), 넷째는 불망어(不妄語), 다섯째는 불음주(不飮酒)이다.

팔계(八戒)라 함은, 앞의 다섯 가지에 다음 셋을 보탠 것이다. 첫째는 한낮을 지나서는 먹지 않음〔過中不食〕, 둘째는 화려한 목걸이나 보석붙이로 몸을 장식하거나 높고 넓고 큰 평상에 앉거나 눕거나 하지 않음〔不着華鬘瓔珞不坐臥高廣大牀〕, 셋째는 몸소 노래와 춤과 풍악놀이를 하거나 일부러 가서 보거나 듣지 않음〔不作歌舞伎樂不故往觀聽〕이다.

십중계(十重戒)라 함은, 첫째는 살생, 둘째는 투도, 셋째는 부정행(不淨行), 넷째는 망어, 다섯째는 고주(酤酒: 술장사), 여섯째는 설타과(說他過: 남의 허물을 말함), 일곱째는 자찬(自讚), 여덟째는 탐(貪), 아홉째는 성냄〔恚〕, 열째는 삼보를 비방함〔謗三寶〕이다.

마흔여덟 경계〔四十八輕戒〕 중에 첫째는 화상(和尙)[49]이나 아사리, 나아가서 동행(同行)을 보거든 일어나서 법답게 영접해서 법다이 공양할 것이며, 둘째는 짐짓 술을 마시거나 남에게도 마시게 하지 말 것이며, 셋째는 모든 고기를 먹지 말 것이며, 넷째는 다섯 가지 매운

나물을 먹지 말 것이며, 다섯째는 계를 범한 이를 보거든 참회케 할 것이며, 여섯째는 대승법사가 멀리서 왔거든 맞아들여 공양하고 삼시설법(三時說法)을 청할 것이며, 일곱째는 강설하는 곳이 있거든 꼭 가서 들을 것이며, 여덟째는 병자를 보거든 항상 부처님같이 공양할 것이며, 아홉째는 마음에 대승법을 등지고 이승(二乘)을 받아들이지 말 것이며, 열째는 매·활·화살 등 싸우고 살생하는 도구를 간직하지 말 것이니, 이러한 십계(十戒: 十度品)를 응당 배워야 한다.

둘째 단 중에 첫째는 이익을 위해서 군진(軍陣)에 왕래하지 말 것이며, 둘째는 양민이나 노비나 길짐승을 판매하거나 관(棺)과 관에 쓰이는 자재 등 시신 담는 그릇을 교역하지 말 것이며, 셋째는 선량한 사람이나 그밖에 국왕대신을 모함해서 그들이 오역 등의 무거운 죄를 지었다고 하지 말 것이며, 넷째는 불을 놓아서 산과 들을 태우지 말 것이며, 다섯째는 불제자(佛弟子)[50]로부터 온갖 원수나 친지에 이르기까지 대승경률을 지니라고 가르쳐서 보리심을 내게 할 것이며, 여섯째는 먼저 대승법을 배운 이는 신학보살(新學菩薩)이 와서 경과 율을 구하는 것을 보거든 법답게 가르쳐 주어야 할 것이며, 일곱째는 국왕대신과 가까이하면서 그 위세를 자시하고 전물(錢物)을 함부로

---

49) 화상(和尙): 범어 **upādhyāya**의 불완전한 음역으로 정확한 음역은 '鄔波駄耶'이다. 和社·和社·和上이라고도 하며, 親敎師·方生·依學이라 번역한다. 인도에서는 원래 '師父'의 속칭이었으며, 중국에서는 스님 가운데 師長에 대한 존칭이었으나, 후에는 俗人들이 스님을 부르는 俗稱이 되었다. 또한 본래는 아사리와 함께 수계사인 스님을 말하는 것이었으나, 후세에는 덕이 높은 스님을 가리키는 말이 되었다. 제자를 둘 수 있는 자격이 있는 사람, 제자에게 구족계를 줄 수 있는 師를 말한다. 선종에서는 수행 경력이 10년 이상의 스님을 말한다.

50) 제자(弟子): 室灑라 음역되는 범어 śiṣya의 본 뜻은 '所敎'라 意譯되니, 그것이 弟子로 번역되더라도 上下 또는 主從의 관계를 내포하는 것은 아니다. 慧遠(334~416)은 《維摩經義記》 제2권에서 弟子品의 弟子를 "성문은 학업이 부처님의 뒤에 있기 때문에 弟라 이름하고, 부처님의 교화로부터 생기므로 子라 한다"고 해석하였다.

취하지 말 것이며, 여덟째는 밤낮으로 보살계를 받아지니되 계율의 인(因)과 연(緣)을 분명히 알지 못하고는 남의 스승이 되어 계를 주지 말 것이며, 아홉째는 계를 지니는 비구를 보거든 속이거나 비방하지 말 것이며, 열째는 항상 방생(放生)을 봉행하고 살생하는 사람을 보거든 방편으로 구호하며, 부모나 형제의 기일을 당하거든 법사를 청해서 보살계를 강론하여 망자(亡者)의 복을 늘릴 것이니, 이러한 십계(十戒: 滅罪品)를 응당 배워야 한다.

셋째 단 중에 첫째는 어떤 사람이 나의 부모형제를 죽였더라도 보복할 것을 생각지 말 것이며, 둘째는 자기의 총명함과 호부(豪富)함만을 자시하여 선학(先學) 법사에게 경과 율을 물어 배우기를 싫어하지 말 것이며, 셋째는 스스로는 경과 율을 아는데 신학보살이 와서 물으면 경멸하는 마음으로 잘 대답해 주지 않으려 하지 말 것이며, 넷째는 경과 율은 제쳐놓고 도리어 삿된 소견인 외도의 속된 경전을 배워 도를 장애하는 인연을 만들지 말 것이며, 다섯째는 설법주(說法主) 또는 승방주(僧房主)가 되었거든 삼보의 상주물을 잘 수호할지언정 법도 없이 사용하지 말 것이며, 여섯째는 먼저부터 승방에 머물렀거나 대중에 머무를 때 객보살비구가 오거든 응당 일어나서 맞아들이고, 갖가지 공양구를 (처소로) 보낼 것이며, 또 어떤 단월[51]이 와서 스님네를 청하거든 승방주는 응당 먼저 객승을 뽑아 (시주댁에) 보낼 것이며, 일곱째는 별청(別請)[52]을 받아서 이양(利養)을 자기만 차지하지 말 것이며, 여덟째는 스님네를 청해서 소원을 구할 때에는 반드시 차제청(次第請)을 할지언정 별청하지 말 것이며, 아홉째는 이익을 위해

---

51) 단월(檀越): 범어 **dānapati**의 소리 옮김은 檀那로서 施主라 번역하며, 布施를 행하는 사람을 뜻한다. 檀은 檀那의 약칭, 越은 施主한 공덕으로 빈궁한 세계를 뛰어넘음을 의미한다.

남녀색(男女色)을 판매하거나 손수 음식을 짓거나 손수 방아를 찧거나 길흉을 점치는 온갖 주술이나 재주 등을 하지 말 것이며, 열째는 속인들을 위하여 남녀들이 만나는 일을 주선하지 말 것이니, 이러한 십계(十戒: 制戒品)를 응당 배워야 한다.

넷째 단 중에 첫째는 외도나 온갖 악한 사람들이 불보살상이나 경률을 판매하는 것을 보거든 응당 교화하여 재물을 가지고 가서 바꾸어 와야 할 것이며, 둘째는 가벼운 저울이나 작은 되로 사람을 속여 물건을 취하지 말 것이며, 또 고양이·삵·돼지·개 등을 기르지 말 것이다. 셋째는 남녀 등의 싸움이나 군진(軍陣) 병장들의 싸움을 구경하지 말 것이며, 또 금슬과 공후와 풍류 소리를 듣지 말 것이며, 또 저포(樗捕)[53]나 바둑이나 육박(六博: 쌍육) 등의 노름과 나아가서는 조경(爪鏡)[54]이나 버들가지로 치는 점[55] 등 모든 나쁜 재주를 부리지 말 것이다. 넷째는 밤낮으로 이 계를 읽고 외우되 마치 금강(金剛) 같고 부낭(浮囊)을 지키듯이 하여, 스스로 '나는 아직 이루지 못한 부처일 뿐이다' 라고 생각할 것이다. 다섯째는 부모와 스승과 삼보에게 효순할 것이며, 또 "좋은 스승과 도반이 나에게 대승법을 가르쳐 주시거든 내가 잘 알아듣고 법다이 수행해서 잠시도 마음에서 떠나지 않게 되어지이다"라고 발원할 것이다. 여섯째는 부처님의 금계(禁戒)를 지

---

52) 별청(別請): 재가인이 僧衆 가운데 특별히 지명하여 초청해서 공양하는 것을 별청이라 한다. 僧衆이 공양의 초청을 받았을 때는 受戒한 순서에 따라 차례로 여기에 참석하도록 계율로 정하고 있는데, 이런 규정을 어기고 특별히 別請을 받는 것은 계율상 금지되어 있다. 이것을 어기면 波逸提가 된다.

53) 저포(樗捕): 도박의 일종으로 博奕·袁玄道라고도 한다. 樗·蒲는 모두 식물의 이름으로서 모양이 같으면서 색은 달라 옛날부터 주사위 등의 놀이에 사용되어졌다.

54) 조경(爪鏡): 속칭 圓光法이라 일컫는 점술이다. 손가락에 약을 발라 주문을 외우면 손바닥 위로 마치 거울과 같은 빛이 올라오면서 갖가지의 모습들이 나타나 사람들의 길흉화복을 점친다는 주술의 한 가지.

55) 양기(楊技): 5월 5일에 버들가지를 꺾어 사람의 형상을 만들어 주술하는 것.

니면서 발원하기를 "차라리 이 몸을 치연(熾然)한 맹화(猛火)의 큰 구
덩이와 칼산에 던져질지언정 끝내 부처님의 경률을 어기고서 모든
여인들과 부정행(不淨行: 음행)을 하지 않을 것이며, 차라리 천 겹의
무쇠그물로 겹겹이 몸을 얽을지언정 끝내 파계한 몸으로 신심단월의
온갖 의복을 받지 않을 것이며, 차라리 뜨거운 쇳덩이를 삼키고서 백
천 겁을 지날지언정 끝내 파계한 입으로 신심단월의 맛있는 음식을
받지 않으리라" 하고, 나아가서는 "일체중생과 더불어 다 함께 성불
하여지이다" 할 것이다. 일곱째는 봄과 가을에는 항상 두타행(頭陀
行)⁵⁶⁾을 하고, 여름과 겨울에는 항상 좌선을 하되 양지(楊枝)⁵⁷⁾ · 비누
〔藻豆〕⁵⁸⁾ · 삼의(三衣)⁵⁹⁾ · 물병〔瓶〕 · 바루〔鉢〕⁶⁰⁾ · 방석〔坐具〕 · 석장

---

56) 두타(頭陀): 범어 **dhūta**의 소리 옮김. 衣食住에 대한 탐착을 버리고 심신을 수
련하는 것을 말하는데, 후세에 이르러 頭陀란 말은 山野와 세상을 巡歷하며 온갖 辛
酸의 고행을 인내하는 行脚의 수행이란 뜻으로 사용되었다. 頭陀의 생활 규범에 대
해 12조항을 세워 十二頭陀行이라 하니 在阿蘭若處 · 常行乞食 · 次第乞食 · 受一食
法 · 節量食 · 中後不得飮漿 · 著弊衲衣 · 但三衣 · 塚間住 · 樹下止 · 露地坐 · 但坐
不臥 등이 그것이다.

57) 양지(楊枝): 범어 **dantakāstha**의 번역으로 齒木이라고도 한다. 작은 버들가지의
머리를 씹어 細枝로 이빨을 닦는 것을 말하는데, 처음 불교도들에게 냇버들 가지로
이를 깨끗이 하도록 한 데서 이름.

58) 조두(藻豆): 大豆와 小豆의 분말로서 손을 씻는 비누.

59) 삼의(三衣): 출가 수행하는 비구가 입는 의복 세 가지. (참조→ '袈裟')

1. 僧伽黎(saṁghāti): 21조 · 23조 · 25조(4長1短−上品), 15조 · 17조 · 19조(3長1
短−中品), 9조 · 11조 · 13조(2長1短−下品) 설법할 때, 마을에 들어가 걸식할 때, 궁중
에 들어갈 때 입는다. 大衣라 한다.

2. 鬱多羅僧(uttarāsaṅgha): 7조(2長1短) 예불 · 독경 · 청강 · 포살 등을 할 때 입는
다. 上衣라 한다.

3. 安陀會(antarvāsa): 5조(1長1短) 절 안에서 작업할 때 입는다. 內衣라 한다.

60) 바루〔鉢〕: 즉 椀鉢이니, 椀은 작은 바리로서 鎭子를 말하며, 鉢은 범어 **pātra**의
음역인 鉢多羅의 준말이다. 應器 또는 應量器라 의역. 재료는 철이나 옹기로 해야
하며, 그밖에 것은 허용되지 않는다. 우리나라에서는 부처님이 금지하신 木鉢이 보
편적으로 사용되고 있다. 또는 범어의 鉢과 중국어로 밥그릇을 뜻하는 盂가 합쳐져
鉢盂라 하기도 한다.

(錫杖)[61] · 향로(香爐) · 녹수낭(漉水囊)[62] · 수건〔毛巾〕· 칼〔刀子〕· 부
싯돌〔火鑒〕· 족집게〔鑷子〕· 승상(繩床) · 경전〔經律〕· 불보살상 등
이러한 열여덟 가지 물건을 항상 몸에 지닐 것이며, 만일 두타행을 떠
나거나 좌선을 할 때는 어려움이 있는 곳에 들어가지 말아야 하니, 이
른바 악한 왕의 국토와 초목이 우거진 으슥한 곳과 사자나 호랑이가
있는 곳과 물 · 불 · 바람 등의 재난이 있는 곳과 떼도적 또는 독사의
재난이 있는 곳 등이다. 여덟째는 여법한 차례로 앉되 노소와 귀천
을 묻지 말고 먼저 수계한 이는 앞에 앉고, 뒤에 수계한 이는 뒤에 앉
아야 할 것이다. 아홉째는 항상 일체중생을 교화하되 승방이나 불탑
등 모든 수도〔行道〕할 곳을 건립할 것이며, 만일 질병이 있을 때나 국
난(國難)이나 적난(賊難)이 있을 때나 부모형제의 기일 등 모든 모임
〔齋會〕이 있을 때와, 나아가서는 물불의 재난과 나찰의 재난 또는 오
라와 결박과 항쇄와 족쇄 등으로 몸이 속박당했을 때와 음욕과 성냄
과 어리석음이 발동할 때는 모두 이 경률을 읽고 외울 것이니, 이러
한 구계(九戒: 梵壇品)를 응당 배워야 한다.

다섯째 단 중에 첫째는 남에게 계를 줄 때 온갖 국왕 · 대신 · 비
구 · 비구니 · 신남 · 신녀 · 음남(婬男) · 음녀(婬女) · 무근(無根) · 이
근(二根)[63]과 나아가서는 일체 귀신과 축생을 가리지 말고 다만 법사
의 말을 이해할 수만 있다면 모두에게 계를 주되, 오직 **칠차(七遮)**의

---

61) 석장(錫杖): 범어 khakkhara의 번역. 지팡이의 일종으로, 길을 다닐 때는 독사
등 해충을 막고, 걸식할 때는 이것을 흔들어 소리를 내어 단월에게 비구가 온 것을
알린다.
62) 녹수낭(漉水囊): 범어 parisrāvana의 번역. 鉢里薩羅伐拏라 음역하며, 水羅라고
도 한다. 물을 머을 때 물속에 있는 작은 벌레를 죽이지 않기 위해서, 또는 티끌 같은
것을 없애기 위하여 물을 거르는 주머니.
63) 無根은 남자나 여자에게 성기가 없는 것이요, 二根은 남녀의 성기를 한 몸에
갖추고 있는 것을 말한다.

칠역죄(七逆罪)[64]만은 제외할 것이며, 또 출가한 이는 국왕과 부모 및 육친에게 절을 하지 말 것이다. 둘째는 명예와 이익을 위해 거짓으로 일체 경률을 아는 체하면서 짐짓 남에게 계를 주지 말 것이다. 셋째는 아직 보살계를 받지 않은 이나 외도나 삿된 소견을 가진 사람 앞에서는 대계(大戒)를 설하지 말 것이나, 오직 국왕은 예외로 한다. 넷째는 만일 정계(正戒)를 받고 짐짓 범한 이는 단월의 공양을 받지 말 것이며, 국왕의 땅을 밟고 다니거나 국왕의 (땅에서 나오는) 물을 마시지도 말아야 하니, 무슨 까닭인가? 이 사람은 법 안의 큰 도적인지라 축생과 다름이 없으며, 나무토막과 다르지 않기 때문이다. 다섯째는 대승경률을 받아지니되 가죽을 벗기고 피를 뽑고 뼈를 꺾어서 경률을 써야 할 것이나 최소한 나무껍질·종이·비단·대쪽에 써도 가하니, 항상 칠보와 향화로 공양할 것이다. 여섯째는 일체중생을 보거든 응당 "너희들은 꼭 삼귀의의 계와 십계를 받아야 한다"고 외치고, 또 소·말·돼지·양 등 온갖 축생을 보거든 마음속으로 "발보리심(發菩提心)하라"고 외쳐야 할 것이다. 일곱째는 항상 교화하러 다니되 단월네 집에 들어가거든 선 채로 백의(白衣)를 위해 설법할 것이 아니라 반드시 높은 자리를 만든 뒤에 올라가 앉아서 설법하고, 다른 사람들은 아래에 앉아서 들을 것이다. 여덟째는 짐짓 파법자(破法者: 破壞佛法者)가 되어 내 사부제자(四部弟子)[65]들의 출가와 수도

---

64) 칠차칠역(七遮七逆): 遮는 聖道를 막는다는 의미와 더불어 이것을 범한 사람에게는 수계가 허용되지 않는다는 의미를 지니니, 七遮罪가 곧 七逆罪이다. 칠역죄는 부처님의 몸에 피를 내게 하는 것, 부친을 살해하는 것, 모친을 살해하는 것, 스님을 살해하는 것, 아사리를 살해하는 것, 羯磨轉法輪僧을 깨트리는 것, 성인을 살해하는 것 등이다.

65) 사부제자(四部弟子): 불교 교단을 구성하는 4종류의 사람이니, 比丘·比丘尼·優婆塞·優婆夷, 또는 비구(沙彌)·비구니(沙彌尼)를 말한다. 혹은 불교 법회에 참석하는 4종류의 무리이니, 發起衆·當機衆·影響衆·結緣衆을 말하기도 한다.

를 거부하지 말 것이며, 또 불보살상이나 불탑이나 경률 등을 조성하는 일을 거부하지 말 것이다. 아홉째는 명예를 위해 국왕이나 백관 앞에서 부처님의 계법을 설하거나 계를 범한 이를 무고하여 형벌〔繫縛〕을 주게 하지 말 것이며, 만일 외도나 악인들이 부처님의 계를 비방하는 소리를 듣거든 마치 3백 개의 창으로 심장을 찌른 듯이 여겨 (서원하기를) "차라리 스스로가 지옥에 들어가 백 겁을 지날지언정 한마디 나쁜 말로 부처님의 계법을 파괴하는 소리는 듣지 않으리라" 할 것이니, 이러한 구계(九戒: 無上天王勸學品)를 잘 배워야 한다…….

이상의 십중계(十重戒)와 마흔여덟 가지 경구계(輕垢戒)는《범망경》에서 나왔다. 또 보살의 4백 계와 비구〔苾芻〕의 2백50계와 비구니의 5백 계와 3천 위의(威儀)와 8만 세행(細行)의 계가 있다.

이와 같은 여러 가지 계는 삼취(三聚)가 총론(總論)이다. (삼취 중에) 첫째는 모든 악을 다 여의는 **섭율의계**(攝律儀戒)이며, 둘째는 모든 선행을 다 쌓는 **섭선법계**(攝善法戒)이며, 셋째는 모든 중생을 다 제도하는 **섭중생계**(攝衆生戒)이다.

이들 모든 계법은 초기에 발심한 법부들도 다 지키기 어려웠거늘 하물며 지금은 지계견고(持戒堅固)가 지나간 지 이미 7백80여 년이라, 그런 까닭에 시기는 흐리고 근기는 하열하고 업장은 두텁고 믿음은 얇아서 계를 지킬 형편이 매우 어려우니, 비록 다 지니지는 못하더라도 독송하기만 해도 가하다. 더 나아가서는 삼귀오계(三歸五戒)만 지니고서 목숨을 마치도록 범하지 않으면 대단히 장한 일이다. 만일 그렇지 못하면 7일에서 내지 하루만 봉행해도 가하니 무슨 까닭인가?《관무량수경(觀無量壽經)》에서 "만일 어떤 사람이 하룻낮 하룻밤만 사미계를 지키면 목숨을 마친 뒤에 극락세계의 중품중위(中品中位)에 태어나리라" 하였고, 또 위에 인용한 바와 같이 도리천자

가 7일 동안 삼자귀계(三自歸戒)를 독송하고는 열등함을 바꾸어 수
승함을 얻었다 했기 때문이다.

계(戒)라는 것은 금지한다는 뜻이며 단속한다는 뜻이니, 말하자면
마치 원숭이에게 사슬을 채우듯 정욕(情欲)을 금지하고, 말에 재갈을
물리듯 신구(身口)를 단속하는 것이다.

《지도론(智度論)》에서는 "크고 악한 병에는 계가 양약이며, 큰 두려
움에는 계가 지킴〔守護〕이며, 죽음의 어두움에는 계가 등불이며, 삼
악도에는 계가 다리이며, 오포(五怖)[66]의 바다에는 계가 큰 배가 된
다" 하였다.

또 《화엄경》에서는 "어떤 사람이 집을 지으려면 먼저 터를 골라야
하듯이, 보살도 만행을 닦으려면 먼저 시라(尸羅)[67]를 밝혀야 한다"
하였다. 《살바다론(薩婆多論)》에서는 "처음 계를 받은 사람이 부처님
과 동등하다" 하였고, 또 어떤 경에서는 "계를 받은 사람은 육도의 어
디에 태어나든지 모두 왕이 된다" 하였고, 또 "앉아서 받고 서서 파
하더라도 받지 않은 것보다 수승하다" 하였으니, 이로써 계의 공덕은
이루 다 말할 수 없다. 자세한 것은 《범망경》과 《능엄경》 등의 경과
모든 율장〔毘奈耶〕에 설해 있으니, 더 자세히 알기를 원한다면 살펴
보기 바란다.

---

66) 오포(五怖): 진리를 깨닫지 못한 중생에게는 다섯 가지의 큰 두려움이 있다.
다섯 가지란 생활에 대한 두려움〔不活畏〕, 명예를 잃지 않을까 하는 두려움〔惡名畏〕,
죽음에 대한 두려움〔死畏〕, 악도에 떨어지지 않을까 하는 두려움〔惡道畏〕, 자신이
없어 대중 앞에 나서지 못하는 두려움〔大衆威德畏〕이 그것이다.

67) 시라(尸羅): 범어 śīla. 戒律이라 번역함. 부처님이 제정하신 법을 잘 지켜 허물
이 없도록 하는 것.

【게송 182】

布施及安忍커나　　　　　　精進修禪智커나
讀誦書經論커나　　　　　　禮念佛菩薩커나

보시와 그리고 인욕 닦기
정진과 선정과 그리고 지혜 닦기
경론을 읽거나 종이에 쓰기
불보살께 절하거나 명호 부르기

【게송 183】

或修營佛廟커나　　　　　　或造建僧坊커나
或塑畫聖形커나　　　　　　或修古經像커나

불전〔佛廟〕을 짓거나 수리하기
승방을 짓거나 수리하기
성현들의 형상을 새기거나 그리기
파괴된 경전이나 불상을 보수하기

【게송 184】

或歌詠三寶커나　　　　　　或掃塔獻花커나
或燒香然燈커나　　　　　　或作樂供養커나

삼보의 공덕을 노래하고 찬탄하기
탑전을 소쇄커나 꽃을 올리기
향을 피우거나 등을 켜서 공양하기
풍악을 연주하여 공양 올리기

【게송 185】

或奉養師親거나　　　　或行世仁義거나

或敬老慈幼거나　　　　或悲諸有情거나

스승과 어버이를 받들어 섬기기

세속의 인의(仁義)를 곁들여 행하기

노인을 공경커나 어린이를 사랑하기

끝없는 중생세계 가엾이 여기기

【게송 186】

或隨喜他善거나　　　　或謙心軟語하야

隨宜但行一이면　　　　亦當成佛道하리라

남의 선한 일을 따라서 기뻐하기

겸손한 마음으로 부드럽게 말하기 중에서

힘에 따라 한 가지만 행하여도

반드시 불도를 이루리라.

보시(布施)는 범어로는 단(檀)이라 하며, 신명시(身命施)와 재시(財施)와 법시(法施) 세 가지가 있다. 신명시는 법인(法忍)을 얻은 보살이 아니면 할 수 없다. 그러므로 신자(身子: 사리불)가 제6심까지 이르렀다가 물러났다. 재시는 노비와 상마(象馬)와 모든 진기한 보물로 보시하는 것이니, 이는 많고 적음에 관계없이 다만 힘에 따라 정성을 다할 뿐이다. 그러므로 빈녀(貧女)가 두 푼을 보시하고도 현전에 왕비가 되었고, 어떤 노모는 쉰 쌀물을 보시하고도 천상에 태어났다. 어떤 이는 몸을 보시하는 것도 재물 보시(財施)가 된다 하였다. 법시는 부처님이나 선지식에게 들은 세간과 출세간의 착한 법이나 경론을 통해 안 것을 청정한 마음으로 남을 위해 설해 주는 것이다. 만일 재시를 법시에 견준다면 천만억분의 하나에도 미치지 못한다. 그러므로 《금강경》에서는 "어떤 사람이 하루 사이에 항하사와 동등한 육신으로 보시하고, 이렇듯 무량한 겁을 지나도록 육신으로 보시하더라도 다른 어떤 사람이 이 경을 지니고서 단 한 구절이라도 남에게 일러 주면 그 복이 저보다 수승하다" 하셨다.

인욕(忍辱)은, 범어로는 찬제(羼提)라 하며, 속마음이 안정되어 밖의 욕된 경계를 능히 참을 수 있게 된 것이다. 인욕에는 생인(生忍)과 법인(法忍) 두 가지가 있다. 생인은 다른 사람이 성내고 꾸짖고 때리고 해치는 등, 법인은 추위와 더위와 바람과 비와 주림과 목마름과 늙음과 병듦 등, 이들 두 경계에 마음이 안정되어 요동치 않는 것이다. 부루나가 마음을 닦을 때 어떤 이가 와서 꾸짖으면 주먹질을 하지 않은 것을 기뻐했고, 주먹질하는 자를 만나면 몽둥이로 치지 않은 것을 기뻐했고, 몽둥이로 치는 자를 만나면 칼을 휘두르지 않은 것을 기뻐했고, 칼을 휘두르는 자를 만나면 스스로 생각하기를 '내가 일찍부터 오음의 독스러운 몸을 버리려고 했더니 다행히 선우가 있어 나의 괴로움의 뿌리를 제거해 주니, 그 어찌 소중히 여기지 않겠는가' 했으니, 이렇게 마음을 조종하면 원한을 끊을 뿐 아니라 복과 지혜가 더욱 높아질 것이다. 그러므로 영가(永嘉) 대사가 "욕하는 말을 음미하는 것이 공덕이니, 이것이 나를 선지식으로 만든다" 하였다.

정진(精進)은 범어로는 비리야(毘離耶)라 하며, 선한 법을 부지런히 행하여 방일치 않는다는 뜻이다. 정진에는 신정진(身精進)과 심정진(心精進) 두 가지가 있다. 말하자면 성현의 모습을 조각하거나, 그리고 경전을 쓰거나 베껴서 예배하거나 독송하거나 남에게 이야기해 주는 등 모든 선법을 멈춤 없이 닦는 것을 신정진이라 하고, 모든 선도

(善道)와 선정과 지혜를 부지런히 수행하되 앞뒤의 마음이 끊이지 않고 이어지는 것을 심정진이라 한다. 이 비리야 한 가지 바라밀[度]의 힘 때문에 (나머지) 다섯 도(度)가 바야흐로 원만해지니, 예컨대 석존이 인행(因行) 때 7일 동안 발꿈치를 세워 정진하신 까닭에 미륵의 공덕을 뛰어넘으신 것이 진실로 이 때문이다. 그러므로 경에서 "어느 한 법도 게으름으로 이루어지는 것이 없다……" 하셨다.

선정(禪定)은, 범어로 구족히 말하면 선나(禪那)이며, 사유수(思惟修)라 번역한다. 선에는 세간선(世間禪)과 출세간선(出世間禪) 두 가지가 있다.

세간선(世間禪)이란 근본사선(根本四禪)과 사무량심(四無量心)과 사무색정(四無色定)으로서, 범부들이 닦는 선법을 말한다.

출세간선(出世間禪)에서 육묘문(六妙門)[68]과 십육특승(十六特勝)[69]과 통명(通明)[70]과 나아가서는 삼명(三明)과 육통(六通)은 이승(二乘)과 함께하는 선법[共禪]이며, 수능엄삼매(首楞嚴三昧) 등 1백8종 삼매와 제불부동(諸佛不動) 등 1백20종 삼매는 제불보살이 닦는 선법으

---

68) 육묘문(六妙門): 열반에 들어가기 위한 여섯 가지 수행문으로, 6종의 禪觀을 말함. 즉 호흡의 출입을 셈하는 것에 의해 마음을 고요히 하는 數息門, 숨의 출입을 자연대로 하여 마음을 고요히 하는 隨息門, 마음을 움직이지 않고 사려를 그치는 선정인 止門, 선정에 사로잡히지 않고 대상을 밝게 관찰하는 觀門, 대상을 관하는 자기 마음에 집착하지 않고 마음을 고정화하여 파악하지 않는 還門, 마음에 온갖 구애가 없어져서 진리의 청정하고도 모양이 없음을 증득하는 淨門 등을 말한다.

69) 십육특승(十六特勝): 호흡을 세어 마음의 산란을 더는 정신통일법인 數息觀을 많은 종류로 세분하여 확충한 것. 念息短 · 念息長 · 念息遍身 · 除身行 · 覺喜 · 覺樂 · 覺心行 · 除心行 · 覺心 · 令心喜 · 令心攝 · 令心解脫 · 無常行 · 斷行 · 離行 · 滅行 등의 16 가지.

70) 통명선(通明禪): 아라한 등의 성자가 四禪定 · 四無色定 · 滅盡定 등 九次第定을 닦을 때 息 · 色 · 心의 세 가지를 觀하는 禪法을 말하는데, 通明觀禪 또는 通明觀이라고도 한다. 이 선정을 닦을 때는 반드시 息 · 色 · 心 세 가지를 꿰뚫어 觀하여 철저히 살펴서 걸림이 없게 하는 까닭에 通明이라 일컫는 것이며, 또한 이로 인해 六通과 三明을 얻는 까닭에 通明이라 일컫는다.

로서 범부나 이승(二乘)과 함께하지 않는다.

선이 공용(功用: 공부 과정)이 되는 까닭은 모든 잡된 생각을 고요히 하고 마음을 한 곳에 제어해서 견성성불(見性[71]成佛)케 하기 때문이니, 삼세제불과 일체보살 중에 이 문으로 들어오지 않은 이가 없다. 그러므로 옛 어른이 "비록 만 겁을 지나도록 잡된 선행(善行)을 닦더라도 잠깐 사이〔一食頃〕에 마음을 편안케 하고 생각을 고요히 한 것만 못하다……" 하였다.

어떤 선이 삿된가 바른가와 나아가서는 관을 닦는 방편을 더 이야기하자면 문장이 번거로울 것 같기에 다 기록하지 않노니, 만일 자세히 알고자 하거든 천태(天台)의 《마하지관론(摩訶止觀論)》을 보라. 거기에는 선문의 수행하는 행상〔相〕을 널리 말씀해 놓았는데, 사와 정을 가리고 편(偏)과 정(正)을 밝힌 것이 손바닥 가리키듯 훤하고 명백하다.

지혜(智慧)는 범어로 **반야**(般若)라 하며, 일체 모든 법을 얻을 수 없음을 비추어 알되 일체를 통달하여 걸림이 없어지는 것이다. 지혜에는 세 가지가 있다. 첫째는 구성문지(求聲聞智)니 처음에 사념처(四念處)로부터 잇따라 사제(四諦)를 관하고 나아가서는 무생지(無生智)를 증득하는 것이다. 둘째는 구연각지(求緣覺智)니 십이인연을 관하여 무생지(無生智)를 깨닫는 것이다. 셋째는 구불도지(求佛道智)니 보살

---

71) 견성(見性): 달마대사의 〈血脈論〉에 見性이란 문자를 처음 사용하여 그 내용을 말하기를 "만약 佛을 구하려거든 모름지기 見性하라. 性은 곧 佛이다. 만약 견성을 못하면 念佛·誦經·持戒·持齋 등 모두가 이익이 없다. 염불은 인과를 얻고, 송경은 총명을 얻고, 지계는 生天을 얻고, 보시는 복을 얻을 뿐, 佛을 구함에는 아직 따르지 못한다. 만약 自己를 밝게 요달하지 못했으면 모름지기 계·정·혜 三學을 겸비한 선지식을 찾아서 생사의 근본을 궁구하라. 견성을 못하면 가령 十二部經을 通說할지라도 생사윤회를 면치 못한다. 三界에 苦를 받아서 벗어날 기약이 있을 수 없다"라고 하였다.

이 처음 발심한 뒤로부터 육도(六度)를 부지런히 행하고 마구니를 부수고 번뇌를 끊고 나아가서는 무여열반(無餘涅槃)에 드는 것이다. 보살이라면 청정한 마음으로 이 세 가지 지혜를 닦기 때문에 반야라 한다. 《금강경》에서는 "일체 부처님과 부처님들의 아뇩보리법이 모두 이 경에서 나왔다" 하였고, "그러므로 반야는 모든 부처님의 어머니라" 하였다.

또 이 반야는 중생과 부처가 함께 소유하고 있건만 다만 미혹이냐 깨달음이냐에 따라 일단 높고 낮음이 나뉘었다. 그러므로 이런 도리를 알고서 마음을 연마하면 본래부터 소유하고 있던 평등한 대지혜가 당장에 드러날 것이니, 그렇다면 어찌 중생과 부처에 차이가 있겠는가. 그러므로 정명(淨名)이 "평등한 참법계에는 부처님이 중생을 제도하지 않는다" 하였고, 누군가가 "만일 보살이 반야를 듣지 못했으면 불도와 멀어지고, 비록 범부라도 반야를 배우는 이는 미래에 부처를 이룰 자라 한다" 하였다.

보살의 만행(萬行)이 육도(六度)에서 벗어나지 않고, 이 육도 중에는 반야가 우두머리이니 만일 반야를 수행하면 이미 육도만행(六度萬行)을 구족한 것이다. 부처님께서 말씀하시기를 "육도가 공덕이 되는 인연을 말하자면 겁이 마쳐도 다하지 않는다……" 하셨다.

경론을 읽는다 함은 (부처님의) **일대시교**(一代時敎)를 읽는 것이다. 일대시교 안에 경·율·논 삼장이 있고, 거기에는 또 대승과 소승, 그리고 현교(顯敎)와 밀교(密敎)가 있다. 부처님의 경계는 본래 이승(二乘)·삼승(三乘)·대승·소승의 차별이 없으나 뭇 근기에 수순하기 때문에 이렇게 되었다.

우선 여래께서 세상에 나오신 대의는 중생들로 하여금 모두 대승에 들어가게 하시려는 것이나, 간혹 소승의 근기가 있어 대승에 참여

하지 못하기 때문에 자연스럽게 삼승의 법을 설하여 소승의 이익을 얻고는 차츰 대승에 들게 하셨다. 그러므로《법화경》에서 "대승에 드는 것으로 근본을 삼는 까닭에 이 경을 설하셨다" 하시니, 바라건대 수행자들은 이 이치를 알아서 경이나 논에 대승이나 소승을 논하지 말고 자기가 감당할 수 있는 힘에 따라 모두 받아지녀야 한다.

오! 요즘 대승을 배우는 이는 다만 반야부(般若部)와 방등부(方等部)의 툭 트인 말씀과 대승을 찬탄하고 소승을 배척한 글만 보고 여래께서 근기에 맞추어 교법을 시설하신 미세하고 비밀한 뜻을 깊이 살피지 못하여 대아만(大慢)의 깃발을 높이 세우고 소승을 그르다고 꾸짖으니, 약간은 꽉 막힌 것 같도다. 무슨 까닭인가? 방등부에서 대승을 찬탄하고 소승을 배척한 것은 이승(二乘)의 사람들이 작은 법〔소승〕을 얻고는 만족하게 여겨 되돌아서지 못하므로 여래께서 그들로 하여금 소승을 부끄럽게 여기게 하려고 배척하셨고, 그들로 하여금 대승을 흠모케 하려고 다음에 (방등부를) 설하시고, 그들로 하여금 대승에 들게 하려고 다음에 반야부를 설하셔서 융화시키고 도태(淘汰)하셨기 때문이다. 이렇듯이 마디마디로 점검하건대 경책해서 일승(一乘)으로 끌어들이셨으니, 분명히 알라, 지탄하고 배척한 것은 오직 당해근기〔當機〕에 내리신 것이지 후세의 초심범부와는 관계가 없다.

만일 이 소승법이 중생에게 이익될 바가 전혀 없다면 부처님께서 멸도하신 뒤 가섭과 아난이 결집할 때 어찌하여 뽑아 버리지 않고 거두어 모아서 함께 한 장(藏)에 두었겠는가. 뿐만 아니라 부처님 당시 제자님들 중에도 이근(利根)과 둔근(鈍根)이 있어, 이근은 활짝 대승법에 들거니와 둔근은 소승을 거쳐서 대승에 들었으니, 이 까닭에 교법에 대소승을 모두 남겨두었다. 하물며 지금은 말세인지라 교법을 배우는 수행자에게 어찌 우열이 없겠는가? 그러므로 우수한 근기는 대승을 좋아하고 열등한 이는 소승법을 좋아서 제각기 마땅함을 따르는 것이 이치에 어긋나지 않거늘 어찌 배척할 필요가 있으랴.

우선 소승이 허물이 되는 까닭은 소승법에만 집착하고 대승법을 잊기 때문이니, 만일 마음을 돌려 대승으로 향한다면 무슨 허물이 있겠는가. 예컨대 장자(長者)가 아이들에게 반 글자씩 가르친 일에는 반드시 까닭이 있을 것이다. 과연 그들이 꾸짖은 대로 소승법〔往: 지난날의 법〕을 말미암지 않고 곧장 대도(大道)를 수행할 수 있다면 더 다행스러울 수가 없을 것이다. 그러나 온 천하 사람이 순전히 군자일 수 있다면 진실로 (그의 주장이) 가하다 하겠거니와, 만일 야인(野人)이 섞였다면 어찌 (꾸짖지 말라는 말이) 옳다 하리요. 무슨 까닭인가? 만일 야인들로 하여금 큰길로 가게 한다면 마치 들짐승을 몰아서 저자거리로 다니게 하는 것과 같기 때문이다. 이로 인해 근기와 교법이 서로 어긋나거니 이익이 어디에 있으랴.

혹 어떤 사람은 경을 인용하여 "독송만 하고 뜻을 이해하지 못하면 법을 비방하는 것이니, 마치 헛방아를 찧는 것 같아서 끝내 이익이 없다" 하거니와, 이와 같은 국집된 말을 어찌 족히 믿을 수 있겠는가.

사람 중에는 어리석은 이와 지혜로운 이가 있는데, 지혜로운 이는 이치를 취하고 어리석은 이는 글을 지키거니와 비록 지혜로운 사람이라도 정신차려〔用心〕 구하지 않으면 깊은 이치에 도달할 수 없기 때문에 "경문을 독송하기만 하여도 수승하다" 하니, 이 까닭에 다시 현묘한 이치를 찾는 일을 게을리 하게 되었다. 그러므로 여래께서 따로이 이런 사람을 경계하시기 위해 그렇게 말씀하신〔云云〕 것이지, 어리석은 사람을 통틀어 경계하신 것은 아니다. 이렇듯 어리석은 사람은 정(丁)자 일(一)자도 모르거늘 하물며 현미(玄微)한 이치를 환하게 깨달으라고 말할 수 있겠는가. 이런 사람은 마음을 돌려 도에 향하게 하기 어렵고, 설사 마음을 돌려 도에 향하더라도 (경전을) 독송하기가 또한 어렵다. 이런 까닭에 독송만 하여도 그대로가 선한 일이므로 대성(大聖)께서도 반드시 기뻐하실 것이니, 차라리 장하다고 찬탄할지언정 어찌 감히 질책해서 그들을 실망케 하겠는가? 만일 통틀어 경계하신 것이라면 이들은 영원히 법에 연분이 없어서 길이 악취(惡趣)에 빠져서 벗어날 기약이 없을 것이다. 그렇다면 뉘라서 부처님을 일러 정변지(正遍知)로 평등한 자비를 일으켜 큰 방편으로 뭇 소경을 인도하시는 분이라 하겠는가.

이들, 어리석은 자들도 꾸짖어야 할 때가 있다. 이른바 그 이치는 깨닫지 못했으나 독송하기를 마음에 새겨 달이 쌓이고 해가 깊어지면 공부가 익어지고 뜻이 통하게 되는데, 이를 잘못 알아 "진실을 얻었다"고 집착하는 마음을 내면 꽉 막혀서 더 전진하지 못한다. 이럴 때에사 바야흐로 경책해서 전진하게 할지언정 때없이 꾸짖고 경계해서 물러날 마음을 내게 하지는 말아야 한다. 이런 사람은 금생에는 공부를 성취하지 못했으나 선근의 싹〔善萌〕이 이미 돋았으므로 반드시 점점 장대해서 뒤에는 총명한 사람이 될 것이다. 지금의 지혜로운 이도 전생에는 응당 독송만 하던 어리석은 사람이었다 한다면 이 말은 결코 억지가 아니요, 경론마다에 퍼져 있으니 볼 수 있을 것이다. 만일 알지 못하는 것이 죄가 된다면, 다라니(陀羅尼)는 뜻을 이해하지 못하는데 어찌하여 외우기만 하면 죄가 멸하고 복이 생기는가. 또 전기(傳記)에도 글줄이나 찾고 글자나 세다가 지혜가 열린 이도 있고, 심지어는 대충 듣고서도 법사가 된 어린애도 있으며, 독사나 조개 종류가 독경소리에 훈습되어 보(報)를 벗기도 하였으니, 이러한 무리들도 (경의) 뜻을 이해할 능력이 있다고 하겠다.

수도하는 이가 이런 뜻을 잘 알아서 교리의 대와 소, 사람의 귀함과 천함, 남자와 여자, 재가와 출가, 노인과 유년, 지혜로움과 어리석음, 이해함과 이해치 못함, 정진함과 게으름, 많음과 적음, 긴 시간과 짧은 시간을 논하지 말고 능력에 따라 독송하면 공이 헛되지 않을 것이니, 공이 빨리 이루어지고 늦게 이루어지고는 그 사람이 부지런하냐 게으르냐에 달렸다.

또 남의 스승이 된 이가 만일 좋아하는 마음으로 인연에 따라 인도하지 않으면 어찌 모난 나무를 둥근 구멍에 맞추려는 것과 다르겠는가. 이를 일러 '소경과 절름발이 사제지간'이라 하나니 둘이 모두 타락하리라. 독송하는 것은 자리(自利)며, 해설과 사경〔書寫〕은 이타(利他)니, 두 가지 이로움을 겸해 닦으면 비로소 보살이라 한다. 또 공부하는 이는 다섯 종류의 행⁷²⁾ 중에 해설과 사경의 공덕이 가장 수승한 줄을 알아야 한다.

불보살의 명호를 부른다 함은, 시방삼세의 불보살이 그 수효가 무량하고 명호 또한 같지 않아서 만일 모두 부르려면 경계는 넓고 마음은 흩어져 삼매가 이루어지기 어려우므로, 인연 따라 한 부처 한 보살의 명호만을 전일한 마음으로 예배하고 부르라는 것이다. 그러면 감응(感應)이 쉽게 이루어져서 직접 진신(眞身)을 뵙고 법을 들어 도를 깨달을 것이며, 시방의 무량한 부처님과 모든 보살님들이 (자신을) 둘러싸고 계심을 보게 될 것이다. 만일 현세에 직접 뵙지 못하더라도 후세에는 마음대로 거기에 태어나서 직접 우러러 받잡고 공양하게 될 것이다.

그러므로 《정토론(淨土論)》에서는 다음과 같이 말한다. "한 부처

---

72) 다섯 가지 행이란 五種法師의 행을 말하는 것이니, 《법화경》〈법사품〉에 따르면 오종법사란 受持법사 · 讀經법사 · 誦經법사 · 解說법사 · 書寫법사가 그것이다.

님의 공덕이 모든 부처님의 공덕과 다르지 않으니, 동일한 법성이기 때문이다. 그러므로 한 부처님의 명호를 부를 때 곧 모든 부처님의 명호를 부르는 것이다. ……어떻게 인연 있는 분인 줄 아는가. 어떤 선지식에게 듣거나 경에서 보았을 때, 본 것 들은 것 중에 믿음이 끌리는 분이 바로 그이다. 중생은 업장이 많기 때문에 모든 도업을 닦아도 중간에 물러나는 이가 많거니와 염불하는 이만은 만에 하나도 누락되는 이가 없다. 비유컨대 세상에 복 얇은 사람이 왕의 힘을 빌리면 간 곳마다 능멸커나 침범하는 이가 없고, 구하는 바에 모자람이 없으며, 몸과 마음에 두려움이 없는 것같이, 염불하는 이도 부처님이 거두어 주시기 때문에 천마와 외도가 어지럽히지 못해서 장애는 사라지고 지혜가 늘어날 것이며, 세세생생에 항상 부처님 앞에 있게 된다." 그러므로 《오정심법(五停心法)》[73]에서는 "업장이 많은 중생은 염불관(念佛觀)을 닦으라" 하였고, 또 어떤 경에서는 "고요한 마음으로 염불하면서 오체(五體)를 땅에 던지면[74] 하늘에 태어날 업이 이루어지고, 산란한 마음으로 염불하면서 고개를 숙이거나 손을 잠시 들기만 하여도 인간에 태어날 업을 이루어서 이로부터 다시는 삼악도에 떨어지지 않고 항상 인간이나 하늘에 태어나 수승하고 오묘한 낙

---

73) 오정심법(五停心法): 五停心觀을 말하는 것이니, 불도 수행의 최초의 位에서 5종의 허물을 그치게 하기 위해 닦는 5종의 觀法이다. 곧 자타의 육체의 부정한 모습을 관하여 탐욕을 그치는 不淨觀, 일체 중생에 자비한 마음을 내어 성냄을 그치는 慈悲觀, 모든 인연이 생기는 도리를 관하여 어리석음을 그치는 因緣觀, 18계의 모든 법이 지수화풍 空識의 화합에 지나지 않는다고 관하여 아견을 그치는 界分別觀, 호흡을 세어 산란한 마음을 가지런히 하는 數息觀을 말한다.

74) 오체투지(五體投地): 두 무릎과 두 팔뚝과 이마를 땅에 대고 팔을 뻗치어 상대방의 발에 자신의 정수리를 가져다 대는 예법으로, 상대에게 최고의 존경을 나타내는 방법이다. 《西域記》 권2에는 인도의 예법에 9종이 있다 하여 그 경중에 따라 열거하고 있으니, 發言慰問·依首示敬·擧手高揖·合掌平拱·屈膝·長跪·手膝踞地·五輪俱屈·五體投地 등이 그것이다.

을 받으며 최후에는 부처님을 만나 묘한 과위를 얻는다" 하였다.

불전을 짓거나 수리하고 승방을 짓거나 수리한다 함은, 부처님의 사리나 불보살의 성상을 봉안한 곳을 불전〔佛廟〕이라 하고, 대중〔僧衆〕이 거닐고 앉고 눕는 곳을 승방(僧坊)이라 하는데, 어떤 사람이 삼보를 공경하고 숭상해서 새로 짓거나 헌 것을 보수하면 한량없는 공덕을 얻는다는 것이다.《비바사론(毘婆沙論)》에서는 "비구가 정사(精舍)를 지을 때 다섯 가지 목적이 있다. 하나는 부처님의 공덕에 보답하기 위함이며, 둘은 불법을 오래 가도록 하기 위함이며, 셋은 열등한 범부들이 자신을 높이려는 교만을 멸하기 위함이며, 넷은 장래의 제자들로 하여금 교만과 사치를 꺾게 하기 위함이며, 다섯은 장래의 복된 업을 일으키기 위함이다" 하였다.

《현우경(賢愚經)》에서는 다음과 같이 말한다. "수달장자(須達長者)의 막내딸이 단정하기 짝할 이 없었는데, 국왕의 부인이 된 뒤에 이내 태기가 있더니 알 하나를 낳았다. 즉각 열고 보니 열 명의 남아가 쏟아져 나왔는데 외모가 단정하고 용맹함이 비범하였다. 장자가 이상히 여겨 부처님께 데리고 가니 부처님께서 그들을 위해 설법해 주셨는데, 어미와 열 아기가 모두 아라한과를 증득하였다. 아난이 그 까닭을 여쭈니 부처님께서 '과거 비바시불(毘婆尸佛)께서 입멸하신 뒤에 사리를 나누어 무수한 탑을 세웠다. (후일) 그 중의 탑 하나가 곧 무너지려 하는데 어느 노모가 고치기 시작하니 열 명의 소년이 지나가다 이를 보고 함께 수리하였는데, 이로부터 악도에 떨어지지 않고 천상과 인간에서 항상 함께 태어나 복을 받아 쾌락하더니 이제 나를 만난 까닭에 출가하여 도를 얻었노라' 하셨다."

또《백연경(百緣經)》에서는 다음과 같이 말한다. "과거 유위불(維衛佛: 毘婆尸)이 멸도하신 후 말법시대에 어떤 사람이 길을 가다가 불탑 하나가 조그만큼 파괴된 것을 보자 진흙을 개어 보수하고 아울러 금박을 사서 발랐더니, 이로부터 악도에 떨어지지 않고 천상과 인간에서 항상 몸이 금빛이었다. 최후에 가라위성(迦羅衛城) 어느 장자의 집에 태어났는데 몸이 또한 금빛이어서 세상에 퍽 드문지라 몸빛이 비추는 곳엔 모두 금빛이 되더니 차츰 자라서 부처님께 출가하여 아라한의 과위를 얻었느니라."

또 《법구유경(法句喩經)》에서는 다음과 같이 말한다. "부처님 생존시에 어떤 아라한이 부처님의 머리카락과 손톱 사리를 가지고 계빈국(罽賓國) 남산에 이르러 탑을 세우니 항상 오백나한이 조석으로 예경하였다. 그때 산중에 있던 5백 마리의 원숭이가 나한들이 탑돌이 하는 것을 보고 함께 돌을 모아다가 스님들을 흉내내어 탑을 쌓고는 돌고 절도 하더니, 때마침 큰비가 와서 산골 개울이 넘치자 원숭이들이 일시에 물에 빠져 죽었다. 도리천에 태어나서 부처님께 나아가 설법을 듣고 5백 천자(天子)가 동시에 모두 수다원도(須陀洹道)를 얻었다……."

여기에 인용한 한두 가지 사연은 모두가 조그만한 일로 인연을 맺은 것이니, 이렇듯 미약한 인연으로도 받은 보답이 그러하거늘 하물며 처음 서심을 내고 경영 비용을 완전히 감당한 경우이겠는가. 또 저 뭇 원숭이들이 스님들을 흉내내어 장난삼아 하고도 몸을 바꾼 뒤에 도를 증득한 일도 모골이 송연할 일이거늘 하물며 사람으로서 성심껏 보시하고 지어서 얻은 공덕이야 어찌 다 말하겠는가.

성현들의 형상을 새기거나 그린다 함은, 참부처〔眞佛〕는 형상이 없거늘 거짓으로 형상을 세우고서 귀의하고 소원을 비는 것이 전도된 듯하지만, 형상을 집착하는 범부인지라 허공을 향해 공경심을 낼 수는 없으므로 형상을 빌려 참모습을 표시해야 하기 때문이다. 마치

기우제를 지내는 이가 풀용〔草龍〕을 만들어 빌면 진짜 용이 비를 내려 주는 것과 같아서 거짓 형상이라도 시설하고 공경하면 참부처가 감응을 내리거늘 어찌 참이냐 거짓이냐를 따질 필요가 있겠는가.

《우타연왕경(優陀延王經)》에서는 다음과 같이 말한다. "세존께서 도리천에 오르신 뒤 우타연왕은 앙모하는 심정이 간절하여 전단(栴檀)[75]을 새겨 불상을 조성해 모시고 공양했는데, 부처님께서 내려오시니 불상이 일어나 문으로 나가면서 고개를 숙여 부처님〔眞佛〕을 맞이하거늘 부처님이 사양하시면서 '나는 오래지 않아 열반에 들겠지만 그대〔像: 佛像〕는 오래도록 세상에 남아 일체 중생을 복되고 이롭게 하리니, 내가 어찌 그대에 미치겠는가' 하시니, 불상이 그 말씀에 따라 먼저 나왔던 문으로 들어갔다."

부처님께서 이런 사연으로 상을 조성하는 공덕에 대해 "어떤 사람이 부처님의 형상을 조성한 공덕은 무량하여서 세세생생에 악도에 떨어지지 않고 항상 인천(人天)에 태어나서 복을 받아 쾌락을 누리며, 몸은 항상 금빛이며 눈은 청정하며 얼굴은 단정하며 모든 상호가 구족하리라. 만일 인간에 태어나면 항상 제왕이나 대신이나 장자의 선량한 집에 태어나서 호사와 부귀를 누리고, 왕이 되면 왕 중에도 유달리 존귀하고, 전륜왕이 되면 네 천하를 통솔하고, 하늘에 태어나면 하늘무리 가운데 가장 수승하고, 나아가 6욕천(六欲天)의 왕이 되면 6욕천에서 가장 으뜸가고, 범천에 태어나면 항상 모든 범천 무리의 존경을 받고, 최후에는 무량수국(無量壽國)에 태어나서 모든 보살들

---

75) 전단(栴檀): 범어 candana의 소리 옮김. 栴檀娜 또는 栴彈那라고도 쓰며, 번역하여 與樂이라고 한다. 인도 등에서 자생하는 상록수인 향나무의 이름으로 크기가 보통 20~30피트이고, 治病의 약용으로도 쓰이고 향기가 있으며, 彫刻材로도 쓰이며, 뿌리와 함께 가루를 만들어 香으로 쓰고 香油를 만들기도 한다.

중에서 역시 으뜸이 되리라" 하시고, 또 "어떤 사람이 임종할 때 남을 시켜 불상을 조성케 하되, 보리쌀 크기만큼만 하여도 80억 겁 동안 생사하면서 지은 죄를 소멸한다" 하셨으며, 또 어떤 경에서는 "묵은 불상을 보수하는 공덕이 새로 조성한 공덕보다 수승하다……" 하셨다.

그러므로 옛날에 어떤 가난한 여자는 (불상의) 얼굴이 조금 훼손된 것을 보수하고 세세생생에 얼굴이 황금빛이고 부귀와 쾌락을 자재하게 누리다가 마지막 생(生)에 부처님과 만나 과위를 증득했고, 또 어떤 장자는 (불상의) 한 손가락이 파손된 것을 보수하고 세세생생에 손가락에서 등불빛이 나고 시체보배〔屍寶〕가 항상 따라다녀 궁핍함이 없다가 끝내 부처님을 만나 출가해서 도를 얻었다〔燈指因緣經〕.

아! 이렇듯 아주 작은 일을 하고도 큰 이익을 얻은 까닭은 위없는 복밭에다 종자를 뿌렸기 때문이니, "봄에 한 톨의 곡식을 심으면 가을에 만 알의 열매를 얻는다" 한 옛사람의 말씀이 이를 두고 한 것이다.

삼보의 공덕을 노래하고 찬탄함〔歌詠三寶〕에 대해서는, 경에서 "사바세계의 중생은 이근(耳根)이 날카롭기 때문에 음성으로 불사(佛事)[76]를 한다. 그러므로 노래하고 찬탄할 때 자기 마음에만 공경심이 늘어날 뿐 아니라 저승과 이승의 일체 중생도 보거나 듣고서 기뻐하는 마음을 내어 도심〔道心〕이 더욱 늘어나게 하니, 남까지 이롭게 하는 공덕이 이보다 큰 것이 없다" 하였다.

탑전을 소쇄한 공덕〔掃塔功德〕에 대해서는, 《보살본행경(菩薩本行經)》에서 다음과 같이 말한다. "과거 정광불(定光佛)이 멸도하신 뒤

---

76) 불사(佛事): 부처님의 덕을 찬탄하고 선양하는 일로서, 立地라고도 한다. 禪宗에서는 일에 맞게 불법을 펼쳐 보이는 것을 佛事라고 하니, 開眼·安座(불상을 법당 안에 안치하는 것)·拈香(향을 향로에 사르는 것) 등을 가리키기도 한다. 후세에 와서는 佛前에서 행하는 儀式 또는 法會·寺院이나 塔 등의 건립을 佛事라 한다.

정법이 끝날 무렵에 땔나무를 팔아 겨우 살아가는 사람이 있었다. 숲에 가서 땔나무를 줍다가 멀리 숲 속에 탑 하나가 있는 것을 보고 그곳에 가서 우러러뵈옵고 절을 했는데, 오직 새와 짐승이 묵던 자리와 초목과 가시숲과 배설물만 가득하고 전혀 인간의 자취가 없었으며, 아무도 공양한 (흔적이) 없었다. 가난한 사람은 이를 보자 처량한 생각이 들었으나 부처님의 신비한 공덕은 전혀 아는 바가 없고, 오직 기뻐하는 마음으로 나무와 풀을 베어내며 배설물을 소쇄하고 절을 하고는 떠났다. 이런 인연으로 그는 목숨이 다한 뒤에 광음천(光音天)에 태어나서 무량한 쾌락을 누리고, 그 하늘의 수명이 다한 뒤에는 백 차례를 전륜왕이 되어 네 천하를 통치하고, 윤왕의 복이 다한 뒤에는 항상 국왕이 되거나 큰 성바지 장자가 되어 재물과 부귀가 무량하고 용모가 단정하여 보는 이가 사랑하고 공경했으며, 길을 나서려 하면 길이 저절로 맑아지고 허공에서 뭇 꽃이 비처럼 내렸다. 90겁 동안 이런 몸을 받은 뒤에 마지막의 몸으로 석가여래를 만나 출가하여 도를 얻으니 지금의 바다갈리존자(婆多竭利尊者)가 그이다.”

또《아함경》에서는 “어떤 사람이 온 염부제의 땅을 쓸더라도 불탑에 소 한 마리 누울 땅만큼을 쓰는 것만 못하다” 하였고, 어떤 이는 “목숨을 마치면 바로 안락세계에 왕생한다……” 하였다.

꽃을 올리는 공덕〔獻花功德〕에 대해서는《백연경(百緣經)》에서 “과거 유위불(維衛佛)의 유법시(遺法時)에 어떤 사람이 길을 가다가 탑에 이르러서 꽃이 먼지에 더럽혀진 것을 보자 뽑아서 먼지를 털어 다시 공양했는데, 이 인연으로 91겁 동안 악도에 떨어지지 않고 항상 인간과 하늘에 태어나서 몸매가 부드럽고 얼굴빛이 곱고 윤택하며 재물과 보배가 무량하고 큰 위덕(威德)이 있더니, 마침내 석존을 만나서 출가하여 득도하니 지금의 위덕비구가 바로 그이니라” 하니, 시든 꽃을 털어 공양해서 받은 감응도 이러하거늘 하물며 특별히 마련하여 공양한 이의 공덕이겠는가. 그 복은 말로 다할 수 없다.

향을 피워 공양한 공덕〔燒香功德〕에 대해서는, 《백연경》에서 "비바시불(毘婆尸佛)의 유법시에 어떤 사람이 탑전에 들어갔다가 전단향을 피워 부처님의 사리에 공양했는데, 이 인연으로 91겁 동안 인간과 하늘에 태어나서 용모가 단정하고 온몸의 털구멍에서 전단 향기가 나더니 마침내 부처님을 만나 아라한의 과위를 얻었으니 지금의 전단향비구가 그이니라" 하였다.

등을 켜는 공덕〔燒燈功德〕에 대해서는, 《현우경》에서 다음과 같이 말한다. "사위국(舍衛國)에 난타(難陀)라는 여인이 있었는데, 빈궁하고 외로워서 구걸로 생명을 이어가더니, 국왕대신들이 앞다퉈 부처님께 공양하는 것을 보고 '나는 전생의 무슨 죄로 빈천한 몸으로 태어나서 복전(福田)[77]을 만났건만 (심을) 종자가 없으니, 후일의 결과는 뻔한 일이다' 생각하고, 끝없는 감상에 잠겼다가 이내 공양구를 마련코자 종일토록 구걸하여 겨우 2전(錢)을 얻었다. 이것을 가지고 기름집에 가서 기름을 사서 등 하나를 만들어 기원정사〔祇桓寺〕로 가지고 가서 부처님 앞에 밝히면서 '제가 내세에는 지혜의 등을 얻어 모든 어둠이 없어지이다' 라고 발원하고는 부처님께 예배한 뒤에 돌아갔는데, 두터운 신심 때문에 뭇 등 가운데 밝고 예쁘고 홀로 빛나 새벽까지 이르렀다. 목련(目連)이 불을 끄려고 하여 힘을 다해도 꺼지지 않거늘 부처님이 보시고는 '이는 크게 발심한 사람이 보시한 등

---

77) 복전(福田): 범어 puṇya-kṣetra의 번역. 佛·僧·부모 및 고뇌하는 이들을 공경하여 보살피고 베풀면 복덕과 공덕을 얻기 때문에 이것을 밭에 비유해서 복전이라 하는데, 특히 僧伽를 '복덕과 공덕을 산출하는 밭' 이라는 뜻으로 福田이라 부른 것은 가장 오래된 원시 경전에도 나타나 있으니, 이는 그 당시 인도의 보편적인 사고 방식이 불교에 섭취된 것으로 볼 수 있다.

이라 너희들 같은 성문이 끌〔傾動〕 수 있는 것이 아니다. 설사 네가 사해의 물을 다 들이붓거나 비람맹풍(毘嵐猛風)을 (불지라도) 끄지 못하리라’ 하셨다.

새벽이 되자 난타가 부처님 앞에 나아갔는데, 부처님께서 수기하시되 ‘네가 오는 세상에 두 아승지겁을 지나 부처를 이루리니 호는 등광왕불(燈光王佛)이며 십호(十號)가 구족하리라’ 하시니 난타가 기뻐서 출가하여 비구니가 되어 대중에게 우러름을 받았다.”

또 《비유경(譬喩經)》에서는 다음과 같이 말한다. “아나율(阿那律) 존자가 지난 세상에 날강도〔劫賊〕가 되어 불탑에 들어가 물건을 훔치려는 순간, 탑 안의 불상 앞에 켠 등불이 꺼지려 하고 있었다. 화살 끝으로 (심지를) 바로잡아 밝히니 장엄하고 화려한 불상이 보이는지라 깜짝 놀라〔毛竪〕 생각하되 ‘남들은 오히려 물건을 베풀면서 복을 구하거늘 나는 어찌하여 훔치는가’ 하고는 그대로 두고 떠났다. 이 일로 91겁 동안 항상 좋은 곳에 태어나서 차츰 모든 악을 버리고 복이 날로 늘어나더니 마침내 부처님을 만나 출가해서 천안제일(天眼第一)을 얻은지라, 삼천대천세계를 마치 손바닥의 암마륵과(菴摩勒果)를 보듯 하였다.”

《대론(大論)》에서는 “등촉(燈燭)만 보시하고도 육천(六天)에 태어나 몸에서 항상 광명이 난다” 하였다.

풍악을 연주하여 공양한다〔作樂供養〕는 것에 대해서는, 《백연경》에서 다음과 같이 말한다. “가비위성(迦毘衛城)에 한 장자가 있었는데, 그 집이 거부(巨富)인지라 재물과 보배가 한량없더니, 그 부인이 아기를 가진 지 열 달 만에 고깃덩어리〔肉揣〕 하나를 낳았다. 불길〔非祥〕하다 여겨 부처님께 가서 여쭈니, 부처님께서 ‘잘 기르기나 하라’ 하셨다. 장자가 기뻐하면서 돌아왔는데, 7일이 되는 날 고깃덩이가 열리면서 매우 단정한 동자 1백 명이 나왔다. 차츰 성장하자 형제 1백 명이 부처님께 출가하여 동시에 아라한과를 얻었다. 대중이 이를 보자 부처님께 그 전생 인연을 여쭈었더니, 부처님께서 대답하시되 '과거 비바시불께서 멸도에 드신 뒤에 왕이 탑을 세워서 부처님의 사리를 모시고 공양하는데 같은 고을의 1백 사람이 온갖 풍악을 연주하여 그 탑에 공양했다. 이 인연으로 91겁 동안 인간과 하늘에 태어나서 복을 받아 쾌락하더니 이제 나를 만나 출가하여 과위를 증득한 것이다' 하셨다."

스승과 어버이를 받들어 섬기다〔奉養師親〕 함은, 세간의 깊은 은혜는 부모보다 지날 이 없고, 세간을 벗어나는 길〔出世〕의 큰 은혜는 스승〔師長〕보다 앞설 이가 없기 때문이니, 그러므로 부처님께서 "부처님이 없는 세상에도 부모에게 효도하면 부처님께 공양한 복과 똑같다" 하셨다. 또 《타람본경략요(墮籃本經略要)》에서는 "만일 어떤 사람이 복을 구하기 위하여 항상 보시를 행하되, 금바루에는 은빛 곡식을 담고 은바루에는 금빛 곡식을 담으며 금솥에는 갖가지 맛있는 음식을 갖추어 익혀내고 보배 평상에는 와구(臥具)를 펴며 코끼리와 말 등의 수레는 뭇 보배로 장식해서, 이렇듯 물건의 수가 각기 6만8천이 되게 하여 남에게 보시하면 얻는 복덕이 무량하나 한 술의 밥으로 한 구도인(求道人)에게 보시한 것만 못하고, 1백 구도인에게 공양한 것이 한 초과인(初果人)에게 보시한 것만 못하고, 1백 초과인에게 공양한 것이 한 이과인(二果人)에게 보시한 것만 못하고, 1백 이과인에게 공양한 것이 한 삼과인(三果人)에게 보시한 것만 못하고, 1백 삼과인에게 공양한 것이 한 사과인(四果人)에게 보시한 것만 못하고, 1백 사과인에게 공양한 것이 부모에게 보시한 것만 못하다" 하셨다.

또 《미륵보살권효게(彌勒菩薩勸孝偈[78])》에 이렇게 말하였다.

안방에 두 분 부처가 계시니
욕심 많은 세속인은 알지 못하네.
황금이나 채색으로 치장치 않았고
전단향 나무로 조각한 것 아니라
현전의 부모님을 뵙기만 하라
그대로가 석가와 미륵이시니.
만일 그분께만 공양한다면
어찌 달리 공덕지을 필요 있으랴.
....
살아 계실 때 효성〔甘旨〕을 다하면
죽은 뒤에 추모할 필요가 없나니
그대 능히 이렇게 마음을 쓰면
천지와 용신(龍神)이 도와 주리라.

또 《보은경(報恩經: 大方便佛報恩經)》에서는 "부모는 삼계에서 가장 수승한 복밭이니라" 하였다.

또 비내야(毘奈耶)에서는 "여래는 비구들이 마음을 다하여 수명이 다하도록 부모를 공양하도록 허용하노니, 만일 그렇지 않으면 무거운 죄를 받는다" 하였고, 또 "여래는 (비구가) 비록 극도로 파계할지언정 부모와 친교사(親敎師)와 궤범사(軌範師)와 병자〔病人〕 등을 공

---

78) 게(偈): 범어 gāthā의 音略. 加陀 · 偈佗라 음역하고, 諷誦 · 偈頌 등으로 번역한다. 일반적으로 韻文體의 歌謠나 聖歌 또는 詩句 등을 뜻한다. 좁은 의미로는 九部經 · 十二部經(원시 불교 경전의 기본 형태)의 하나로서, 흔히 經文의 一段 또는 전체의 마지막에 두는 韻文體의 詩句를 말한다. 이것은 본문의 내용을 운문으로써 확실하게 重說하는 祇夜(重頌)와는 달라서 본문의 重說이 아닌 운문을 뜻하고, 그러므로 孤起頌 · 不重頌偈라고도 번역한다.

양할 것을 허용하노라” 하였고, 또 “출가한 사람 중 부모에게 공양하는 이에게는 삼의(三衣) 이외에 그밖의 물건을 혹 시주에게 구걸하거나 혹 승가에게 얻었거나 혹 승가가 먹을 몫을 반 줄인 것으로 공양할 것을 허락한다. 항상 걸식하거나 자기에게 배부르리만큼 주어진 음식의 반을 줄여서 부모를 구제하는 경우는 허용하노라” 하였다.

또 《부사의광경(不思議光經)》에서는 “갖가지 음식과 모든 진기한 보배 등 갖가지로 공양하더라도 부모의 은혜를 갚는 것이 아니요, 그들을 인도해서 바른 법으로 향하게 하여야 비로소 은혜를 갚는 것이다” 하였다.

또 《자비참경(慈悲懺經)》에서는 “스승의 은혜가 부모보다 지나니, 무슨 까닭인가. 부모는 자식을 사랑하나 삼계의 굴레를 벗어나게 하지 못하거니와, 스승은 선법으로 가르쳐서 삼유(三有)를 벗어나서 보리로 향하게 하기 때문이리라” 하였다.

전기(傳記)에 이르기를 “옛날에 세 고을〔三卅〕에서 일찍이 아버지를 잃은 사람들이 자식 없는 노인 하나를 공동의 아버지로 삼고 지성으로 효를 받들어 천신의 도움을 받았고, 다섯 고을〔五郡〕의 사람들이 일찍이 어머니를 잃었는데 자식 없는 노파 하나를 공동의 어머니로 삼고 마음을 다해 끝까지 효도하여 현저에 임금의 상으로 벼슬을 받았다” 하였다.

아! 남을 부모로 삼고 섬겨도 그 효험이 이와 같거늘 하물며 자기가 몸을 받은 부모를 받들어 순종하고 효로써 봉양한다면 그 복을 어찌 다 말할 수 있겠는가.

또 어떤 이는 대〔竹〕를 껴안고 울었는데 눈〔雪〕 속에서 죽순이 나왔고,[79] 얼음을 두드리며 곡을 하자 물 위로 고기가 튀어나왔다 하니,[80] 이 또한 효성이 지극하기 때문이다. 이로써 관찰한다면 스승과 어버이의 은혜는 잊지 말아야 할 것이다.

세속의 인의도 곁들여 행하다〔行世仁義〕 함은, 인의가 모든 선의 근본이기 때문이다. 삼왕(三王)과 오제(五帝)의 도가 이에서 벗어나지 않고, 공맹(孔孟)이 성현이라는 이름을 얻은 것도 이를 말미암았을 뿐이다. 세도(世道)에서는 오상(五常)이라 하고, 출세법에서는 오계(五戒)라 하니, 이름은 다르나 이치는 같다. 그러므로 인왕(人王)과 법왕(法王)의 도가 모두 인의에서 벗어나지 않는 줄 알아야 한다.

노인을 공경하고 어린이를 사랑하다〔敬老慈幼〕 함은, 역시 인의(仁義)일 뿐이니 짐작으로 알 수 있을 것이다. 말하자면 공경〔敬〕은 의(義), 사랑〔慈〕은 인(仁)이다. 그러므로 중니(仲尼)가 "나의 늙은이를 늙은이로 여겨 남의 늙은이에게 미치고, 나의 어린이를 어린이로 여겨 남의 어린이에게 미칠지니, 이렇게 하면 천하를 손바닥 위에서 움직일 수 있다" 하였고, 내교(內敎)에도 그러하여서 "선덕(先德)을 공경히 섬겨 가르침을 받고, 후생(後生)을 사랑으로 보육해서 전진하도록 가르치라 했으니, 이렇게 하기를 그치지 않으면 온 천하의 백성이 도에 들 수 있다" 하였다.

《대론(大論)》에는 다음과 같은 이야기가 나온다. "옛날에 가빈사라(迦頻闍羅)[81]라는 새가 있었는데 두 친구가 있었으니, 하나는 큰 코끼

---

79) 孟宗은 자가 恭武로서 성품이 지극히 효성스러웠다. 어느 날 몸이 쇠약해진 어머니가 죽순을 드시고 싶어하였으나 겨울이라 죽순을 구할 수 없게 되자 孟宗이 대나무 숲으로 들어가 슬피 우니 죽순이 언 땅을 뚫고 자라났다고 한다.

80)《類苑》"王祥은 성품이 매우 효성스러웠으나, 계모 朱氏가 자애스럽지 못하여 자주 그를 헐뜯게 되자 그로 말미암아 부친으로부터 사랑을 잃게 되었다. 朱氏가 병을 얻어 싱싱한 물고기를 먹고 싶어하였으나 때는 한겨울로 모든 것이 꽁꽁 얼어 있었기에 물고기를 얻을 수가 없었는데, 王祥이 얼음에 누워 물고기를 구하니 얼음이 홀연히 저절로 열리며 두 마리의 잉어가 튀어나왔다."

81) 가빈사라(迦頻闍羅): 범어 kabiñjāa의 소리 옮김. 꿩과에 속하는 새인 鷓鴣를 말하는데, 雉라고 번역한다.

리이고 다른 하나는 원숭이였다. 함께 필발라수(畢跋羅樹) 밑에 살다가 서로들 '우리들 중에 누가 어른일까?' 하니, 코끼리가 '내가 옛날에 이 나무가 내 배 밑에 있는 것을 보았으니, 이것으로 미루건대 내가 응당 어른이다' 하였다. 이에 원숭이가 '내가 일찍이 땅에 걸터앉았을 때 이 나무 끝을 잡았으니, 내가 응당 어른이어야 한다' 하였다. 새가 '내가 필발라수 숲에서 이 나무 열매를 먹었는데 씨가 찌를 따라 나와서 이 나무가 돋아났으니 내가 응당 가장 어른이어야 한다' 하고는, 다시 '먼저 난 이〔先生〕, 오래된 이〔宿舊〕는 예법상 응당 공경해야 한다' 하니, 즉시 코끼리가 등에다 원숭이를 업고, 새는 원숭이 위에 올라가서 숲 속을 두루 돌았다. 모든 새와 짐승들이 보고서 어째서 그러느냐고 물으니 장로(長老)⁸²⁾를 공경하기 위해서라고 대답하였다.

이에 새와 짐승들이 감화를 받아서 모두가 예경을 바쳐 백성의 전답을 침범치 않고 남의 목숨을 해치지 않았으며, 나라 안의 사람들도 본받아서 모두가 예경을 행하여 옛부터 지금까지 덕화가 만세에 흘러내려 국토가 태평하게 되었다……."

아! 새와 짐승들도 어른을 공경하고 예법을 준수했거든 하물며 사람축에 드는 우리가 마음씨를 방종하고 방일케 할 수 있겠는가. 외

---

82) 장로(長老): 일반적으로 學德이 높고 佛道에 들어온 지 오래되어 대중의 존경을 받는 이를 일컬으나, 그 범어의 원어는 두 가지인데 그것을 漢譯하며 동일하게 長老라 하였다. 첫번째는 sthavira의 번역이니, 덕행이 높고 나이가 많은 수행승(비구)을 부를 때 사용되었으며 일반적인 長老의 의미와 부합한다. 두번째는 āyuṣmat의 번역이니, '壽命(āyus)을 유지하다' 라는 의미로 具壽라고 漢譯되기도 하였다. 이 경우 '수명을 유지하다' 라는 많은 나이가 들었다는 의미보다는 오히려 '생명력으로 흘러넘친다' 라는 의미이므로 활기에 찬 훌륭한 사람을 부를 때의 존칭이었으니, 佛典만이 아니라 일반적인 고대 인도의 문헌에서 이 존칭은 연장의 사람에 대해 사용됨과 동시에 젊은 사람이나 후배에 대해서 사용되는 예도 빈번하였다.

서(外書)에서도 "자기를 바르게 한 뒤에야 천하가 발라진다" 하였으니, 이를 이른 말일 것이다.

끝없는 중생세계를 가엾이 여기다〔悲諸有情〕함은, 보살의 만행에 비심(悲心)이 첫머리이기 때문이니,《화엄경(華嚴經: 普賢行願品恒順衆生願)》에서도 "중생을 인하여 대비(大悲)를 일으키고, 대비를 인하여 보리심을 내고, 보리심을 인하여 등정각(等正覺)을 이룬다" 하였다.

또《타람본경(墮籃本經)》에서는 "어떤 사람이 1백 명의 벽지불(辟支佛)께 공양하더라도 한 부처님께 공양하는 것만 못하고, 1백 부처님께 공양하는 것이 불탑을 세운 사람만은 못하거니와, 다시 어떤 사람이 다만 발심을 해서 삼보에 귀의하면 위의 뭇 선행보다 수승하다" 하였고, 또 "위에 열거한 보시 등의 선행이 어떤 사람이 오계를 지니는 것만 못하고, 계를 지니는 것이 인자한 마음으로 고물거리는 중생들을 가엾이 여긴 것만 못하다" 하였다.

《제경잡요(諸經雜要)》에서는 다음과 같이 말한다. "어떤 사람이 아승지(阿僧祇) 수효의 몸을 베풀어서 시방의 모든 부처님과 보살 및 성문에게 공양하더라도 축생에게 한 술의 음식을 보시한 사람만은 못하다" 하고, 나아가서는 "개미 등 비전(悲田)[83]에 보시하면 그 복이 가장 수승하다. 예컨대 사리불이 밥 한 술을 부처님께 바쳤는데 부처님께서 다시 개에게 주시고 사리불에게 '너는 나에게 밥을 베풀었는데 나는 그것을 개에게 주었으니, 누가 얻은 복이 많으냐?' 하시자, 사리불이 '부처님께서 개에게 먹여 얻으신 복이 많나이다' 하였다 한다."

---

83) 비전(悲田): 三福田 가운데 하나. 빈궁하거나 병든 사람을 보고 불쌍히 여겨 보시하거나 도와 주면 한량없는 복덕을 짓게 되어 좋은 밭을 일구는 것과 같으므로 이름. 3복전이란 부처님·성인·스님을 敬田이라 하고, 화상·아사리·부·모를 恩田이라 하며, 여기에 悲田을 더한 것이다.

또《보적경(寶積經)》에서는 "묘장엄인세계(妙莊嚴忍世界)의 중생은 일체 안락을 모두 구족하였나니, 어떤 중생이 그 국토에서 억백천세 동안 모든 범행을 닦더라도 이 사바세계에서 손가락 하나 튕기는 사이에 모든 중생에 대하여 자비심을 일으키고 얻은 공덕은 저 세계의 것보다 곱절은 많다" 하셨다.

또《우바새경(優婆塞經: 雜品)》에서는 "만일 들 창고에 쥐와 참새가 많아서 곡식과 쌀을 축내거든 그저 '이들 쥐와 참새들이 나 때문에 살 길을 얻었다'고 생각하고, 생각한 뒤에는 기뻐하면서 해칠 생각을 하지 않으면 이 사람은 무량한 복을 얻을 줄 알라……" 하였으니, 무릇 불도를 구하는 이는 응당 이렇게 배워야 한다.

남의 선한 일을 따라 기뻐하다〔隨喜他善〕 함은, 일체 중생이 끝없는 겁부터 육취(六趣)의 윤회에 얽매여 무량한 고통을 받으면서 해탈을 얻지 못하는 까닭은 다만 질투심 때문에 남의 선한 일을 기어코 깨뜨리거나 장애하려 하기 때문이다. 설사 간혹 선한 일을 하나 남을 이기려는 마음 때문에 인아집(人我執)의 마음이 훨훨 쉬지 않아서 해탈할 시기가 멀어지거니와, 만일 남의 선한 일을 따라 기뻐할 수 있다면 질투의 장애가 즉시 소멸하고 유순인(柔順忍)[84]을 이루어서 고해의 윤회를 쉽게 면할 것이다.

《대품경(大品經)》에서는 "터럭 하나를 백 갈래로 쪼개서 대천세계의 바닷물을 찍어내어 그 수효를 알 수 있을지라도 수희(隨喜)[85]한 복은 그 수를 알 수 없다" 하였다.

---

84) 유순인(柔順忍): 三法忍의 하나. 忍이란 사물의 이치를 인식하여 깨닫고 마음이 편안하게 된다는 뜻. 三法忍이란, 교설을 듣고 깨달아 마음을 편안히 하는 音響忍, 진리를 그대로 따르며 스스로 사유하여 깨달아 마음을 편안히 하는 柔順忍, 형상이나 이름을 여읜 본체적 진리를 깨달아 마음을 편안히 하는 無生法忍을 말한다.

또 《제경요집(諸經要集)》에서는 "빈궁하고도 박복한 어떤 사람이 티끌만큼도 보시할 물건이 없더라도 다른 이가 보시하는 것을 보고 수희하는 마음을 내면 그 복이 보시한 것과 똑같아서 다름이 없다" 하니, 지혜로운 이는 응당 서둘러서 지난 일을 고치고 다가오는 일을 닦아야 한다.

겸손한 마음〔謙心〕이라 함은, 아만의 병을 제거하는 묘약이다. 이 아만의 마음은 수행법에 큰 장애가 되니, 비유컨대 세간의 수레〔輪〕가 높은 산꼭대기에는 오르지 못하듯이, 법륜(法輪)도 아만의 높은 산에서는 굴리지 못한다. 그러므로 불법을 배우는 이는 응당 먼저 아만을 꺾고서 위로는 삼보를 공경하고, 중간에는 어른들을 공경하고, 아래로는 용렬한 범부들에게 순응해야 하니, 이렇게 하면 선한 사람이라 할 것이다. 그러므로 불경보살(不輕菩薩)은 항상 누구에게나 절을 하면서 "그대를 가벼이 여기지 않는다" 했고, 보현대사(普賢大士)께서도 "나는 일체 중생을 갖가지로 받들어 섬기고 갖가지로 공양하되 부모를 공경하듯, 스승이나 어른을 받들 듯하며, 나아가서는 여래와 똑같이 공경한다" 하였다.

또 근세에 어느 법화법사는 수행〔道行〕이 청정하기로 대중의 공경을 받더니, 다닐 때엔·다만 땅만 보고 다니다가 길바닥에 작은 벌레가 있는 것을 보면 '이 불자가 나보다 먼저 도를 얻을는지 누가 알리요' 하고는 피해서 갔으니, 학자들은 그와 같아지기를 생각해 볼 일

---

85) 수희(隨喜): 다른 사람이 행한 善에 隨順하여 기뻐하는 것. 《智度論》권61에서 隨喜功德은 隨喜하는 善行을 한 自作者보다 훌륭하다고 하였다. 隨喜는 또한 罪를 除滅하기 위해 행하는 다섯 가지 행위인 五悔의 하나이다. 天台宗에서 말하는 五悔는 懺悔(죄를 뉘우치고 용서를 구함), 勸請(敎를 설하여 중생을 구원하기 위해 불타에 請함), 隨喜, 回向(착한 행위를 깨달음을 위해 돌림), 發願(깨달음을 향한 마음을 일으킴) 등을 말한다.

이 아니겠는가.

  부드럽게 말하는 것[軟語]은, 대중의 마음을 기쁘게 하는 데 먼저 힘써야 할 일이다. 세간 사람이 짓는 삼업의 죄 중에 입의 허물이 가장 무겁고, 입의 네 가지 악 중에는 욕설[惡言]이 가장 심하니, 무슨 까닭인가. 자기 마음에 진심(瞋心)을 일으킬 뿐 아니라 상대로 하여금 한을 품게 하고, 이로 인해 원한의 뿌리가 생겨서 차츰 자라나 이 겁에서 저 겁에 이르기까지 서로 해치면서 영원히 끝날 기약이 없기 때문이다. 그러니 어찌 사람과 더불어 이야기할 때 보드라운 음성을 내거나, 혹은 선으로 가르쳐서 그를 기쁘게 하고, 나아가서는 온갖 축생에게까지에도 욕설을 하지 않는 것과 같을 수야 있겠는가. 축생 들이 비록 사람의 말을 이해하지는 못하나 성내는 모습을 보면 놀라고 두려워하게 되므로 죄업(罪業)이 없지 않다. 죄업이 일단 이루어지면 과보가 반드시 헛되지 않아서 스스로가 만나게 될 것이다.

  예컨대《호구경(護口經)》에서는 "옛날에 삼장(三藏: 小乘)비구가 한 마디 욕설을 한 까닭에 그 과보로 백두어(百頭魚)가 되어서 재앙이 그 어미에게 미쳤고, 또 칙간벌레[厠虫]가 되었다……" 하였고, 또《대방편경(大方便經)》에서는 "사람이 세상을 살아가는 데 입에서 나오는 재앙이 맹화(猛火)보다 심하니, 맹화는 단수히 세간의 재물을 태우거니와 욕설은 왕성해서 칠성재(七聖財)[86]를 태운다" 하니, 입 안의 혀는 몸을 쪼개는 도끼이며 몸을 태우는 불이니 삼가야 하지 않겠는가" 하였다.

---

86) 칠성재(七聖財): 불도를 성취하는 성스러운 일곱 가지 법을 재물에 비유하여 일컬은 말. 칠성재란 정법을 믿어 지니는 信財, 계율을 지니는 戒財, 제 부끄러움을 알아 모든 악을 짓지 않는 慙財, 좋은 법이 아닌 것에 대해서 남부끄러움을 내는 愧財, 바른 가르침을 들을 줄 아는 聞財, 모든 물질에 대한 집착을 놓아 보시할 줄 아는 施財, 마음을 거두어 산란치 않게 하여 모든 법을 비추어 볼 줄 아는 定慧財 등을 말한다.

위에 보인 바와 같이, 보시와 인욕으로부터 겸손한 마음과 부드러운 말에 이르기까지 낱낱이 모두가 성불의 원인 아닌 것이 없다. 만일 구족히 행한다면 더 좋을 수가 없거니와 그렇지 않으면 형편 따라 마음 따라 한 가지만 닦아도 된다. 어째서 그런가?《법화경(法華經: 方便品)》에는 다음과 같은 게송이 있다.

만일 어떤 중생들이
과거의 부처님을 만나서
법문을 듣고 보시하거나
혹 계를 지키고 인욕을 닦거나
정진과 선정과 지혜를 닦거나
마음을 착하고 부드럽게 가지면
이러한 사람들은 모두가
이미 불도를 이루었으며,
부처님들 열반에 드신 뒤에
사리에 공양키 위하여
만억 가지 탑을 세우되
금은과 그리고 파려(玻瓈)와,
문괴(玟瑰)나 유리구슬로
청정하게 널리 장엄하여 꾸미거나
전단과 침수향과 그밖의 자재와
벽돌과 진흙 등을 썼거나,
만일 드넓은 들판에
흙을 쌓아 불묘(佛廟)를 이루거나
나아가서는 아이들의 놀이로

모래를 모아 불탑을 만들면,
이러한 사람들은 모두가
이미 불도를 이루었으며,
어떤 이가 부처님을 위하여
보는 형상을 건립하되
혹은 칠보로 이루거나
놋쇠나 자줏빛 구리로 하거나,
무쇠나 나무나 진흙으로 조성하여
혹은 아교나 칠을 바르거나
혹은 채색으로 불상을 그리기를
자기 손수하거나 남을 시키거나,
심지어는 아이들의 장난으로
초목 토막으로 붓을 삼거나
혹은 손가락이나 손톱을 써서
부처님의 형상을 그리면,
이러한 사람들은 모두가
이미 불도를 이루었으며,
어떤 사람이 불탑이나 불묘의
보배불상이나 그림불상 앞에
꽃과 향과 번기와 일산으로
공경을 다해 공양할 때,
만일 남을 시켜 풍악을 울리거나
손수 북을 치고 각패(角貝)를 불거나
피리를 불거나 공후를 뜯거나
비파를 튕기거나 태징을 울려,

이러한 갖가지 묘한 소리를

모두모두 가져와 공양 올리거나,

혹은 기뻐하는 마음으로

노래로 부처님의 공덕을 칭송하되

심지어 조그마한 소리를 내었어도

모두가 이미 성불했으며,

어떤 사람이 산란한 마음으로

심지어 꽃 한 송이로

불화와 불상에 공양하더라도

차츰 무량한 부처님을 뵈옵고,

스스로 위없는 도를 이루어

무수한 중생을 제도해 마쳤으며,

어떤 사람이 예배하거나

혹은 다만 합장만 하거나

심지어 한쪽 손만 들거나

혹은 가볍게 머리를 숙이거나,

어떤 사람이 산란한 마음으로

한 번 나무불을 부르더라도

이러한 사람은 모두가

이미 불도를 이루었느니라.

아! 만일 '온갖 법이 불사 아닌 것이 없다'는 말이 틀렸다면 어찌 아이들이 놀이로 한 일과 산란한 마음으로 (나무불을) 한번 부른, 그렇듯 작은 공덕으로 극진한 지위(極位)에 이를 수 있겠는가. 이런 까닭으로 우리 석존께서 세상에 나타나셔서 자비를 일으켜 중생을 가엾이 여기시되 공교로운 지혜와 방편으로 그 근기가 좋아하는 것에 따라 혹은 좌선법을 보이시며, 혹은 경전을 독송케 하시며, 혹은 염불을 권하시며, 나아가 보시와 지계 등 온갖 선법을 보이셔서 그들로 하여금 닦고 익혀서 불도에 들게 하시나 오직 일천제(一闡提)[87]들만 제외한다 하시니, 마치 세간의 의사가 병에 따라 약을 주되 목숨이 끊어진 자만 빼고는 모두가 쾌차되는 것과 같다.

혹 어떤 사람은 여래가 시설하신 방편교(方便敎)의 이치를 알지 못하고, 또 중생들의 근기와 좋아하는 바를 알지 못하기 때문에 제각기 한 자락만을 집착하여 수승하다 여기고는, 남도 자기가 익힌 대로 하기를 바라면서 '좌선이 으뜸이다' 하거나, '경을 독송하는 것이 으뜸이다' 하거나, '염불이 으뜸이다' 하거나, 나아가서는 보시와 지계 등의 법은 모두가 옳다 하고 다른 선행은 모두 부정하니, 이들은 하나만 알고 둘은 모르는 자일 것이다.

예컨대 왕성(王城)에 들어가려 할 때 팔문(八門)이 막히지 않았거든 온 방위를 따라 인도해서 곧장 들게 할 것이거늘, 어찌 기어이 동쪽에서 온 사람을 인도해서 서문으로 들게 하며, 서쪽에서 온 사람을 인도해서 동쪽으로 들게 하여 헛된 수고를 하겠는가. 문은 여덟이 나들어가는 곳은 하나이듯, 모든 법문이 다르나 모두 한 곳으로 돌아가거늘 어찌 치우치게 집착하여 다투는가. 이를 일러 병의 근본은 살피지 않고 모조리 유약(乳藥)만을 쓰는 무리라 한다.

모든 수행자에게 권하노니, 이런 이치를 알아서 자기 힘에 견딜 만한 대로 어느 한 가지를 택하여 물러나지 말고 공부를 쌓아가도록

---

87) 일천제(一闡提): 범어 icchantika의 소리 옮김. 약해서 闡提라고도 한다. 원래의 뜻은 '欲求를 계속하는 사람'이나, 斷善根·信不具足·極欲 등으로 번역한다. 成佛하는 因을 갖지 못한 이를 말한다.

하라.

【게송 187】

若願生安養이면 　　　　隨功生九蓮하야
得見彌陀佛하고 　　　　聞法悟無生하리며

만일 안양국(安養國)에 태어나기를 원하면
공행(功行)에 따라 구련(九蓮)에 태어나서
아미타불을 만나뵙고 법문 들어서
무생법인(無生法忍)을 깨달아 누리게 되리.

　안양국(安養國)은 극락(極樂)이라고도 하니, 그 나라의 장엄과 즐거운 일은 비유나 말로 다할 수 없다. 《소미타경(小彌陀經)》에서는 "여기서 서쪽으로 10만억 불토를 지나서 이 세계가 있다" 하였고, 《무량수경(無量壽經)》에서는 "아미타불의 국토가 여기서 멀지 않다" 하였는데, 이 두 마디는 다만 근기를 따라 하신 말씀인지라 멀고 가까움이 정해진 것이 아니고 오직 중생의 마음에 달렸다는 뜻이다. 마음에 걸림이 없는데 어찌 동서와 원근이 있겠는가.

　아미타(阿彌陀)는 무량광(無量光) 또는 무량수(無量壽)라 번역하니, 경에서 "그 부처님의 광명이 무량하여 10만 국토를 비추시고, 그 부처님의 수명이 무량무변아승지겁이라" 하였다.

　구련(九蓮)은, 그 부처님이 48원으로 정토를 장엄하시고 구품연대(九品蓮臺)를 시설하여 시방의 인연 있는 중생을 인도하시는 곳이니, 무슨 까닭인가? 중생의 근성에 많은 차별이 있기 때문이다. 예컨대 세속의 국왕이 적과 싸울 때 공을 세운 이가 대체로 균등치 않으므로 그 공에 따라 혹 일품(一品), 이품, 삼, 사, 오품, 나아가서는 팔, 구품에 이르기까지 하나도 빠뜨리지 않고 직함으로 상을 주는 경우와 같다. 부처님도 그러하여서 중생들의 공업의 많고 적음에 따르기 때문에 구품으로 남김없이 다 거두어 주시니, 구품중생이 구품에 태어나는 일을 이제 간략히 경문을 인용하여 보이겠다.

《관무량수경(觀無量壽經)》에서는 다음과 같이 말한다.

"상품상생(上品上生)은 어떤 중생이 세 가지 마음을 내면 바로 그 국토에 태어나는데, 첫째는 지성스러운 마음이며, 둘째는 깊은 마음이며, 셋째는 회향발원심(迴向發願心)이다. 또 세 종류의 중생이 왕생할 것이니, 하나는 인자한 마음으로 죽이지 않고 모든 계행을 갖추는 것이며, 둘은 대승의 방등(方等)경전을 독송하는 것이며, 셋은 여섯 가지 생각〔六念: 佛法僧戒施天〕을 닦는 것이다. 이 공덕을 하룻낮 하룻밤에서 7일까지 해서 갖추면 곧 왕생하는데, 이 사람이 임종할 때 아미타불이 관음과 세지 등 무량한 보살과 함께 그의 앞에 나타나서 손을 잡고 영접하는 것을 본다. 행자(行者: 그 사람)가 이를 보자 환희용약(歡喜踊躍) 끝에 자기의 몸이 금강대(金剛臺)를 타고서 부처님의 뒤를 따라 손가락 튕기는 사이에 그 국토에 태어나는 모습을 본다. 거기에 이르자마자 부처님 몸매의 상호와 보살의 몸매가 구족하며, 빛나는 보배숲이 묘법 연설하는 것을 보고느 듣자마자 무생법인을 깨닫는다.

상품중생(上品中生)에는, 꼭 방등경전을 독송하지는 않더라도 이치를 잘 이해하여 제일의제(第一義諦)에 대하여 마음이 요동치 않고 인과를 깊이 믿어 대승법을 비방하지 않는 사람이 태어난다. 이 사람이 임종할 때 대성(大聖)께서 위에서 말한 대로 영접하시면, 행자는 자신이 자금대(紫金臺)에 앉아서 즉시 그 국토에 왕생하여 칠보 연못에서 하룻밤을 묵고 (연꽃이) 활짝 피는 것을 본다. 또 부처님과 보살들이 광명을 놓아 몸에 비추시는 것을 보면 눈이 환하게 활짝 열렸다가 일소겁(一小劫)을 지난 뒤에 무생법인을 얻는다.

상품하생(上品下生)에는 역시 인과를 믿어서 대승을 비방하지 않고 다만 무상도심(無常道心)을 낸 사람이 태어나는데, 그 사람이 임종할 때 뭇 성인이 와서 영접하니, 행자는 자신이 금연꽃에 앉아 보배연못에 왕생하여 하룻밤 하룻낮 만에 연꽃이 비로소 피는 것을 보고, 이레 만에 부처님을 뵙게 된다. 비록 부처님의 몸을 뵈오나 뭇 상호에 대하여 분명히 알지 못하다가 삼칠일 뒤에야 비로소 분명하게 보고, 세 소겁을 지나고서야 백법명문(百法明門)을 얻어서 환희지(歡喜地)에 머문다.

중품상생(中品上生)에는 오계를 받아지니거나 팔재계(八齋戒)를 지녀서 모든 계율을 수행하고, 오역(五逆)을 짓지 않아서 뭇 죄과가 없는 중생이 태어나는데, 이 사람은 임종할 때 뭇 성인이 와서 영접하리니, 행자가 자신이 연화대(蓮華臺)에 앉아서 그 국토에 왕생하거든 연꽃이 이내 피어나는 것을 보고, 갖가지 음성으로 사성제를 찬탄하는 소리를 듣고 즉시에 아라한도(阿羅道)와 삼명(三明)과 육통(六通)을 얻고 팔해탈[88]을 구족할 것이다.

중품중생(中品中生)에는 하룻낮 하룻밤에 사미계(沙彌戒)[89]를 지니

---

88) 팔해탈(八解脫): 여덟 가지 定의 힘으로 탐착심을 버리는 8종의 觀念이다. 이 관념에 의하여 오욕의 경계를 등지고 그 탐하여 고집하는 마음을 버리므로 八背捨라고도 하는데, 이것으로 말미암아 삼계의 번뇌를 끊고 아라한과를 증득하므로 解脫이라 한 것이다.

89) 사미(沙彌): 범어 śrāmaṇerake 또는 śrāmaṇera의 음역. 불교 교단에서 十戒를 받은 7세 이상 20세 미만의 출가한 남자. 息慈(南山律師의 번역), 勤策(玄奘의 번역), 求寂(義淨의 번역)이라 번역한다. 사미는 나이에 따라 세 가지 구별이 있으니, 절에서 식탁의 음식을 보고 날아드는 까마귀나 쫓는 일 등을 맡아 보는 驅烏사미(7~13세), 사미로서의 올바른 생활을 할 수 있다는 의미의 應法사미(14~19세), 20세가 넘었지만 아직 비구로서 완전한 戒를 받지 못하고 사미 상태에 있는 이를 名字사미라 한다.

거나 구족계(具足戒)[90]를 지녀서 위의가 이지러짐이 없는 사람이 태어나는데, 이 사람이 임종할 때 뭇 성현이 와서 영접하리니, 행자가 스스로 연화 위에 앉으면 연꽃이 바로 합쳐져서 부처님의 뒤를 따라 보배연못에 태어나는 것을 보고, 7일을 지나면 그 연꽃이 다시 피는데 눈을 뜨고 합장(合掌)[91]하고 부처님을 찬탄하고 법을 듣다가 반 겁이 지나면 아라한이 된다.

중품하생(中品下生)에는 부모에게 효도하고 스승과 어른을 공경하여 세속의 신의를 행하는 중생이 태어나는데, 이 사람이 임종할 때 선지식이 그를 위해 아미타불국토의 즐거운 일을 말해 주면 이 일을 듣자 이내 운명하여 그 국토에 왕생하고, 7일이 지난 뒤에 관세음보살과 대세지보살을 만나 법문을 듣고 기뻐하면서 수다원과(須陀洹果)를 얻고 일소겁(一小劫)이 지나면 아라한이 된다.

하품상생(下品上生)에는 혹 어떤 중생이 온갖 악업을 짓고, 또 대승경전을 비방하지는 않으나 나쁜 법을 많이 짓고도 뉘우치는 일이 없더라도 거기에 태어나는데, 이 사람이 임종할 때 선지식이 대승경전의 제목만이라도 찬탄해 줌을 만나면 이 여러 경의 이름을 들은 까닭에 천 겁 동안 지은 극중한 악업의 죄를 제해 버리고, 선우(善友)가 다시 나무아미타불을 염송하라고 시킴을 만나면 부처님의 명호

---

90) 구족계(具足戒): 범어 upasampanna로 鄔波三鉢那라 음역하고, 近圓이라 번역한다. 近圓이란 열반에 親近한다는 뜻. 具戒라 약칭하고, 大戒 또는 比丘戒(比丘尼戒)라고도 한다. 비구 · 비구니가 지켜야 할 戒法으로 비구는 2백50戒, 비구니는 3백48戒이다. 이 戒를 받으려면 만 20세 이상이어야 한다.

91) 합장(合掌): 범어 añjāikarma. 좌우의 손바닥을 합하여 마음이 한결같음을 나타내는 인도 경례법의 하나. 밀교에서는 두 손을 합하는 것은 定慧相應 · 理智不二를 나타내는 것이라 하여 그 공덕이 광대무량하다 하였다. 十指를 十界에 배대하여 오른쪽의 엄지(佛界) · 식지(菩薩界) · 중지(緣覺界) · 약지(聲聞界) · 소지(天界) 및 왼쪽의 엄지(人界) · 식지(修羅界) · 중지(畜生界) · 약지(餓鬼界) · 소지(地獄界)라 하기도 한다.

를 부른 까닭에 50억겁 동안 생사하면서 지은 죄를 소멸한다. 그때 저 부처님이 곧 화현하신 부처님과 화현하신 관세음보살과 화현하신 대세지보살을 보내거든 행자 앞에 이르러 '그대가 부처님의 명호를 부른 까닭에 모든 죄가 소멸했기 때문에 우리가 와서 그대를 맞노라' 할 것이다. 행자는 곧 화현불〔化佛〕의 광명이 방 안에 가득함을 보게 되고, 이를 본 뒤에는 기뻐하다가 곧 목숨을 마치면 보련화(寶蓮華)를 타고 화현불의 뒤를 따라 보배연못에 태어나서 칠칠일 동안 연꽃이 피리라. 그때 관세음보살이 광명을 놓고 설법을 하시리니, 이 법문을 듣자 믿고 이해하여 무상도심을 일으키고 그로부터 10소겁을 지난 뒤에야 초지(初地)에 든다.

하품중생(下品中生)에는 혹 어떤 중생이 오계와 팔계와 구족계를 범하거나, 승가의 물건을 훔치거나, 현재 대중의 물건[92]을 훔치거나, 부정하게 설법하고도 참회하는 마음이 없으면 이 사람이 임종할 때 지옥의 모든 불이 일시에 모두 닥쳐오거니와, 선지식이 아미타불의 광명과 위덕을 말해 주는 것을 만나면 이 사람이 듣자마자 80억겁 동안 생사하면서 지은 죄가 소멸되어 거기에 태어난다. 지옥의 사나운 불길이 서늘한 바람으로 변하여 모든 하늘꽃에 불면 꽃 위에 모두 변화한 불보살이 있다가 이 사람을 영접하되 잠깐 사이에 보배연못의 연꽃 안에 태어나서 대겁(大劫)을 지난 뒤에 연꽃이 피거든 관세음과 세지 두 보살이 그를 위해 심히 깊은 대승의 경전을 설해 주

---

92) 현전승물(現前僧物): 승단에 속하는 모든 물자를 가리키는 常住物을 크게 둘로 구분하면 四方僧物과 現前僧物로 나눌 수 있다. 四方僧物이란 招提僧物 또는 十方僧物이라고도 일컬으며, 모든 비구가 같이 쓸 수 있는 교단의 공유물인 寺舍와 田園 등을 말하는데, 現前의 승려가 자기 마음대로 처분하는 것은 허락되지 않는다. 現前僧物이란 現前僧이 특히 사용하는 물건으로, 시주가 현재 머물고 있는 승려 대중에게 施與한 물건이나 亡比丘의 유물 등을 말한다.

는데, 이 법을 듣자마자 무상도심(無上道心)을 일으킨다.

 하품하생(下品下生)에는 어떤 중생이 태어나는가? 혹 어떤 중생이 오역(五逆)과 십악(十惡)을 구족히 지어서 온갖 착하지 못한 법을 갖추었으면, 응당 악도에 떨어져서 여러 겁을 지나도록 무궁한 고통을 받아야 할 것이나, 임종할 때 선지식이 그를 위해 묘법을 설해 주어 염불할 기회를 만났으되 고통에 쫓겨 염불할 수 없거든 선우가 다시 '그대가 만일 염불할 수 없다면 〈귀명무량불(歸命無量佛)〉만 외우라 하여, 이렇듯 지극한 마음으로 소리가 끊이지 않게 십념(十念)이 차도록 나무아미타불을 염송하면 부처님의 명호를 부른 까닭에 잠깐잠깐 사이에 80억겁 동안 생사하면서 지은 죄가 소멸되는지라 목숨이 다한 뒤에 보니 마치 햇덩이〔日輪〕 같은 금연화(金蓮華)가 그 사람 앞에 머물렀거든 잠깐 사이에 그 나라에 가서 연꽃 속에 태어난다. 20대겁을 채운 뒤에 연꽃이 비로소 피어나거든 관음과 세지 두 보살이 대비음(大悲音)으로 실상(實相)을 말해 주어 죄법(罪法)을 소멸케 하리니, 그 법문을 듣자 기뻐하면서 바로 무상도심을 일으킨다."

 이것이 구품의 중생이 구련(九蓮)에 태어나는 현상이다.

 또 궁전에 태어나는 이도 있으니, 《무량수경(無量壽經)》에서는 다음과 같이 말한다. "만일 어떤 중생이 모든 공덕을 닦아서 그 국토에 태어나기를 발원하다가 뒤에 후회와 의혹이 생겨서 그 불국토가 있다는 것을 믿지 않고 왕생한 이가 있다는 것도 믿지 않으며, 또 보시로 복을 지어 후세에 복을 받는다는 것도 믿지 않거든, 그 사람이 비록 그렇듯이 계속되는 생각 속에 잠시 믿고 잠시 믿지 않아서 의지가 머뭇거리고, 전일한 뿌리가 없더라도 임종할 때 부처님께서 몸을 화현하여 그의 눈으로 직접 보게 하신다. 그 사람이 입으로는 분명히 말하지 못하나 마음에는 기쁨이 생겨 비로소 모든 선법을 닦지 못했

다고 뉘우친다. 허물을 뉘우친 까닭에 역시 그 국토에 왕생하되 부처
님에게는 가지 못하고 겨우 변두리에 들어갔다가 칠보의 성을 보고
는 바로 그리로 들어가서 연꽃 속에 태어나서 도리천 사람과 같은 쾌
락을 받으나, 5백 세를 지나도록 삼보의 이름조차 듣지 못한다……."

여러 경과 논의 말씀에, 무릇 중생이 그 국토의 명호와 그 부처님의
명호를 듣고 거기에 태어나기를 원한다면 하나도 왕생치 못할 이가
없다 했으니, 예컨대《월장경(月藏經)》에서는 "나의 말법에는 많은 중
생들이 행을 일으켜 도를 닦으나 하나도 얻는 이가 없거니와, 오직 정
토(淨土) 한 문만이 통틀어 들어갈 길이다" 하였다.

그렇다면 이 말법시대를 당하여 정토법을 구하지 않고 무엇을 하
리요. 혹 어떤 사람이 이 법문에 대하여 대체로 의혹과 비방을 일으
키거나, 혹은 왕생을 바라는 이를 보고 비웃거나 가로막으면, 자신도
그르치고 남도 그르쳐서 부처님의 원수가 될 것이니 슬픈 일이로다.

【게송 188】

不爾當來世에	必逢慈氏尊하야
龍華三會上에	自然皆證道하리라.

그렇지 않으면 오는 세상에
반드시 자씨존(慈氏尊)을 만나
용화의 세 차례 법회에서
자연스레 모두 도를 증득하리라.

《미륵하생경(彌勒下生經)》에서는 다음과 같이 말한다. "이 염부제
에 시두말(翅頭末)이라는 큰 성이 있고, 성 안에 묘범(妙梵)이라는 큰
성바지 바라문이 있다. 미륵이 그 집에 태어나서 출가하는 날 바로

정각(正覺)을 이루시고 용화수(龍華樹) 밑에 앉으시니 국왕과 바라문과 장자와 모든 백성이 모두 부처님께 나아가 함께 출가한다.

그때 미륵부처님께서 대중들을 보고 '이들은 석가모니부처님이 남기셨다가 내게 보낸 사람들이니, 그러기에 지금 내게 온 것이다. 이 사람들은 석가모니부처님의 유법(遺法) 동안 경률론 삼장을 독송하거나, 의식(衣食)을 남에게 보시하거나, 계정혜를 닦았거나, 번기와 일산과 향화를 부처님께 공양했거나, 혹은 고통받는 중생을 위하여 즐거움을 얻게 했거나, 인욕과 선정을 닦았거나, 혹은 탑사를 세워 사리(舍利)에 공양하는 등, 이러한 선근으로 내게 왔도다.' 이렇게 생각하고는 사제(四諦)를 설해 주시니, 사람들이 듣자 다 함께 열반도(涅槃道)를 얻었다."

또《대론(大論)》에서는 "용화회상(龍華會上)의 첫모임에 99억 성문을 제도하고, 둘째 모임에 98억의 성문을 제도하고, 셋째 모임에 93억의 성문을 제도한다" 하였다.

《보은경(報恩經)》에서는 "화림원(華林園) 제3회에 93억 인은 석가부처님의 유법 때 딱 한번 나무불을 부른 사람들이라" 하고, 또《미륵경(彌勒經)》에서는 "석가부처님 말법 때 좌선과 송경과 지계와 수복(修福)한 이들은 첫모임에 태어나고, 오직 삼귀(三歸)의 계만 지킨 이는 둘째 모임에 태어나고, 오직 부처님의 명호를 기만한 이는 셋째 모임에 태어난다……" 하였다.

이것으로 살피건대 우리들이 비록 좌선과 송경, 그리고 지계와 수복 등을 전일하게 정진치는 못했으나 이미 부처님의 명호는 들었고, 또 일평생 살아오면서 분에 따라 한번쯤 부르는 일이야 어찌 없다고 하겠는가. 그렇다면 비록 일찌감치 첫모임과 둘째 모임에는 참예치 못하더라도 늦게나마 셋째 모임에 참예하여 법문을 듣고 도를 깨달을 것이 의심이 없다. 그러니 지혜로운 이들이여, 꼭 이 부처님을 만나도록 발원할지니, 만일 어긋나 만나지 못한다면 다시 부처님을 만나기란 매우 멀기 때문이다.

무슨 까닭인가? 이 현겁(賢劫) 동안에 성주괴공(成住壞空)의 네 겁이 있는데, 부처님이 세상에 나타나시는 일은 반드시 주겁(住劫)뿐이기 때문이다. 주겁에는 다시 30증감겁(增減劫)이 있는데, 부처님이 나타나심은 감겁(減劫)이어야 한다. 앞의 여덟 증감겁에는 부처님 없이 지내고, 제9감겁에 이르러서야 네 부처님이 출현하시니 인간의 수명이 6만 세일 때 구류손불(拘留孫佛)이 출현하시고, 4만 세일 때 구나함모니불(拘那含牟尼佛)이 출현하시고, 2만 세일 때 가섭불(迦葉佛)이 출현하시고, 1백 세일 때 석가모니불이 출현하시고, 석가모니부처님의 법이 사라졌다가 인간의 수명이 다시 늘어나서 8만4천 세가 되었다가 다시 줄어서 4천 세일 때 미륵불이 출현하시니, 석가부처님이 열반에 드신 날로부터 이때까지는 60억 년이며 제10감겁에 해당된다. 제11겁과 12,13,14겁 등 네 겁에는 부처님이 출현하시지 않기 때문에 모름지기 공부에 힘써 미륵부처님과 어긋나지 않아야 한다. 제50감겁에 이르러 9백95불이 출현하여 교화하시니 (그 중) 마지막의 누지불(樓至佛)이 출현하셔서 뒤의 다섯 겁을 교화하신다.

【게송 189】

向說諸善因은　　　　俱通大小乘이나
凡夫根性異하야　　　　廻向亦不一하니

이제껏 말한 모든 착한 인연은
대승과 소승에 두루 통한 법이나
범부의 근성에 차이가 있으므로

회향하는 방법도 하나가 아니니,

【게송 190】

或望人天樂하며　　　　　或求四聖果하니

雖是善果報나　　　　　　成佛大遲緩이니라.

혹은 인천의 쾌락을 희망하고

혹은 네 가지 성과(聖果)를 구하니

비록 선한 수행의 과위이기는 하나

성불하기에는 너무나 더딘 길이요,

【게송 191】

中間無量劫에　　　　　　徒勞虛受苦하나니

若欲速離苦인댄　　　　　應廻向大乘이니

중간의 한량없는 겁 동안

헛된 수고로 헛된 고통받나니

만일 속히 고통을 여의려면

응당 대승으로 회향할지니라.

【게송 192】

所作大小善을　　　　　　當廻向三處하되

先四恩三有와　　　　　　及法界有情이요.

자기가 지은 크고 작은 선행을

세 곳으로 회향함이 마땅하니

먼저는 사은(四恩)과 삼유(三有)와

끝없는 법계의 유정에게요,

【게송 193】

次佛果菩提요　　　　　　後眞如實際니
若如是廻向이면　　　　　　毫善等虛空이니라.

다음은 부처님의 과위와 보리요
마지막은 실제(實際)인 진여에게니,
이렇게 회향할 줄 알기만 하면
털끝 같은 선행도 허공과 같으리.

【게송 194】

譬如一滴水를　　　　　　投之於大海하면
與海成一體하야　　　　　　深廣無涯底인달하리라.

비유컨대 한 방울의 물을
큰 바다에 던지면
바닷물과 한 종류를 이루어
깊고 넓어 밑도끝도없는 것 같으리.

　위에 보인 여러 선법은 대·소승의 행자에게 통하는 것이거니와, 중생들의 근기와 취향이 같지 않고 닦는 인행이 각기 다른 까닭에 얻는 과보도 1만 가지를 이룬다. 어떤 중생은 세간의 쾌락을 탐내어 모든 선업을 닦되 열등한 이는 인간에 태어나고 수승한 이는 하늘에 태어나서 분에 따라 쾌락을 받고, 혹 어떤 중생은 삼계의 고통을 싫어하고 열반락(涅槃樂)을 구해서 홀로 있기를 좋아하고, 고요함에 능숙해서 모든 선법지혜를 닦되 둔한 이는 성문이 되고 영리한 이는 벽지불이 되니, 이를 **고조해탈(孤調解脫)**[93]이라 하며 부처님께서 꾸짖으신 바이다. 혹 어떤 중생은 자신은 아직 제도되지 못했으나 먼저 남을 제도코자 하여 부지런히 정진하여 일체지(一切智)를 구하니, 이를 대승(大乘)이라 하며 이미 성태(成胎)가 이루어진 이들이다.

또 인천(人天)을 말할 때는 우선 삼악도에 비해 즐거운 곳이라 하거니와 실제로 즐거운 것은 아니다. 무슨 까닭인가. 인간은 현재 팔고(八苦)에 볶이고, 뒤에는 삼도의 참기 어려운 고통을 받는다. 하늘무리에도 오쇠(五衰)의 고통이 있고 천보(天報)가 끝나면 다시 악도에 떨어지니 괴로운 일은 가히 알 수 있다. 이렇듯이 육취(六趣)로 윤회하면서 벗어날 기약이 없으니 어찌 즐겁다 하겠는가.

이승(二乘)의 사람은 비록 **분단생사(分段生死)**[94]의 고통은 여의었으나 아직 **변역생사(變易生死)**[95]의 고통은 면하지 못해서 타향으로 헤매면서 의식을 구걸하되 살아가기가 매우 어려워서 적게 얻고 만족하게 여겨 자재함을 얻지 못한다. 하물며 멀리 도는 길을 따라서 집에 돌아갈 길은 멀고 미진겁에 괴로이 헤매는데 어찌 즐겁다 하겠는가.

그런데 보살대인(菩薩大人)은 처음 발심한 뒤로부터 일체 중생을 가엾이 여겨 비지(悲智)를 쌍으로 운용해서 크고 곧은 길에 올라서 걸음걸음이 막힘이 없다. 머지않은 날에 집에 이르러 아버지를 만나 진기한 보배광을 얻어서 자재하게 수용하여 부족함이 없을 것이니, 이렇게 해야 바야흐로 참 즐거움이라 할 것이다. 그러므로 영명연수선

---

93) 고조해탈(孤調解脫): 孤調는 소승의 證果를 말하는데, 다른 이는 교화하지 않고 홀로 자신만이 해탈하여 생사의 바다를 건너는 것을 '고조해탈'이라 한다.

94) 분단생사(分段生死): 二種生死의 하나로서, 6도를 윤회하는 범부들이 받는 생사. 범부는 각기 業因에 따라 목숨에 길고 짧음의 分限이 있고, 신체의 크고 작음의 形段이 있으므로 분단생사라 한다.

95) 변역생사(變易生死): 二種生死의 하나로서, 아라한·벽지불·보살이 받는 생사. 보살이 번뇌를 끊고부터 성불하기까지의 몸은 悲願의 힘에 의해 수명도 육체도 자유로이 變化改易할 수 있는 變易身을 받는데, 그러한 몸으로 받는 생사를 변역생사라 한다.

사(永明延壽禪師)가 경을 인용하여 "만일 십선(十善)으로 사람을 교화하면 마치 독약으로 사람을 치료하는 격이다. 왜냐하면 비록 일시적으로는 인간과 하늘 사람의 낙을 배부르게 누리나 생사를 면치 못하여, 독이 발동하면 끝내 윤회를 벗어나지 못하고 도리어 업의 때〔業垢〕만 더하기 때문이다. 만일 소승으로 교화하면 이는 대승의 원수이며 해탈의 깊은 구덩이니 가히 두려워할 곳이라" 하였다. 경에서도 "차라리 여우와 이리와 야간(野干)의 마음을 일으킬지언정 성문과 벽지불의 생각은 일으키지 말라" 하였으니, 이 말씀을 살피건대 지혜로운 이라면 뉘라서 소승을 버리고 대승을 좇지 않겠는가.

자기가 지은 모든 선행〔所作諸善〕이라 함은, 이른바 좌선과 송경과 예배와 염불과 보시와 지계 등이다. 비록 이러한 종류의 선행을 짓고도 회향(廻向)[96]하지 않으면 마치 굽지 않은 날벽돌 같아서 헛수고만 할 뿐 이익이 없다. 무릇 회향코자 하는 이는 인천이나 이승과(二乘果)에 회향할 것이 아니라 반드시 정성스러운 마음으로 세 곳에 회향해야 한다. 무엇이 세 가지인가. 첫째는 지금 닦은 선근으로 일체 중생에게 보시하여지이다 하는 중생회향(衆生廻向)이며, 둘째는 지금 닦은 공덕이 모두에게 미쳐 함께 불도를 이루어지이다 하는 불과회향(佛果廻向)이며, 셋째는 지금 닦은 선근이 법성같이 광대하고〔無邊〕 허공같이 완벽하여지이다〔無盡〕 하는 실제회향(實際廻向)이니 이것이 세 곳에 회향한다는 것이다.

또 어딘가에서는 "자기 것을 돌려서 남에게로 향하고, 원인을 돌려서 결과로 향하고, 현실〔事〕을 돌려서 이치〔理〕로 향한다" 하니, 이

---

96) 회향(廻向): 범어 parināmana. 廻轉趣向의 뜻. 자기가 쌓은 善根功德을 다른 사람에게 돌려서 그 사람을 이익되게 하거나 깨닫게 하는 일. 일반적으로 法要·讀經·念佛·布施 등의 선행으로써 공덕을 중생에게 돌려서 불도에 들게 함을 말한다.

는 앞의 것과 같은 이치이다.

　사은(四恩)이라 함은 첫째는 국왕의 은혜니, 백성들이 한번 마시고 한번 먹는 것이 국왕의 은혜 아닌 것이 없다. 그런데 우리들은 이미 국왕의 백성이므로 의당 국왕의 일에 부역하고 해마다 구실을 바쳐 국왕의 은혜에 보답해야 하거늘 도망쳐 빠져서 머리를 깎고서 싸우지 않고 편안하고 근심 없이 잠자고 먹으니, 국왕의 은혜가 막대하다. 둘째는 스승과 어른의 은혜니, 그들은 나의 어리석음을 일깨워서 악을 경계하여 세속의 그물에서 벗어나 불가에 들어가도록 인도하므로 스승의 은혜가 지중하다. 셋째는 부모의 은혜니, 처음 잉태해서부터 열 달 동안 잠시도 마음을 방일치 않고 나아가 출산할 때 고통이 더할 수 없다. 그러나 출산한 뒤에 고통을 잊고 귀여워하는 마음을 내어 안고 젖을 먹여 기르시고 더러운 것을 씻어 주고, 성장한 뒤에는 모심과 봉양〔侍養〕을 포기하고 애정을 끊고 풀어 주어 스승을 찾아 출가하여 출세간법을 닦게 해주시니, 어버이의 은혜가 가장 깊다. 넷째는 시주의 은혜니, 우리들 비구가 마음대로 산림(山林)에 누워서 밭을 갈지 않고 먹고 누에를 치지 않고 옷을 입는 것은 모두가 시방 단월들의 은혜이다.

　이 네 가지를 비교하면 시주의 은혜가 가장 다급하다 하리라. 무슨 까닭인가. 사람이 항상 먹는 하루의 한두 끼니에서 한 끼니만 거르더라도 마음의 예봉이 이미 꺾여 하는 일이 모두 뜻대로 되지 않거늘 하물며 온전히 끼니를 거를 때이겠는가. 더구나 이틀, 사흘, 나아가 칠일이겠는가. 그렇다면 몸도 목숨도 보존키 어렵거늘 하물며 도업을 닦겠는가. 그러므로 시주의 은혜가 다급하고 왕과 스승과 부모는 다음, 다음이다. 그러므로 모든 필추(苾蒭: 비구)는 응당 이런 뜻을 잘 알아서 한번 절하고 한번 염불하거나 향 한 개피를 태우거나

등 하나를 밝히거나 꽃 한 송이를 올리거나 탑을 쓸고 마당을 소쇄
하는 등, 한 가지 작은 선이라도 응당 먼저 사은(四恩)에 회향하여 복
을 받들어 올린 뒤에야 두루 모두에게 (공덕을) 입힐 수 있다.

【게송 195】

雖未完戒品하고　　　　亦未修諸善이나

但結大乘緣이면　　　　功倍餘衆善이니

비록 계품(戒品)을 완성치 못하고

모든 선법을 닦지도 못했으나

다만 대승의 연을 맺기만 하면

공이 다른 뭇 선행보다 수승하니라.

【게송 196】

大乘義云何오　　　　諸法實相是니

聞此實相理하고　　　　其心不驚動하야

대승의 이치는 어떤 것인가.

모든 법의 실상이 그것이니

이 실상의 이치를 듣고

그 마음 놀라 요동치 않고

【게송 197】

暫生一念信이면　　　　福德已無量이요

因發菩提心하면　　　　已具悲智願이라.

잠시 한 생각의 믿음을 내면

그 복덕이 이미 무량할 것이요

인하여 보리심을 내면

자비와 지혜와 원이 갖추었어라

【게송 198】

卽爲世間眼하야   當作天人師하리니

雖在凡夫地나   功超二果聖이니

바로 세간의 안목이 되어서

반드시 천인사(天人師)가 되리니

비록 범부의 지위에 있으나

공은 이과(二果)를 초월하리.

【게송 199】

是名眞佛子라   能報諸佛恩이니

欲入如來室인댄   斯門其舍諸아

이런 이가 참 불자인지라

모든 부처님의 은혜를 갚나니

여래의 방에 들고자 한다면

이 문을 버리고서 되겠는가.

  모든 법의 실상〔諸法實相〕에 대해《법화경》에서는 "오직 부처님과
부처님만이 모든 법의 실상을 끝까지 궁구한다" 하셨고, 또 "일체 세
간의 생활과 산업이 모두 실상과 어긋나지 않는다" 하였는데, 조사
께서 해석하되 "낱낱 생멸과 낱낱 살도(殺盜)와 사도(四倒)[97]와 팔사
(八邪)[98]와 십악(十惡)과 오역(五逆)이 모두가 실상이다" 하시니, 이 일
이 분명하여 곳곳마다에서 참되고 항상하다. 누구에겐들 갖추어지

지 않았으며, 어느 법인들 그렇지 않으리요. 그러므로 경에서 "세간의 모습이 항상 머문다" 했으니, 이 이치를 깨달으면 부처라 하고 이것을 미혹하면 생사라 한다. 미혹과 깨달음을 말미암아 일단 높고 낮음이 나누어지나 근본은 다르지 않으니, 물과 얼음의 관계로 비유할 수 있다. 그러므로 정명(淨名)이 "평등한 참법계에는 부처가 중생을 제도하는 일이 없다……" 하였다.

만일 어떤 중생에 이 법을 듣고 최소한 한 생각이라도 믿음을 내면 무학(無學)의 공을 능가하니 그 일은 비유로도 말할 수 없다. 그러므로 《법화경》에서 "이 경은 지니기 어려우니 만일 잠시만 지니더라도 내가 기뻐하고 모든 부처님도 그러하시니, 이를 일러 계행을 지키는 두타라 하며 모든 인천의 안목이 된다" 하였다.

또 대승경전에 나오는 대승이란 말에는 여러 가지가 있다. 혹은 "물질이 공과 다르지 않고〔色不異空〕 공이 물질과 다르지 않다〔空不異色〕" 하며, 혹은 "모든 부처님과 중생이 평등하여 차별이 없다" 하며, 혹은 "번뇌가 곧 보리요 생사가 곧 열반이라" 하니, 이런 말씀들이 비록 같지는 않으나 뜻은 하나라, 모두가 모든 법의 실상에서 벗어나지 않는다.

대승이 공력(功力)이 되는 까닭은, 믿으면 찰나에 성불하고 비방하면 즉시에 지옥에 떨어지는 것이다. 그러나 죄를 받아 마친 뒤에 다시 이 법을 들으면 문득 도를 깨닫는데, 예컨대 《문수경(文殊經)》에

---

97) 사도(四倒): 네 가지 전도된 견해로서, 凡夫의 四倒와 二乘의 四倒가 있다. 범부의 전도된 견해란, 生死界에 대해 그것이 無常·無樂·無我·無淨인 것을 常·樂·我·淨이라 집착하는 것이다. 이승의 전도된 견해란, 涅槃界가 常·樂·我·淨인 것을 無常·無樂·無我·無淨이라 집착하는 것이다.

98) 팔사(八邪): 八邪支 또는 八邪行이라고도 하며, 八正道의 반대 개념을 말한다. 邪見·邪思惟·邪語·邪業·邪命·邪精進·邪念·邪定.

서는 다음과 같이 말한다. "어떤 사람이 반야법을 듣고 비방과 의혹
〔不信〕을 일으켜 즉시에 지옥에 떨어진다 해도 항하사 수 부처님께
공양한 이보다 수승하니 무슨 까닭인가? 항하사 수 부처님께 공양
하면 겨우 인천의 생멸하는 복이나 받거니와, 만일 반야법을 듣고 비
방하다가 지옥에 떨어지면 법을 비방한 죄값이 끝난 뒤에는 이미 들
은 반야법이 종자가 되므로 반야법 말해 주는 것을 듣자마자 문득 마
음이 열려 찰나에 성불하기 때문이다" 하였다.

　또《무행경(無行經)》에서는 다음과 같이 말한다. "옛날에 어떤 청정
한 위의법사(威儀法師)는 중생을 가엾이 여겨 교화해서 아뇩보리심을
내게 하고, 또 어떤 위의비구(威儀比丘)는 비록 계는 잘 지키나 보살
이 행해야 할 도는 능숙치 못했다. 그뒤 어느 날 청정한 위의법사가
위의비구의 처소를 지나다가 '대승의 계법을 믿지 않고 비방하면 지
옥에 들어가고, 지옥의 죄가 끝난 뒤엔 이 법을 들은 인연으로 도를
깨닫는 인연이 될 것이다' 라고 생각하고는 짐짓 다음과 같은 게송을
읊었다.

　　탐욕이 그대로가 도요
　　성냄과 어리석음도 그러하다.
　　이러한 세 가지 법에
　　모든 불법이 갖추어졌나니…….

　위의비구가 이 말을 듣자 비방하고는 목숨이 다한 뒤에 아비지옥에
떨어져서 91겁 동안 온갖 고통을 받다가 지옥에서 나와서는 63만 생
(生: 丗)을 항상 남의 비방에 시달리면서 그 죄가 차츰 얇아진 뒤에
비구가 되어 32만 생을 출가한 뒤에 이 업연(業緣)으로 도를 등지고

세속에 들어가서 무량한 천만생 동안 모든 감관이 어둡고 둔했으니, 그때의 위의비구가 어찌 다른 사람이겠는가. 내가 바로 그다. 내가 대승법을 듣고서 믿지 않고 비방을 하여 지옥에 떨어졌으나 그 죄를 다 받고는 대승법을 들은 까닭에 이제 부처가 될 수 있었다……."

모든 경론의 말씀을 준하건대, 계를 견고하게 지키던 때는 상법(像法)시대의 초기였으니, 그때는 성인과 거리가 멀지 않고 사람들의 성품이 약간 순수하므로 계를 지니기가 어렵지 않았다. 그러나 그때 사람도 역시 지키는 이는 적고 범하는 이는 많았는데, 하물며 지금은 말법시대인지라 성인과의 거리가 더욱 멀어지고 사람들의 근기는 하열(下劣)하여 견고함이 없으니, 계의 부낭(浮囊)에 어찌 결함과 누락됨이 없을까. 부낭이 완전치 못하면 생사의 바다를 건널 수 있겠는가. 그러므로 계를 다 지키지는 못하더라도 대승의 인연만 맺으면 공은 반드시 곱이나 되리라. 그러므로 천태대사께서 "여래께서 세상에 나와 설법하실 때 승과 계가 모두 급한 이〔乘戒俱急〕는 인천(人天)의 몸으로 법을 들어 도를 깨닫고, 승은 급하고 계는 느슨한 이〔乘急戒緩〕는 삼악도의 몸으로 법을 들어 제도를 받고, 승은 느슨하고 계는 급한 이〔乘緩戒急〕는 인천에 맛들여 집착해서 법회에 참예하지 못하고, 승과 계가 모두 느슨한 이〔乘戒俱緩〕는 이미 악취에 빠져 더욱 대도에서 멀어진다……" 하시니, 이것으로 보건대 차라리 계를 느슨히 할지언정 승을 느슨하게 하지는 말아야 할 것이다.

보리심(菩提心)이라 함은 위로 불도를 구하고 아래로 중생을 교화하는 마음이니, 삼세의 부처님이 이 마음을 찬탄하셨다. 그러므로 《열반경(涅槃經: 迦葉品)》에서 "발심과 필경(畢竟) 둘이 다르지 않으나 이 두 마음에서 앞의 마음이 어렵다. 자신은 제도되지 못했으나 남을 먼저 제도하기 때문이니, 그러므로 내가 초발심자에게 경례한다"

하였고, 또《화엄경》에서는 "꽃〔花雲〕과 목걸이〔鬘雲〕와 하늘 음악〔天音樂雲〕과 갖가지 하늘 향을 공양하고 갖가지 등을 켜되 낱낱 등 심지를 수미산같이 세우고 낱낱 등기름을 바다같이 부어, 이렇듯 모든 공양구로 항상 불가설불가설 불찰의 극미진수 모든 부처님께 공양하고 얻은 공덕이 보리심으로 공양한 한 생각의 공덕에 비하면 백분의 하나, 천분의 하나에도 미치지 못하며, 나아가 우바니사타분(優婆尼沙陀分)에도 미치지 못한다……" 하였다.

  부처님의 은혜에 보답한다〔報佛恩〕는 것에 대하여는《자비참경(慈悲懺經)》에서 다음과 같이 말하였다. "모든 부처님께서는 중생을 부모보다 더 생각하신다. 부모의 자식 생각은 자비가 한 세대에 그치지만, 부처님께서 중생들을 생각하는 자비심은 다함이 없다. 또 부모는 자식들이 은혜를 등지고 의리를 어기는 것을 보면 성내는 마음을 내어 인자한 마음이 얇아지거니와 부처님들은 그렇지 않아서 모든 중생들이 경교(經敎)를 믿지 않으면 자비심이 더욱 무거워져서 심지어 무간지옥에 들어가서 대신 뭇 고통을 받으니, 이러한 큰 은혜를 어찌 갚을 수 있겠는가. 탑묘와 정사(절)를 세우거나 등·초·번기·일산과 꽃·향·침구 등 갖가지로 공양하여 오는 세상에 스스로 그 복을 받더라도 부처님의 은혜에 보답하는 것은 아니다. 보리심을 내어 정토의 행을 닦아야 이를 지혜로운 이라 하며, 부처님의 은혜를 갚을 줄 아는 이라 한다……." 그러므로 이승(二乘)은 비록 과위의 경지〔果地〕에 머무나 초발심한 범부보살의 공덕에 비하면 만분의 하나에도 미치지 못한다.

  《대론(大論)》에는 다음과 같은 문답이 나온다. "묻는다. '나한과 벽지불은 모두가 애욕을 여읜 사람인데, 어떤 범부가 다만 보리심을 냈다 해서 어찌 그들보다 수승할 수 있는가?' 답한다. '보살에는 두 종류가 있는데, 하나는 모든 바라밀을 행하는 보살이며, 둘은 다만 은밀히 발심해서 보살도를 행하는 보살이다. 이들이 일은 비록 완성하지 못했더라도 이승(二乘)보다는 훨씬 수승하니, 무슨 까닭인가? 비유컨대 태자가 아직 즉위하지는 못했으나 모든 대신들의 지위와 부귀보다 수승한 것과 같다.'"

《우바새계경(優婆塞戒經)》에서는 "출가한 사람이 보리심을 일으키는 것은 어려운 일이 아니거니와 재가한 사람은 진실로 발심하기 어려우니, 무슨 까닭이겠는가. 여러 나쁜 인연에 얽매였기 때문이다. 보리심을 낸 이에게는 모든 하늘이 기뻐하면서 '나는 이미 인천의 스승을 얻었다' 한다" 하였다.

《비니경(毘尼經)》에서는 "처음에 대승을 닦아서 보살계를 행하되 첫새벽부터 범한 것이 있으면 응당 죄로 묶어야 되겠지만, 낮이 되도록 보리심이 끊이지 않으면 계의 공덕〔戒聚〕이 성취되어서 범한 것이 되지 않는다. 나아가 한밤에 이르러 범한 것이 있으나 후야(後夜)에 이르도록 보리심이 끊이지 않으면 계의 공덕이 성취된다" 하였다.

《보적경(寶積經)》에서는 "어떤 사람이 대천세계의 중생을 쳐부수더라도 다른 어떤 이가 악한 마음으로 보리심을 낸 사람을 괴롭히면 그 죄가 더 크다" 하였다.

【게송 200】

常樂住蘭若하라　　　　　不然隨衆居니
群居須愼口요　　　　　　獨處要防心이라.

아란야(阿蘭若)에 머무르기를 항상 좋아하라.
그렇지 않으면 대중을 따라 살라.
여럿이 살 때는 모름지기 업을 삼가고

혼자 있을 때는 반드시 잡념을 막으라.

【게송 201】

遠離惡知識하고　　　　　當從善友敎하며

身不離袈裟하고　　　　　食當須應器니라.

나쁜 벗, 나쁜 스승 멀리 여의고

어진 벗의 가르침을 잘 따르며

몸에서는 가사를 여의지 않고

음식은 모름지기 응기(應器)로 하라.

【게송 202】

手不釋黃卷하고　　　　　不樂看外書하며

目不視女人하고　　　　　見之猶毒蛇니라.

손에서는 경전〔黃卷〕을 놓지 말고

외부의 서적 보기를 즐기지 말며

눈에는 여인을 보지 말고

보더라도 독사같이 여기라.

【게송 203】

非病晝不臥하고　　　　　臥則須右脇이며

非飢不餘食하고　　　　　食則須節量이니라.

병들지 않았거든 낮에 눕지 말고

누웠다면 반드시 오른 겨드랑이로 누우라.

시장하지 않거든 군음식 먹지 말고

먹을 때는 반드시 분량을 조절하라.

【게송 204】

寝不敷茵蓐하고　　　　　　眠亦不放恣하며
坐必不背西하고　　　　　　行時但視地니라.

잠잘 때는 이부자리를 펴지 말고
잠든 뒤에도 방종에 빠지지 말라.
앉을 때는 반드시 서쪽을 향하고
다닐 때는 오직 땅만 보고 다니라.

【게송 205】

語常離戲笑하야　　　　　　取要不應多하고
受嚫作三分하야　　　　　　不宜全受破니라.

말할 때는 장난과 웃음을 여의어
요점만 말하고 많은 말은 말 것이요
시주를 받았거든 세 몫으로 나누어
혼자서 다 받아 화합을 깨지 말라.

【게송 206】

勿得畜物多하야　　　　　　以作障道緣이며
亦勿繫眷屬하야　　　　　　增長憍瞋慢이니.

물건을 많이 비축해서
도를 장애하는 연을 짓지 말며
또한 권속에게 얽매여
교만과 진심과 아만이 늘지 않게 하라.

【게송 207】

如是若干事는　　　　　沙門急先務라
苟不能如是하면　　　　豈得名浮圖리요.

이러한 몇 가지 일은
사문이 서둘러 먼저해야 할 일이니
만일 이렇게 하지 못하면
어찌 불제자〔浮圖〕라 하리요.

【게송 208】

雖受四事供이나　　　　猶如呑餌魚하라
當來必償債하리니　　　得無慙且懼아.

비록 네 종류의 공양을 받으나
마치 미끼를 문 고기 같다 여기라.
오는 세상에 반드시 갚으리니
부끄럽고도 두려운 일이 아니랴.

　아란야(阿蘭若)[99]는 무궤요처(無憒鬧處: 시끄러움이 없는 곳)라 번역하니, 난야(蘭若)에 머무르면 삼업이 저절로 청정해져서 무량한 공덕을 갖출 것이며, 도를 얻기가 어렵지 않을 것이다. 그러므로《화엄경》에서 "난야에 머무는 이는 청정한 위의를 성취하며, 모든 감관이 흐트러지지 않음을 성취하며, 바른 법이 앞에 나타남을 성취한다"

---

99) 아란야(阿蘭若): 범어 aranya의 소리 옮김. 山林 혹은 荒野라 번역하며, 비구가 거주하며 수행하는 데 적당한 곳으로서 마을에서 떨어진 조용한 장수를 의미한다. 三處아란야가 있으니, 깨달음을 구하기 위한 도량으로서의 達磨아란야, 무덤 사이의 장소로 흙을 조그맣게 쌓아올린 묘인 摩登伽아란야, 인기척이 없는 모래 벌판인 檀陀伽아란야 등이다.

하셨다. 그러니 일체 종지를 빨리 이루고자 한다면 어찌 기꺼이 아란 야에 살지 않겠는가만, 그렇지 않다면 응당 가람(伽藍)의 대중에 참예하여 살아야 한다. 이렇게 하면 본래부터 게을러서 자기의 힘으로 전일하게 도를 닦지는 못하나 다른 이가 정진하는 것을 보고 부끄러워서 본받아 감히 게으름을 피우지 못할 것이며, 움직이고 활동할 때와, 나아가 아침의 죽 때나 낮의 밥 때도 모두 한결같이 대중을 좇아서 잠시도 법도에 어긋나지 않게 된다. 이런 까닭에 도행이 자연스럽게 더러운 인연〔染緣〕을 여의어서 석자(釋子)의 축에 드니, 이른바 '삼 틈에 난 쑥은 붙들지 않아도 저절로 곧아진다' 한 말이 이것일 것이다. 그러므로 게으른 이는 대중을 따르는 것이 좋으니, 행여라도 산과 들을 한가로이 오가면서 멋대로 악한 짓을 하고, 헛되이 세월을 보내서 후일에 후회할 인연을 만들지 말라. 또 편안하기 위해서, 배부르기 위해서 마을 앞 개울 어귀나 어촌의 언덕 위에다 풀을 베어 토굴을 짓고 머물러 살림을 하며, 천박한 속인〔白衣〕의 무리와 동무로 교제를 터서 형이야, 동생이야 하거나 어머니, 아버지 하면서 못할 짓 없이 다해서는 안 되니, 자기 수행만 잃을 뿐만 아니라 청정한 승단〔浮圖〕까지도 더럽히는 죄가 적지않을 것이다.

　어진 벗〔善友〕에 대하여는, 《비나야(毘奈耶)》에서 "아난이 부처님께 사뢰되 '선지식은 범행(梵行)의 동반이니 모든 수행자가 선우의 힘이 있어야 공부를 끝낼 수 있기 때문입니다' 하니 부처님께서 말씀하셨다. '범행의 전부니라. 만일 좋은 길벗을 얻어 그와 함께 머무르면 열반에 이르기까지 끝내지 못할 일이 없다. 그러기에 범행의 전부라 한다.'"

　또 《패경(孛經)》에서는 다음과 같이 말한다. "벗에는 네 종류가 있다. 하나는 꽃 같은 벗〔如花友〕이니, 좋을 때는 머리에 꽂고 시들면 땅에 버리듯이, 부귀한 것을 보면 붙고 빈곤해지면 버리는 것이다. 둘은 저울 같은 벗〔如秤友〕이니, 물건이 무거우면 고개를 숙이고 물건이 가벼우면 올라가듯이, 주는 것이 있으면 공경하고 주는 것이 없으면 없수이 여기는 것이다. 셋은 산 같은 벗〔如山友〕이니, 금산(金山)에 새와 짐승이 모여들면 깃과 털이 광채를 입듯이, 귀함이 사람을 영광되게 하고 부귀와 쾌락을 함께 즐기는 것이다. 넷은 땅 같은 벗〔如地友〕이니, 백 가지 재물과 곡식 모두가 그를 우러르듯이 베풀고 기르되 두터운 은혜를 자랑하지 않는 것이다."

《인과경(因果經)》에서는 "바라문 우타이(優陀夷)가 총명하고 지혜가 많기 때문에 정반왕(淨飯王)이 태자의 벗으로 위촉했는데, 그가 태자에게 '벗에는 세 가지 긴요한 법이 있으니, 하나는 실수를 보거든 즉각 깨우쳐 간(諫)해 주는 것이며, 둘은 좋은 일을 보거든 깊은 마음으로 따라 기뻐하는 것이며, 셋은 괴롭고 어려워지거든 버리지 않는 것입니다'" 하였다.

《사분율(四分律)》에서는 "일곱 가지 법을 갖추어야 친한 벗이라 할 수 있으니, 하나는 하기 어려운 일을 해내는 이, 둘은 주기 어려운 것을 주는 이, 셋은 참기 어려운 것을 참는 이, 넷은 은밀한 일을 서로 일러 주는 이, 다섯은 잘못을 서로 덮어 주는 이, 여섯은 고난을 만났을 때 버리지 않는 이, 일곱은 가난해도 가벼이 여기지 않는 이다" 하였다.

《시가라월경(尸迦羅越經)》에서는 "벗에 다섯 가지가 있으니, 하나는 나쁜 짓 하는 것을 보면 으슥한 곳으로 데리고 가서 깨우치고 간해서 그치게 하는 것이며, 둘은 온갖 급한 일을 당했을 때 달려가서 구제해 주는 것이며, 셋은 모든 은밀한 말을 남에게 이야기하지 않는 것이며, 넷은 항상 공경하고 찬탄해 주는 것이며, 다섯은 좋은 일은 의당 조그만큼을 나누어 주는 것이다. 만일 항상 교만과 질투를 품어 마음을 절도 있게 조절하지 못하거나 법다운 말을 입에 담지 않거나 악한 사람을 벗으로 삼으면 이를 용렬한 사람이라 한다” 하였다.

《불본행경(佛本行經)》에서는 다음과 같이 말한다. “부처님께서 난타와 함께 생선가게에 가셨을 때, 부처님께서 난타에게 생선을 늘어 놓았던 풀을 조금 가지고 와서 잠시 손에 쥐었다 놓고서 손에 냄새를 맡아 보라 분부하고 물으시니, 난타가 ‘오직 비린내뿐입니다’ 하였다. 또 향가게에 갔다가 향 쌌던 종이를 갖다가 잠시 쥐었다 놓게 하고 다시 물으시니, 난타가 ‘오직 향기뿐입니다’ 하였다. 이에 부처님께서 난타에게 ‘착한 벗과 나쁜 벗에게 물들여지는 것도 이와 같으니, 착한 벗과 가까이하면 반드시 광대한 명성을 얻으리라’ 하셨다.”

나쁜 벗〔惡知識〕이라 함은, 나를 헐뜯고 욕설하고 때리고 꾸짖는 자가 아니라 내가 악한 짓 하는 것을 보고도 간해 주지 않고 도리어 따라 기뻐해서 착하지 못한 업을 자라게 하거나, 나아가서는 나에게 공경 공양을 인도해 들이는 이까지 모두를 말한다. 그러므로 남악선사(南岳禪師)가 “세간의 도속(道俗)이 흠앙하는 마음으로 공양커나 간곡히 법문을 청하는 것이 모두가 악마 졸개들의 짓이라 선지식이 아니다. 이 악지식은 친구를 가장한 원수이니 괴롭고도 괴롭도다. 모든 왕과 찰제리〔刹利〕들도 그러하니 가리고 가리고, 또 가리고 가리라” 하셨다.

가사(袈裟)[100]라 함은 색깔에 따라 붙인 이름이니, 괴색(壞色)이라 번역한다. 《범망경(梵網經)》에서는 “청·황·적·흑·자색으로 지으면 모두 괴색이다” 하였고, 그 주석에 “본래의 흰빛을 무너뜨려 애착의 마음을 막기 때문이라” 하였다. 또 삼의(三衣)의 통칭이니, 삼의 중 하나는 5조(條)로 된 안타회(安陀會)이며, 둘은 7조로 된 울다라

승(鬱多羅僧)이며, 셋은 9조로 된 승가리(僧伽黎)다. 또 11조와 나아가
서는 25조가 있고, 그 중에 다시 길고 짧고 넓고 좁음과 꿰매는 법은
《장복의(章服儀)》[101]와 《육물도(六物圖)》[102]에 자세한 말씀이 있다.

《비화경(悲華經)》에서는 다음과 같이 말한다. "석가여래께서 보장
불(寶藏佛)의 처소에서 이렇게 발원하셨다. '원컨대 내가 성불할 때
나의 가사에 다섯 가지 공덕이 있어지이다. 첫째는 나의 법 가운데
중죄와 사견 등을 범한 사중(四衆)이 잠깐만이라도 공경하는 마음으
로 가사를 존중히 여기면 반드시 삼승법 안에서 수기를 받을 것이
며, 둘째는 천룡과 인간과 귀신이 이 가사를 조그만큼이라도 공경하
면 반드시 삼승의 법에서 물러나지 않을 것이며, 셋째는 어떤 귀신
과 모든 사람이 가사 쪼가리 네 치〔四寸〕만 지니면 음식이 모두 충족
할 것이며, 넷째는 어떤 중생이 서로 어기고 배반할 때 가사의 힘을
생각하면 곧 자비심을 낼 것이며, 다섯째는 전쟁터에 있을 때 가사 쪼

---

100) 가사(袈裟): 범어 kasāya. 또는 袈裟野·迦邏沙曳라고도 쓰며, 離塵服·無垢
衣·忍鎧·福田衣라고도 한다. 가사는 수행승이 입는 法衣의 하나로, 초기 경전에서
는 四依止(출가 수행자가 의지해야 할 기본적인 네 가지 생활 양식)의 하나로 사람들이
내버린 옷 또는 죽은 사람이 옷을 모아 불규칙하게 꿰맨 糞掃衣로 한정히였으니, 승
원의 발전과 더불어 三衣로 정착되었다. 청·황·적·백·흑의 五正色 이외의 잡색
으로만 불늘여 쓰도록 규정하였기 때문에 壞色이라 부르며, 그 재료를 衣體 또는 衣
財라 한다. 여러 개의 천을 직사각형이 되게 붙여서 만들며, 네 귀에는 日·月·天
王이라는 수를 놓고 양쪽에는 끈이 달려 있으며, 겹으로 하여 사방에 통로를 내었는
데 이것을 通門이라 하여 콩알을 넣어 사방으로 굴려서 통해야 하니, 만일 막힌 곳이
있으면 다음 生에 盲人報를 받는다고도 한다. 三衣는 인도가 원래 더운 지방이기에
이것만으로 몸을 가리기 때문에 '衣'라 하였으나, 우리나라와 중국 및 일본 등지에
서는 추운 날씨 관계로 가사 아래 장삼을 입어 가사와 구별하였다. (참조→'三衣')
101) 장복의(章服儀): 당나라 道宣이 지은 《釋門章服儀》 1권의 약칭. 옛날 비구의
법복 재료와 질, 재봉 등의 법을 기록한 책이다.
102) 육물도(六物圖): 송나라 元照가 지은 《佛制比丘六物圖》 1권의 약칭. 비구가
반드시 지녀야 하는 여섯 가지 생활용품으로 소승률에 제정된 六物에 대해 圖書로
설명한 책.

가리 조그만큼만 지니고 공경하고 존중하면 항상 적을 이길 것이니, 만일 나의 가사에 이러한 다섯 가지 힘이 없으면 10만 부처님을 속이는 것이 된다.'"

어디에서인가 말했다. "용이 가사의 한 올만 얻어서 그 문에 걸면 금시조(金翅鳥)[103]의 환란을 면한다" 하였고, 《대비경(大悲經)》에서는 "가사를 입은 이는 미륵부처님이나 나아가 누지불(樓至佛)의 처소에서 열반을 얻는 데 누락되지 않는다" 하였고, 영명연수선사(永明延壽禪師)는 "가사는 해탈의 깃대이다. 시방의 부처님이 이를 의지하여 도과(道果)를 얻으시고 사중(四衆)과 비인(非人)들이 이를 지니면 편안함을 얻나니, 가사가 맑고 한가로움을 표시하고 뜨거운 번뇌를 파하기 때문이다. 티끌을 여읜 최상의 복장이 아니면 어찌 미혹의 길을 구제하되 공이 헛되지 않을 수 있으리요. 찬탄할래야 다할 수 없도다……" 하였다.

응기(應器)는 범어로 **발다라(鉢多羅)**이다. 부처님 제도에 토기와 무쇠로 만든 것이 수승하다 하였고, 그 바탕과 분량과 크기와 그 공덕의 우열은 《육물도(六物圖)》에서 인용해 보인 것과 같다.

비구의 18물(物) 중에 가사와 바루는 새의 두 날개나 수레의 두 바퀴같이 긴요해서 하나가 빠져도 불가하다. 《사분율(四分律)》에서는 "만일 어떤 비구가 가사와 바루 없이 남의 공양을 받으면 천겁 동안 소를 죽인 죄와 같다. 그러므로 비구는 가사와 바루를 항상 몸에 지녀 잠시도 여의지 말라" 하였다.

경전〔黃卷〕은 불경을 말하니, 전에 "한나라 명제 때 불경과 도경을

---

103) 금시조(金翅鳥): 범어 **garuda**의 번역으로, 迦樓羅라 음역한다. 八部衆 가운데 하나. 깃이 금색이므로 金翅鳥라 한다. 양쪽 날개의 넓이는 3백6만 리나 되고, 독수리처럼 사나운 성질을 가진 조류의 괴수로 용을 잡아먹는다고 한다.

함께 태워 시험할 적에 도경은 재가 되었는데 불경은 타지 않고 다만 연기에 그을려 노란빛이 되었을 뿐이었다. 그뒤부터 경을 만드는 이가 이를 표시하기 위하여 모두 종이에 노랗게 물을 들였다”고 예시한 바 있다.

한가할 때는 불서(佛書)만한 벗이 없나니, 그 안에 설해진 것은 모두 여러 불보살님께서 인을 행하고 과를 얻으신 무량한 공덕과 아울러, 중생으로 하여금 악을 금하고 선을 행하며 삿됨을 버리고 바른길로 들게 하신 갖가지 인연의 진실된 말씀이다. 글을 읽고 이치를 살펴 성현을 우러러 사모하고, 자기를 되돌아보고 남을 가엾이 여길지니, 이렇듯이 마음을 써서 세월을 보내면 뭇 반연(攀緣)[104]이 차츰 그치고 몸과 마음이 저절로 맑아져서 현묘한 경계를 가히 휘어잡으리니, 유유히 허송세월을 말지어다.

자기 혼자서 전일하게 경을 볼 수 없는 이는, 먼저 안 이에게 구하고 물어서 분수에 따라 배워야 하니 하루에 한 구절이라도 가하다. 그렇게 하면 이틀이면 두 구절, 나아가 열흘이면 열 구절, 1백 일이면 1백 구절을 알 것이니, 이렇게 일과(日課)를 빼먹지 않으면 그 식견이 넓어지지 않을 수 없으리라. 만일 둔하고 더뎌서 한 번 들어 깨닫지 못하는 이는 두 번, 세 번 듣거나 나아가 열 번 들으면 무엇인들 통하지 못하겠는가. 비록 그윽하고 깊은 이치를 끝까지 통달치는 못하나 어찌 완전히 어리석었던 지난날과는 달라지지 않았겠는가. 이런 까닭에 차츰차츰 닦아 배워서 묘한 이치를 깨달아 감로의 문에

---

104) 반연(攀緣): 범어 ālambana의 번역. 心이 대상에 의지해서 작용을 일으키는 깃. 번뇌 망상의 始元이며 근본이라고 한다. 마음이 저 혼자 일어나지 못하는 것이 마치 칡덩굴이 나무나 풀줄기가 없으면 감고 올라가지 못하는 것과 같이 마음이 일어날 때는 반드시 對境을 의지하고야 일어난다.

들어가니, 그 어찌 상쾌한 일이 아니겠는가. 그렇다면 무지조(無知鳥)의 공맹선(空盲禪)보다는 훨씬 수승하거늘, 어찌 아무 생각없이 게으름만 피우며 종일토록 헛된 이야기와 장난기어린 웃음을 일삼는 무리보다는 현명치 않으리요. 힘써 부지런히 배우는데도 통달치 못하는 이는 없을 것이다.

외부의 서적〔外書〕이라 함은, 위타(圍陀)[105]의 서적〔典籍〕과 그리고 제가(諸家)의 문서를 편집한 것으로서 사람을 그르치는 헛된 담론이다. 그러므로 《법화경》에서 "세속의 문서를 짓거나 외부의 서적을 찬탄하고 읊는 사람은 모두 가까이하지 말라" 하였다.

또 《대론(大論)》에서는 "외전(外典)을 익히는 것은 마치 칼로 진흙을 베는 것 같아서 진흙은 아무런 쓸모도 없는데 칼만 날로 무디어진다" 하였고, 또 "외전을 읽는 것은 마치 햇빛을 보는 것 같아서 사람의 눈을 어둡게 한다" 하였다.

《지관보행기(止觀補行記)》에서는 "춘추(春秋)를 읽거나 좌전(左傳)을 읊어서 종일토록 마음은 전쟁터에 왕래하고 입은 삿된 꾀를 연출하면 불법을 돕는 일은 멀다……" 하였다. 단 노장(老莊)과 공맹(孔孟)의 도는 비록 완벽한 말씀은 아니나 문장이 인의를 편 까닭에 새로 배우는 입도자의 문턱에서는 수시로 볼 수 있다. 무슨 까닭인가.

---

105) 위타(圍陀): 범어 Veda. 고대 인도의 바라문교 근본 성전의 총칭. 吠陀·吠咤라고도 음역한다. 본래 知識을 뜻하는 말로서, 특히 종교 제식에 관한 지식을 지칭하던 것이 마침내 신성한 지식의 보고인 바라문의 기본이 되는 문헌에 붙이는 존칭이 되었다. 그 성립 연대는 대략 B.C. 2천년~B.C. 5백년으로 추정된다. 祭式에 밀접하게 관련하여 발달된 종교 문헌으로서, 리그베다(Ṛg-Veda)와 삼마베다(Sāma-Veda)와 야쥬르베다(Yajur-Veda)의 3베다(三明, trayī-Veda) 그리고 후에 추가된 아타르바베다(Atharva-Veda)의 4베다로 이루어져 있다. 각 베다는 각각에 좁은 의미의 베다인 상히타(Saṁhitā)와 본문에 부수되는 주석서 형식의 문헌인 브라흐마나(Brāhmaṇa) 및 1백여 개 철학적 문헌들인 아라냐카(Āraṇyaka)와 우파니샤드(Upaniṣad)의 4부문이 붙게 됨으로써 종합적인 Brahmanism으로 모습을 갖추게 되었다.

《비나야》에서 이렇게 말했기 때문이다. "부처님께서 외론(外論) 배우기를 허용하시되 '하루를 두 몫으로 하여 처음의 두 몫은 불경을 독송하고 저녁에는 외서를 읽으라' 하셨다. 그러므로 기원사(祇洹寺)에 서원(書院)을 두어서 대천세계 안의 문서를 모두 비치하고 부처님께서 비구들에게 두루 읽기를 허용하신 것은 외도를 항복시키기 위한 것이지 그 견해에 의지하라고 허용하신 것이 아니며, 또 그것을 좋아하여 도업을 폐지하지 못하게 하셨다."

눈에는 여인을 보지 말라〔目不視女人〕 함은, 여인은 세간과 출세간에서 중생을 장애하는 근본이기 때문이다. 세간의 장애라 함은, 천자는 여자 때문에 나라가 어지럽고, 공경대부는 여자 때문에 집안을 다스리지 못하고, 사서인(士庶人)은 여자 때문에 일신을 잃나니, 하물며 세간을 벗어나려는 자가 겁내고 삼가지 않겠는가.

또 중생의 번뇌는 탐욕이 근본이니, 만일 여색을 보고 음심이 홀연히 발생하여 불길을 금할 수 없거든 이로부터 모든 방편을 써서 끝내 범촉(犯觸)하고, 한번 범촉한 뒤에는 마음에 만족이 없어 물러설 생각이 없어진다. 마치 나비가 불에 덤비듯 끝내 제어할 수 없으며, 무쇠망치를 진흙 속에 던진 것 같아서 끝내 나올 기약이 없으니, 모든 환란이 이로 말미암아 생겨서 무량겁 동안 생사에 윤회하면서 도에 들어갈 문이 없다. 그러므로 우리 부처님께서 모든 경교에서 간절히 꾸짖으시고 역대 조사의 논서와 전기의 장서(章書)에서도 그러하셨는데, 그 중 《화엄경》에서 위덕태자(威德太子)의 꾸지람이 가장 간절하다. 그러므로 애욕의 바다를 건너려면 모든 여인을 멀리 여의어야 한다. 만일 인연이 있어 부득이 만날 때는 독사를 보듯 하거나 불구덩이를 피하듯 해야 한다. 옛날에 청량조사(淸凉祖師)도 휘장을 사이에 두고 어머니를 뵈었거늘 하물며 모든 여인을 곧바로 보겠는가.

낮에 눕는다〔晝臥〕 함은 모든 방일 가운데 가장 옳지 못한 것이다.
부처님께서 비구들에게 밤에도 눕지 말라고 경계하셨거늘 하물며 낮
에 누우리요. 세간의 도에도 마땅치 않나니, 그러므로 중니(仲尼)께
서 재여(宰予)[106]를 꾸짖되 "썩은 나무는 새길 수 없다" 하셨다. 만일
질병이 있어서 꼭 누워야 되거든 반드시 오른쪽 겨드랑이를 땅에 대
고 누울지언정 시체처럼 반듯이 눕지는 말아야 한다.

군음식〔餘食〕이라 함은, 여래께서 처음 비구들에게 하루에 한 끼
니만 먹으라고 규제하셨는데, 뒤에 나후라(羅睺羅)가 어린 나이에 출
가하여 배고파 우니 부처님께서 울음을 달래기 위하여 일단 아침죽
을 허용하셨다. 그런데 후세의 비구는 부처님께서 이렇게 개문(開門)
하심을 보고 아침죽과 중식(中食)을 일정한 의식이라 여긴다. 그러므
로 이 두 끼니 외에는 모두가 군음식이 된다. 만일 아침과 낮의 밥 때
를 놓치고 때 아닌 때에 음식을 얻거든 안 먹으면 좋겠거니와 먹어
도 무방하니 무슨 까닭인가. 주려서 기력이 없으면 도업을 이루기 어
렵기 때문이다. 그러므로《지관론(止觀論)》에서는 "음식을 조절치 않
으면 쉽게 병에 걸린다" 하였고, 또《박물지(博物志)》에서는 "잡되게
먹는 데서 백 가지 병과 요사(妖邪)가 모이니, 먹는 것이 적을수록 마
음은 더욱 밝고 먹는 것이 많을수록 몸은 더욱 손상된다. 그러므로
음식은 법도에 지나지 않아야 한다" 하였다.

잠잘 때 이부자리를 펴지 말라〔寢不茵褥〕 함은, 수도하는 사람이
능히 성공치 못하는 까닭이 수면마(睡眠魔)에게 휘둘렸기 때문이다.
비록 어름 위에 누웠더라도 수면마가 모르는 결에 와서 사람을 무력

---

106) 재여(宰予): 중국 춘추시대 魯나라 사람. 孔子의 문인으로서 孔門十哲 가운데
한 사람. 통칭은 宰我 라 하며, 言語에 뛰어났다고 함.

하게 하거늘, 하물며 이부자리를 펴고 다리를 뻗고 활개를 펴고 눕는다면 어찌 그를 물리칠 수 있겠는가. 그러므로 마치 죽은 사람처럼 깊이 잠들어 혼침에 빠져서, 밤에서 아침이 되는지, 아침에서 저녁이 되는지 알지 못하면 어느 겨를에 마음을 다잡고 공부를 하겠는가. 그러므로 비구가 잠을 잘 때는 다만 옷자락을 펴고 팔을 베개삼아 방자한 데 빠지지 말고 잠시 쉬고는 바로 일어나서 세수와 양치를 하고서 자기의 능력에 따라 좌선·송경·예불·염불[107]을 하되 때를 잃지 않고 죽을 때까지 그치지 말아야 한다. 그렇게 하면 비록 도를 이루지 못했더라도 역시 선사(善士)라 할 수 있다.

앉을 때는 반드시 서쪽을 향하라〔坐不背西〕 함은, 옛날에 의상조사께서 안양국에 태어나기를 전일하게 구하여 앉을 때 평생을 서쪽을 등지지 않았는데, 그의 문도 중에 죄를 범한 비구 하나가 있어 법대로 물리쳤다. 그 비구는 대중을 하직하고 떠나서 타관으로 다닐 때, 그 스승의 음덕을 흠모하여 등상을 깎아 짊어지고 다녔다. 조사께서 이 소식을 듣고 불러들여 "네가 실로 나를 생각했다면 내가 평생 동안 앉을 때 서쪽을 등지지 않았으니 등상도 그래야 할 것이다" 하였다. 이에 등상을 서쪽을 등지게 앉혔는데 등상이 저절로 몸을 돌려 서쪽을 향해 앉으니 조사께서 비로소 "좋다" 하고 죄를 사해 다시 거두어 주셨다. 그러므로 서쪽 세계를 구하면 반드시 효험이 있는 것이다.

다닐 때는 오직 땅만 보라〔行時但視地〕 함은, 일심으로 염불을 하면서 다닐 것이요, 좌우로 두리번거려서 마음을 광대같이 산란케 하

---

107) 염불(念佛): 불타를 念하는 것. 念佛은 일반적으로 불도 수행의 기본적 行法의 하나인데, 여기에는 理法으로서의 불타를 念하는 法身의 念佛과, 불타의 공덕이나 불타의 相을 마음에 떠올려서 보는 觀念의 念佛과, 불타의 이름을 입으로 부르는 稱名의 念佛이 있다.

지 말라는 것이다. 하물며 봄·여름·가을 세 철엔 작은 벌레를 밟아죽여 까닭없이 죄를 지어서야 되겠는가.

또 남과 이야기할 때는 장난으로 웃거나 망령되게 높은 소리를 내지 말고, 오직 요긴한 말만 해서 번잡치 않게 하라. 그러므로 외전(外典)에서도 "군자는 말수가 적어야 한다" 하였으니, 말을 하려거든 세 번 생각한 뒤에 해서 말에 곁가지가 없게 하라.

시주를 받았거든 세 몫으로 나누라〔受嚫分三〕 함은, 《비나야》에 "만일 비구가 시주의 보시를 받거든 모름지기 세 몫으로 나누어, 하나는 삼보께 바치고 하나는 길동무〔同行〕나 병자에게 주고, 하나는 자기가 사용하라" 하니, 이렇게 하면 이미 자비와 공경 두 가지 마음을 갖추고 시주의 은혜를 갚아 참된 석자(釋子)가 된다.

또 비구는 필요치 않는 물건〔長物〕을 많이 간직하지 말아야 하니, 재물을 많이 가지고 있으면 밤낮으로 계산하여 혹은 이자 늘리기를 꾀하거나, 남이 훔쳐갈까 걱정하거나, 국왕에게 빼앗길까 걱정하거나, 물과 불에 잃을까 걱정을 한다. 이것이 마음을 묶어서 잠시도 잊지 않거니 어느 겨를에 염불하고 송경하겠는가. 설혹 송경과 염불을 하더라도 다른 반연이 뒤섞여서 마음이 전일하지 못하고 공부가 이루어지지 않을 것은 뻔히 알 일이다. 그러므로 여래께서 모든 비구에게 "삼의(三衣) 이외에는 나머지 군물건을 간직하지 말라"고 경계하셨다.

또 많은 권속을 가지지 말아야 하니, 도를 얻기 전의 권속들은 자기에게 손해만 많을 뿐 도무지 조그마한 이익도 없다. 무슨 까닭인가. 교만한 마음, 성내는 마음, 거만한 마음이 이로 인해 자라나기 때문이다. 이러한 세 가지 마음은 법 안의 큰 장애이니, 그러므로 경에서 "마음을 닦는 사람은 멀리 떨어져 혼자 조용한 곳에 있기를 항상 즐겨야 하니, 만일 많이 가지고자 한다면 모두가 마의 짓이 되리라" 하였다.

네 종류의 공양〔四事供養〕이라 함은 음식과 의복과 와구(臥具)와 의약(醫藥)이다. 어느 시주가 복을 구하기 위하여 자기와 처자 보양할 몫을 줄여서 승가에 보시했는데, 승려된 이가 계행과 위의가 없을 뿐더러 좌선·독송·예배·염불도 빼먹으면 온갖 시주물도 녹이기 어렵거늘 하물며 복을 줄 수 있겠는가. 그렇다면 미래에 반드시 그 빚을 갚을 것이니 두렵지 않을쏜가. 또 빚을 갚는 일과 은혜를 갚는 일에는 여러 가지 사례가 있어 일정하게 말할 수 없으므로 이제 경에 의하여 간략히 경(輕)·중(重)·중(中) 세 등급으로 설하겠다.

무엇을 경(輕)이라 하는가. 어떤 승려가 비록 인과는 아나 위의가 부족해서 법다이 마음을 조절해서 수행치 못하여 시주의 뜻과 어긋나고 형식〔事〕이 이치에 맞지 않으면, 뒤에 시주댁의 노비나 하인이 되어 그를 위해 가업을 경영하되 마음에 싫증이나 권태를 모르리라. 무엇을 중(中)이라 하는가. 어떤 승려가 입으로만 인과를 말하면서 마음은 부합되지 않아서 베푸는 이와 받는 이와 베푼 물건에 어지러이 너와 나를 계교하여 시와 비를 따지고 잠시도 은혜 갚을 생각을 내지 않으면, 뒤에 낙타·나귀·소·말 등이 되어서 수레를 끌고 밭을 갈거나 짐을 지거나 수레에 싣고 운반하되 주림과 목마름과 채찍질에도 고생을 모르리라. 어떤 것이 중(重)인가. 어떤 승려가 인과를 알지 못하고 항상 탐심을 일으켜서, 어떤 시주가 1천 냥의 재물을 보시하거나 1백 가지 맛있는 갖가지 공양구를 진설하더라도 만족하지 않고 바다가 강을 받아들이듯 하면, 뒤에 돼지·염소·거위·오리 등이 되어서 몸으로 공양하리라. 이것이 세 등급으로 시주의 은혜를 갚는 것이다.

이와 같이 빚을 갚는 것은 한 생에 그치는 것이 아니라, 받은 은혜의 많고 적음에 따라 가까이서부터 차례로 두 생, 세 생 내지는 열 생, 백 생, 천 생, 만 생을 지나는 것이어서 일정하게 논할 수 없다. 이러한 인과는 마치 형상과 그림자가 서로 따르는 것 같아서 반드시 털끝만큼도 어기지 않는다. 예컨대 운광법사(雲光法師)가 소의 몸을 받는 과보를 면치 못했고, 신라비구(新羅比丘)가 버섯으로 화했으니, 이러한 분명한 징험을 다 기록할 수 없는지라 자세한 것은 《법원주림전(法苑珠林傳)》과 《이궤조전(李詭祖傳)》에 있다.

그러므로 《열반경》과 《범망경》에서 여러 보살에게 경계하시기를 "차라리 백, 천 개의 칼과 창으로 몸을 베고 찌를지언정 끝내 파계한 몸으로 신심 있는 단월이 보시한 의복을 받지 말 것이며, 차라리 백, 천겁 동안 뜨거운 무쇠알을 삼킬지언정 끝내 파계한 입으로 신심 있는 단월이 보시한 음식을 먹지 말 것이라" 하였다.

아! 이 경계의 말씀을 보건대, 우리들 같은 까까머리가 생각과 정을 방자로이 하여 마음대로 신심단월의 시주를 받아서야 되겠는가. 그러므로 밥을 먹을 때는 반드시 저 음식이 온 곳을 헤아리고, 자기의 덕행이 공양을 받기에 온전한가 부족한가를 헤아리고, 삿된 마음을 방어하고 허물을 여의는 데는 탐욕 등이 으뜸이라 생각하고, 진정 양약으로 몸 야위는 것을 치료하기 위할 뿐이라 생각하고, 도업을 이루기 위해 이 밥을 받을 뿐이라고 생각하라. 다시 '내 입은 전단나무나 똥가루를 가리지 않고 태우는 아궁이같이, 정미롭고 거친 것을 좋아하거나 싫어하지 않는다' 라고 생각하라. 그러므로 장로화상(長蘆和尙)이 "음식에 대한 사치를 제어하지 못하면 해탈할 기약이 어디에 있으리요" 하였다.

또 의복에 관하여는 '다만 추한 알몸을 가리고자 할 뿐, 몸을 꾸며 아름답게 하려는 것은 아니니, 어찌 기어이 섬세하고 가벼운 것만 취

하고 거칠고 무거운 것은 버리겠는가'라고 생각하라. 그러므로 도에
뜻을 두는 상근기 선비는 몸과 입의 살림살이를 잊고 오직 명아주를
삶아 주림을 채우고 세초(細草)로써 몸을 가리우며, 중근(中根)은 항
상 걸식하고 옷은 오직 백납(百衲) 세 벌이며, 하류(下流)의 선비는
이렇게 할 수 없거든 반드시 단월의 반연으로 살아갈 것이나 그 단월
의 은혜가 막중하니 분량을 절제해서 받아야 한다. 성근 싸라기밥도
녹이기 어렵거니 옥미(玉米)의 온전한 공양을 받지 말 것이며, 성근
베옷도 좋거니 어찌 견백(絹帛)과 능라(綾羅)만 찾으리요. 무슨 까닭
인가. 맛있는 진수성찬은 수명을 단축하고, 값비싸고 화려한 옷은
복을 손상하기 때문이니 수와 복이 완전치 못하면 도업을 어찌 성취
하겠는가. 그러므로 우리 능인대각(能仁大覺)께서 금륜(金輪)의 지위
를 버리시고 산에 들어가서 겨우 보리 한 알, 삼씨 한 알을 잡수셨고
사슴가죽과 거친 베옷을 입으셨으니, 이렇게 행하기 어려운 고행을
겪고서야 비로소 무상보리를 이루셨다. 새로 배우려는 후생 여러분
께 널리 고하노라. 본사(本師)의 높으신 지조를 우러러 흠모해서 몸
과 입의 봉양에만 집착하지 말고 정혜(定慧)의 공부를 부지런히 닦
아 빨리 해탈의 뮤에 올라서 은혜 베푼 이를 먼저 제도하면, 이를 일
러 은혜를 알아 부답한다 하리니, 어찌 묵은 빗 값을 수고로움을 근
심하겠는가.

【게송 209】

如上許多事　　　　　　散在諸經論커늘
今集成略頌하니　　　　一代義鍾玆라.

위와 같은 허다한 일이
경과 논에 흩어져 있거늘

이제 묶어서 간략히 송하니
일대 시교의 이치가 여기에 모였다.

【게송 210】
如海一滴水   具含百川味하야
一嘗知衆味니   諸生莫輕忽이어다.
한 방울의 바닷물이
백 개울의 맛을 머금고 있어
한 방울 맛보아 뭇 개울 맛 알 듯하니
여러 후생들이여, 가벼이 여기지 말라.

이제 나〔無寄〕는 비록 승가의 부류에 참예했으나 행하는 바를 미루어 보건대 계품(戒品)도 궐했고 선정도 궐하고 염불이나 송경도 궐하고 예불과 참회도 궐하고 보시도 궐하고 나아가 조그마한 선행조차 하나도 닦은 것이 없고, 악행은 하나도 저지르지 않은 것이 없으니, 어찌 불천(佛天)에 부끄럽지 않겠는가. 정명(淨名)이 "자기의 병을 고치지 못하고서야 어찌 모든 병든 사람을 구제할 수 있을까" 하였으니, 이 말씀을 살핀다면 자기의 허물은 숨겨두고 남의 허물을 고치려는 자야말로 부끄러워해야 할 사람일 것이다. 그러나 내 지금은 다만 "자기는 득도하지 못했으나 먼저 남을 제도한다"는 뜻을 취하였다.

내〔愚〕가 시골〔山野〕과 도시〔都城〕를 돌면서 두루 살피니 머리 깎고 승복을 입은 자가 대밭 같고 갈대밭 같은데, 중근과 상근을 제외한 나머지 하근〔下愚〕의 무리는 하는 짓들이 진실로 부끄럽다.

혹 어떤 비구는 세속의 문자도 알지 못하거니 하물며 불경의 이치를 알겠는가. 숙세(宿世)의 복이 없으므로 금생에 가난해서 살아가기가 어려우니 몸과 입을 봉양할 경비가 없어서 불사를 빙자하여 삼삼오오 떼를 지어 마을마다 집집마다 돌아다니면서 구구하게 구걸을 하되 오직 많이 얻을 것만 생각하니 어찌 남을 복되게 할 것을 생각하겠는가. 이미 모아 놓고는 법도 없이 호용(互用)하면서 언필칭 “장한 일을 경영한다”고 한다〔成餓鬼業〕. 혹 어떤 비구는 약간의 문자는 기억하나 겨우 한두 경을 알고서 글발 따라 독송하되 그 이치는 감감하고, 또 석존의 한평생의 시작과 끝을 전혀 보거나 듣지 못하고도 자칭 법사라 하여 부정(不淨)하게 설법하여 뭇 사람을 속여 외람되이 신시(信施)를 받고도 조금도 부끄러움이 없다〔成傍生業〕. 혹 어떤 가짜 선객은 가사와 누더기와 주장자와 표주박 및 바루 등으로 겉모양은 물욕을 잊은 것〔忘機〕 같으나 안으로는 실덕(實德)이 없어서 참선 공부를 완성하지 못하고, 다만 옛사람의 공안(公案)에 집착되어 대승경전을 비방한다〔成阿鼻業〕. 혹 어떤 비구들은 선과 교에 의지해서 출가하여 도를 배우노라 하면서도 문안〔門庭〕에 들자마자 선과 교의 심오한 이치는 알지도 못하고 제각기 망집(妄執)을 내어 서로서로 헐뜯는다〔成諍論地獄業〕. 혹 어떤 비구는 부처님의 금법(禁法)을 어기고 이자 늘리는 일을 경영하여 많은 재산을 소유한 뒤에 왕공이나 대신의 세두에 빌붙어서 자신의 부강함을 자시하고, 가난하고 약한 이를 능멸하거나 음행과 술먹기를 좋아하거나 외서를 찬탄하거나 속인과 벗을 맺어 서로 왕래하거나, 혹 잡기와 바둑·장기와 금슬과 피리·젓대 등 온갖 착하지 못한 법을 좋아하여, 이렇듯이 감정을 방자로이 하여 짓지 않는 악이 없다〔成三途業〕.

 아! 이들이 어찌 괴로운 과보를 몰랐다 하겠는가. 이양심(利養心)이 강한 까닭에 마음대로 했을 뿐이다. 외서에 이르기를 “고의적인 죄를 형벌함에는 작은 것이 없으니 어찌 두려워하지 않으리요”[108] 하였다. 그러므로 시골에서는 농부의 비방을 면하기 어렵고, 도시에서는 선비들의 비방을 많이 받게 되니, 이 까닭에 정법을 위태롭게 하는 모습은 차마 눈뜨고 볼 수 없다.

법이란 저절로 퍼지는 것이 아니라 퍼지는 것이 사람에게 달렸으니, 사람이 하지 않으면 법이 어찌 오래 가리요. 옛날의 위제(魏帝)가 대법(大法)을 파멸시킨 것은 대체로 그때의 사문들이 부처님의 계율을 파괴하고 대다수가 방일한 행을 했기 때문이다. 그렇다면 스스로가 재앙을 부른 뒤에 왕이 더한 것뿐이니 거울삼지 않을 수 있겠는가. 지금의 형세를 살피건대 흡사 그때와 같으니, 위태롭고 위태롭구나.

내(小僧)가 비록 민첩치는 못하나 두렵고 또 두려워서 이런 미친 말을 하노니, 바라건대 여러분(諸仁者)이여, 미친놈의 말이니 믿을 것이 못된다 하지 말고 저 분명한 거울을 보아 제각기 뜻을 가다듬고 법선(法船)을 수리하여 생사의 바다를 건너되 자기도 건너고 남도 건져서 차례차례 이어져서 정법이 끊이지 않게 하면 그 이익이 넓을 것이다.

옛사람은 법을 중히 여기고 사람을 보지 않았다. 예컨대 천제(天帝)는 축생에게 절하여 스승으로 삼았고, 설산동자는 아귀에게 게송을 청했으니, 한 말씀 한 구절만이라도 자기에게 이로움이 있으면 스승으로 삼았는지라 허물이 나에게 무슨 관계가 있겠는가. 마치 냄새 나는 주머니에 든 황금 같아서, 주머니에서 냄새가 난다 하여 황금을 버리지 못한다. 하물며 지금 기록한 것은 억지소리가 아니라 모두가 불조의 말씀이니 학자(來者)들은 살피라. 외전에서는 "봉황

---

108) 刑故無小, 즉 고의적인 죄는 아무리 작더라도 형벌을 주어야 한다는 뜻이니, 이는 宥過無大, 즉 실수를 숨기는 데는 큰 것이 없다는 글귀와 對句로 쓰이는 警句이다.

새를 알아보기에는 깃털 하나로 족하고, 비단을 알아보기로는 문채 하나에 갖추어져 있다" 하였고, 또 "아름드리 나무〔合抱之木〕는 솜 털 속에서 돋아나고, 천 리 길은 발 밑에서부터 시작된다" 하였다. 부처를 배우는 이도 그러하여서 이 송(頌)을 보면 이미 일대 시교에 손가락을 물들인 것이며, 오위(五位)의 행에 첫발을 내딛은 것이니, 지혜로운 이는 이 점을 생각에 두어 가벼이 여기거나 소홀히 여기지 말라.

석가여래행적송발문(釋迦如來行蹟頌跋文)

천태종의 시조 용수대사(龍樹大士)가 "다문(多聞)만 있고 지혜가 없으면 역시 실상을 알지 못하니, 비유컨대 매우 밝은 가운데 눈만 있고 보이는 바가 없는 것과 같다. 지혜만 있고 다문이 없어도 역시 실상을 알지 못하니, 비유컨대 매우 어두운 가운데 등불만 있고 비추는 바는 없는 것과 같다. 다문도 있고 지혜도 있으면 설한 바를 받아들일 사람이요, 다문도 없고 지혜도 없으면 사람의 몸을 가진 소라" 하였다.

이제 부암장로(浮菴長老) 무기(無寄)는 일찍이 백련사 제4세 진정국사(鎭靜國師)의 맞상좌[嫡嗣] 석교도승통(釋敎都僧統) 각해원명(覺海圓明) 불인(佛印) 정조대선사(靜照大禪師)에게 귀의하여 그 당하(堂下)에 있다가 머리를 깎고 치의(緇衣)를 입은 분이니, 법명은 운묵(雲墨)이다.

학문이 일가(一家)의 문장과 이치[文義]를 두루 통한 뒤에 과거장에 나가 상상과(上上科)에 급제하여 굴암사(窟巖寺) 주지라는 칭호를 얻어 명성의 가도를 높이 거닐으시다가 하루 아침에 마치 헌신갚이 내버리셨다. 이어 금강산과 오대산 등 명승을 두루 순력하시더니 마침내 시흥산(始興山)에 이르러 암자 하나를 묶고 의지해서 법화경 독송하기와 아미타불 염송하기와 불화 그리기와 경 쓰기 등으로 일과〔日用〕를 삼으신 지 20년이 가깝더니, 남는 힘으로 불전(佛典)과 조문(祖文)을 뒤지고 찾아서 본사(本師)의 행적송과 주석을 찬술하여 두 권으로 만들어 어린이들을 일깨워 주니, 이보다 더 넓은 이익이 없을 것이다.

아! 사바세계의 성주괴공하는 겁수의 장단과 삼계·오취에서 받는 수명과 복의 우열 및 고와 낙의 차별과 여래께서 방편으로 부류에 따라 시현하신 사토(四土)·삼신(三身)과 오시(五時) 설법의 연월·차례와 모든 경전 안의 반(半)·만(滿)·편(偏)·원(圓)과 본문(本門)·적문(迹門)의 권실(權實)과 나아가 열반에 드신 뒤 유법(遺法)이 퍼지는 데 성하고 쇠퇴함과 멀고 가까움과 그리고 후진학자들이 수행해서 도에 드는 방편의 법규가 마치 밝은 거울이 경대에 걸렸을 때 터럭 하나만큼의 착오도 없는 것 같으니, 진실로 우리 조사께서 이르신 '설한 바를 받아들일 만한 사람'이 분명하다. 장하도다. 처음 있는 일이여, 그 문사(文辭)의 격조에 내 기꺼이 옷깃을 여미어 마지않는다.

때는 천력(天歷) 3년 경오(1330) 2월 8일 만덕산(萬德山) 백련사(白蓮寺) 사문 기(亝) 발(跋)

융경(隆慶) 5년 신미(1571) 3월 일 두류산(頭流山) 금화도인(金華道人) 서(書)

숭덕(崇德) 8년 계미(1643, 조선 인조 21년) 8월 수청산(水淸山) 용복사(龍腹寺) 개판(開板)

두타(頭陀) 204,256
두타행(頭陀行) 204,205
둔근(鈍根) 88,215
등광왕불(燈光王佛) 226
등을 켜는 공덕〔燒燈功德〕 225
등정각(等正覺) 60,78,232
따라 좋아하다〔隨喜〕 122
땅 같은 벗〔如地友〕 265
때묻은 옷〔垢衣〕 97,99
룸비니(藍毘尼) 59
摩訶僧祇律 86
摩訶僧祇部 86
마나라(摩拏羅) 146
마니〔末尼〕 188
마니주(摩尼珠) 104
마등(摩騰) 51,60,61,153,158,162,166
마명대사(馬鳴大師) 146
마야(摩耶) 53,54,61,136
마이산(馬耳山) 19
마하남(摩訶男) 53,74,133
마하반야(摩訶般若) 84
摩訶僧祇部 86
《마하지관론 摩訶止觀論》 213
마하파사파제(摩訶波闍波提) 62
마흔여덟 경계〔四十八輕戒〕 200
만교(滿敎) 112,121
만자교(滿字敎) 106
만행(萬行) 208,214,232
말법(末法) 180,182,184,191,246,247
말법시대(末法時代) 182,184,187,220,246,
  258
망어(妄語) 47,200
매달려(梅怛麗) 143
멥쌀〔粳米〕 53
《緬順傳》 190
《명보기 冥報記》 173,178
모니(牟尼) 15
모성자(茅成子) 161
목련(目連) 172,225
목왕(穆王) 78,135
몸밭〔身田〕 126

몽땅 길하다〔頓吉〕 59
묘각법신(妙覺法身) 16
묘고(妙高) 18
묘길상(妙吉祥) 134
《묘락기 妙樂記》 113,114,121
《묘승정경 妙勝定經》 184
《묘현 妙玄》 92,119
무간옥(無間獄) 41
무기(無寄) 5,7,283
무량광(無量光) 240
무량광천(無量光天) 31
무량사제(無量四諦) 89,103
무량수(無量壽) 240
《무량수경 無量壽經》 192,240,245
무량수국(無量壽國) 222
무량정천(無量淨天) 31
無明住地 91
무번천(無煩天) 32
무상도심(無常道心) 242,244,245
무상정등보리(無上正等菩提) 109
무상천(無想天) 31,32,34,60
무색계(無色界) 33,34
무생법인(無生法忍) 118,240,241,242
무생사제(無生四諦) 88,103
무생지(無生智) 213
무소외(無所畏) 78,79
무소유처(無所有處) 33
無始無明 16
무여열반(無餘涅槃) 87,214
무열천(無熱天) 32
무우수(無憂樹) 59,87
무운천(無雲天) 31
무작사제(無作四諦) 92,103
無罪樹 87
무지조(無知鳥) 270
무학(無學) 144,256
《무행경 無行經》 257
無花果 87
《문구 文句》 122
《文選》 159
문선왕(文宣王) 7

문예신서
275

우리말 석가여래행적송

초판발행 : 2004년 5월 26일

지은이 : 無　寄
옮긴이 : 金月雲
총편집 : 韓仁淑
펴낸곳 : 東文選
제10-64호, 78. 12. 16 등록
110-300 서울 종로구 관훈동 74번지
전화 : 737-2795

편집설계 : 李姃롯

ISBN 89-8038-500-5 94220
ISBN 89-8038-000-3 (세트 : 문예신서)